湖湘学派的起源与流衍

陈代湘 方红姣 著

中国社会科学出版社

图书在版编目(CIP)数据

湖湘学派的起源与流衍／陈代湘，方红姣著．—北京：中国社会科学出版社，2020.9
ISBN 978-7-5203-6820-9

Ⅰ．①湖⋯　Ⅱ．①陈⋯②方⋯　Ⅲ．①儒学—研究—中国—宋代　Ⅳ．①B222.05

中国版本图书馆 CIP 数据核字（2020）第 130539 号

出 版 人	赵剑英
责任编辑	韩国茹
责任校对	张爱华
责任印制	张雪娇
出　　版	中国社会科学出版社
社　　址	北京鼓楼西大街甲 158 号
邮　　编	100720
网　　址	http://www.csspw.cn
发 行 部	010-84083685
门 市 部	010-84029450
经　　销	新华书店及其他书店
印　　刷	北京君升印刷有限公司
装　　订	廊坊市广阳区广增装订厂
版　　次	2020 年 9 月第 1 版
印　　次	2020 年 9 月第 1 次印刷
开　　本	650×960　1/16
印　　张	20.5
插　　页	2
字　　数	283 千字
定　　价	128.00 元

凡购买中国社会科学出版社图书，如有质量问题请与本社营销中心联系调换
电话：010-84083683
版权所有　侵权必究

目　录

第一章　碧泉书院与湖湘学派｜1
　　第一节　碧泉书院创立与湖湘学派诞生｜1
　　第二节　碧泉书院的历史地位｜6
第二章　湖湘学派的思想渊源｜24
　　第一节　孙复、周敦颐与湖湘学派｜24
　　第二节　二程及其弟子与湖湘学派｜38
第三章　湖湘学派的理论创造｜52
　　第一节　胡安国的理论奠基｜52
　　第二节　胡寅的理论贡献｜65
　　第三节　胡宏的理论体系｜78
　　第四节　张栻的理论贡献｜100
第四章　湖湘学派在南宋时期的传承与影响｜122
　　第一节　胡氏子弟和门人｜122
　　第二节　张栻门人｜128
　　第三节　湖湘学派与南宋其他地域学派的关系｜150
　　第四节　湖湘学派与佛教的关系｜222
第五章　王船山与湖湘学派｜257
　　第一节　王船山学术思想概要｜257
　　第二节　王船山与湖湘学派的关系｜267

第六章　湖湘学派与近代湘学 | 279
  第一节　湘学传承与清代学术 | 279
  第二节　湖湘学派与晚清湖湘理学名臣 | 284
  第三节　湖湘学派与维新运动 | 294

第七章　湖湘学派与现当代中国思潮 | 301
  第一节　湖湘学派对毛泽东思想的影响 | 301
  第二节　现代新儒家对湖湘学派的评价 | 306

参考文献 | 317

后记 | 322

第一章　碧泉书院与湖湘学派

第一节　碧泉书院创立与湖湘学派诞生

湖南省湘潭市西南四十公里，在连绵起伏的丘陵深处，有一座树木葱茏的小山，山下有一汪三丈见方的水潭，叫碧泉潭。潭中水草丰茂，鱼虾隐现，潭水汩汩涌出，色如碧玉。

碧泉本为一汪美丽清澈的自然水潭，但从南宋初年开始，它就获得了开创性的文化内涵，成为湖湘文化乃至中国文化一处重要的文化地标。

宋高宗建炎三年（1129）冬天，福建人胡安国因躲避战乱携家眷来到了湘潭碧泉。胡安国一看到碧泉，便被它的惊世之美深深地吸引住了：碧绿的潭水从群木苍翠的盘曲石山下涌出，"凝然清光，微澜无波"，当地人因其色而号为"碧泉"。潭前有一条蜿蜒延伸的小溪，两岸草木摇曳，清澈的潭水流进小溪，一路欢快地流淌，然后注入涓水，汇进湘江，再经洞庭，入长江，奔腾万里。登上盘曲石山极目四望，发现这里地处湘水之西，巍峨的南岳衡山就在不足百里的视野内。回顾清浅的溪水，胡安国不禁感叹："此非沧浪之水乎？何其清之甚也！源可寻而濯我缨乎？"① 此刻，他想到了屈原诗中那位摇着船桨唱歌的渔父：

---

① 胡宏：《有本亭记》，见《胡宏集》，中华书局1987年版，第153页。

"沧浪之水清兮，可以濯吾缨；沧浪之水浊兮，可以濯吾足。"在战乱频仍的年代，胡安国选择了与世推移，隐居讲学，以图保存中华文化的种子。

胡安国一家来到湘潭碧泉，本来是一个偶然的事件，机缘是他有两个湘潭籍弟子——黎明和杨训，正是在这两个弟子的迎引之下，胡氏一家来到碧泉定居。① 然而，这样一个偶然的事件，却开启了湖湘文化兴盛的大幕，让学术和文化的种子在湖湘大地上广撒遍播。

当时，胡安国派弟子跟当地人联系，买下了这块风景优美、令他"徘徊不能去"的土地，清除榛莽，种植松竹，疏通被败草淤泥堵塞的水道，并在碧泉附近修建了一座居住生活与读书讲学合一的院落，这就是碧泉文定书堂，也是碧泉书院的雏形。后来，胡安国去世之后，其子胡宏将书堂扩大改造，更名为碧泉书院。从此，一个享誉千古的理学学派——湖湘学派诞生了。

朱熹是第一个给这一学派命名的人，他提出南宋时期以胡安国、胡宏、张栻等人为代表的理学学派为"湖南一派""湖南学者"或"湘中学者"。后来黄宗羲在论述胡氏父子和张栻等人所代表的学派时，亦沿用朱熹"湖南一派"的称谓，并且明确提出了"湖湘学派"这一概念②，湖湘学派的学术则称为"湖湘学"或"湖南学"。

---

① 胡宏《有本亭记》记载胡安国初至碧泉时"命门弟子问津于居人"。朱熹最早记录此问津之"门弟子"实为黎明（才翁）。朱熹说："向见籍溪说，文定当建炎间，兵戈扰攘，寓荆门，拟迁居。适湘中有两士人协力具舟楫，往迎文定，其一人乃黎才翁。文定始亦有迟疑之意，及至湘中，则舍宇动用，便利如归，处之极安。又闻范丈说，文定得碧泉，甚爱之。《有本亭记》所谓'命门弟子往问津焉'，即才翁也。"（《朱子语类》卷一百一，中华书局1994年版，第2581页）朱熹在这里所说湘中"两士人"，明确地说其中一人是黎才翁（黎明）。《宋元学案·五夷学案》亦载："黎明，字才翁，长沙人也。以孝友信义著称。师事胡文定公。建炎之乱，文定避地荆门，先生为卜室庐，具器币，往迎之。胡氏之居南岳，实昉于此。"（《宋元学案》卷三十四，中华书局1986年版，第1191页）湘潭当时属于长沙府辖，所以称黎明是长沙人。

② 《宋元学案·武夷学案》云："湖湘学派之盛，则先生（指黎明——引者注）最有功焉。"《宋元学案》卷三十四，中华书局1986年版，第1191页。

湖湘学派产生于南宋初年，是那个时代最早出现，同时也是影响最大的理学学派。南宋理学家真德秀在《劝学文》中说："窃惟方今学术源流之盛，未有出湖湘之右者。"[①] 学术史家黄宗羲说："湖南一派，在当时为最盛。"[②]《宋元学案》为这个学派专列六个学案，即《武夷学案》《衡麓学案》《五峰学案》《南轩学案》《岳麓诸儒学案》《二江诸儒学案》，为该派学者个人列传者达数十人之多。

湖湘学派的创始，直接的原因就是宋、金民族文化冲突，是在宋、金军事和文化冲突达到极点之时形成的。

公元1126年，即宋钦宗靖康元年冬天，宋朝都城开封被金兵攻破。翌年初，金兵北撤，掳走徽宗、钦宗二帝以及宗室、后妃、大臣等数千人，此即让当时朝野痛心疾首的"靖康之难"。

靖康之变，北宋灭亡，连皇帝都被掳走，这对当时的知识分子造成了极其巨大的信念冲击和精神打击。堂堂中华礼仪之邦，被野蛮的异族侮弄，历代圣贤创制和维系下来的中华伦理文化崩坏坍塌，这是他们心中无法接受的。同时，在这种民族危难的特殊时期，各色人物接踵登台，各种嘴脸纷纷显露，阴险小人更是置国家安危和民族大义于不顾，关键时刻为祸贻害，让正人君子痛心疾首。理学家们在这个信念和精神备受打击的时代，反而更被激发出民族自强情结，在强大民族责任感的激励下，探究义理，著书立说，讲学授徒，培养人才，以表达他们的亡国之痛，寻求救国之方，并寄望于收拾河山，重振华夏文化，再树民族尊严。在这方面，湖湘学派表现得非常典型。

在宋朝"靖康之难"前后的那段风雨飘摇的日子里，湖湘学派创始人胡安国及其儿子胡寅、胡宁、胡宏等人在生活上饱受战乱之苦，而作为有良知和担当精神的士大夫知识分子，他们在心理上则遭受了巨大

---

① 真德秀：《真西山集》卷七，丛书集成初编，商务印书馆1936年版，第106页。
② 黄宗羲按语，见《宋元学案》卷五十《南轩学案》，第1611页。

的文化和伦理冲击。

胡安国，字康侯，谥文定。建州崇安（今属福建）人。生于宋神宗熙宁七年（1074），早年即受到良好的儒学教育，24岁中进士后步入仕途。靖康之变前夕，胡安国已经非常讨厌官场的黑暗和权贵的污浊，一再辞拒朝廷任命，决心过一种"望云倚杖，临水观鱼"的隐居生活。然而，动荡的时局和民族矛盾的激化使他改变了这种"独善其身"的想法。金兵入侵，国家危难，朝中主和、主战两派势如水火，胡安国在写给杨时的信中旗帜鲜明地表达了主战的政治主张，并"幡然有复仕意"，决定前往京师，为国效力。胡安国到达京城后，受到宋钦宗的召见。在奏对中，胡安国一方面从理学家内圣为本的立场出发，提出"明君以务学为急，圣学以正心为要"，强调正心务学的重要性；另一方面，胡安国又主张"为天下国家者必有一定不可易之计"，提出了振兴朝纲、抵御外侮的具体措施。同时，他还直指君过："陛下南面朝天下越半年矣，而绩效未见，纪纲尚紊，风俗益衰，施置乖方，举动烦扰。大臣争竞，而朋党之患萌；百执窥观，而浸润之奸作。用人失当，而名器愈轻；出令数更，而士民不信。"[①] 如此大胆犯颜直斥君过，胡安国的确有胆量。不过，这种耿直的性格，在尔虞我诈的朝中是难以长久立足的。不久，门下侍郎耿南仲等人就将胡安国排挤出朝廷，出任右文殿修撰，知通州。胡安国离开京都后十余日，金兵就把都城包围了。当时胡安国的长子胡寅尚在京城任职，有人替胡安国担忧，胡安国说："主上在重围中，号令不出，卿大夫恨效忠无路，敢念子乎？"[②] 闻者为之动容。

金兵攻占京师，掳徽宗、钦宗二帝北去，宋高宗继位，改元建炎。建炎三年（1129），金兵再次南侵，胡家向南迁移到湖南湘潭境内之

---

① 胡寅：《先公行状》，《斐然集》卷二十五，《斐然集·崇正辩》，岳麓书社2009年版，第490页。

② 《宋史·胡安国传》，《宋史》卷四百三十五，中华书局1997年版，第3286页。

碧泉。

碧泉在洞庭之南,潇湘之西,距衡山不到百里,水清山幽,远离战乱,在当时确是隐居传道的好去处。胡氏父子怀着对腐败朝廷的失望和对兵火战乱的恐惧,面对如此幽美的环境,遂萌生隐遁治学、传道授徒的想法。

绍兴元年(1131),朝廷诏胡安国为中书舍人兼侍讲,胡安国向宋高宗进呈《时政论》21篇,包括《定计》《建都》《设险》《制国》《恤民》《立政》《核实》《尚志》《正心》《养气》《宏度》《宽隐》等,表明了胡安国坚决主张抗金复国的决心以及振兴民族、治国安邦的真知灼见,他非常自信地说:"虽诸葛复生,为今日计,不能易此论也!"①

然而,宋高宗没有抗敌兴国、收复失地的决心,胡安国感到很失望。绍兴二年(1132),高宗欲启用故相朱胜非都督江、淮、荆、浙诸军事,胡安国上奏坚决反对,因为他了解朱胜非,此人在靖康之变时尊用张邦昌,讨好金人,危害国家。胡安国说得非常尖锐:"今强敌凭陵,叛臣不忌,用人得失,系国安危,深恐胜非上误大计。"② 宋高宗只得改任朱胜非为侍读。但胡安国崇奉《春秋》大义,卧家不出,不愿与"污臣"为伍。此事得罪了朝中的当权者,胡安国不久就遭到贬黜,被排挤出了朝廷。

胡安国离开京师,回到湖南,决心退出官场,从事学术和教育事业。胡氏父子在这里讲学授徒,改变了湖南封闭固陋的风气。可以说,湖湘学派由福建人胡安国、胡宏父子在湖南创立,虽然是一次偶然的家族迁徙使然,但也是宋金军事、社会、文化和伦理全面冲突的结果。胡安国隐居之后,在学术研究上潜心撰写湖湘学派标志性著作之一《春秋传》,其最直接和强劲的心理动力,就是宋金民族文化冲突。

---

① 《宋史·胡安国传》,《宋史》卷四百三十五,第3286页。
② 《宋史·胡安国传》,《宋史》卷四百三十五,第3286页。

胡安国身处宋金民族文化冲突的动荡时期，对中原沦陷、遗民涂炭的惨况"常若痛切于其身"[①]，因此，他"志于康济时艰"[②]，非常关注现实政局，立志为君主寻求治国安民、兴邦北图的良策。胡宏《皇王大纪序》说："我先人上稽天运，下察人事，述孔子，承先圣之志，作《春秋传》，为大君开为仁之方，深切著明，配天无极者也。"[③] 胡宏说其父写作《春秋传》之目的是为君主开"为仁之方"，即推行仁政王道的治国方略，这是对胡安国《春秋传》撰著意图的最好诠释。

第二节 碧泉书院的历史地位

碧泉书院在湖湘学派以及湖湘文化史上具有非常特殊、重要的历史地位，它是湖湘学派的发源地和第一个学术基地，是湖湘学派的理论创新之所，也是湘学和湖湘文化兴盛之源。

一 湖湘学派发源地和第一个学术基地

宋高宗建炎三年（1129）冬天，胡安国因躲避战乱携家眷来到湘潭碧泉，创建书堂（后改为书院），著书立说，讲学授徒，标志着湖湘学派的诞生。

从学派传承角度看，湖湘学派历经初创、发展、成熟、鼎盛的过程，最后在南宋末年作为一个学派消亡了，但其精神价值却埋藏于三湘四水间，注入湖南人的精神血液中，触着适宜的水分养料，就生长发芽。

如果从地域空间以及理论建设的角度来看，湖湘学派的发展可以分为两个显著的阶段，即碧泉书院阶段和岳麓书院阶段，碧泉书院和岳麓

[①] 《宋史·胡安国传》，《宋史》卷四百三十五，第3287页。
[②] 《宋史·胡安国传》，《宋史》卷四百三十五，第3287页。
[③] 《胡宏集》，第164页。

书院也相继成为湖湘学派的两大学术基地。

碧泉书院是湖湘学派的第一个学术基地。

碧泉书院的创建是在胡安国和胡宏父子的共同努力下完成的。胡安国携家眷于建炎三年（1129）来碧泉隐居，以住宅为书堂，读书讲学，这就是碧泉书院的雏形。胡安国迁居碧泉之后，朝廷又重新召用他。绍兴三年（1133），胡安国彻底厌倦了官场的争斗和倾轧，下决心不再出仕，回到湘潭碧泉，买山辟地，修建真正的书堂。胡安国长子胡寅在《先公行状》中记述其父此时的行迹和心情曰："乃渡南江而西，休于衡岳，买山结庐，名曰'书堂'，为终焉计。"① 需要说明的是，胡寅在这里所说"休于衡岳"中的"衡岳"，乃指包括碧泉在内的大衡山地域，而不仅仅指现今地理概念的南岳几个山峰。这种表述在古人的著述中非常普遍，例证极多，湘潭地方文化研究会的何歌劲先生对此辨析颇明，兹不赘述，可参阅何歌劲《碧泉胡氏迁湘史事考》②。

胡安国在碧泉修建的书堂，可以依据地名叫"碧泉书堂"，后人也可依照胡安国去世后的谥号而称"文定书堂"，亦可合称"碧泉文定书堂"。只不过，在胡安国去世之前，书堂一直没有完全竣工。绍兴八年（1138），胡安国去世，胡宏继承父亲遗志，将书堂扩建，并更名为"碧泉书院"。

这段历史，胡宏本人有明确的记载。现存《胡宏集》中有《文定书堂上梁文》和《碧泉书院上梁文》两篇珍贵的历史文献，是文定书堂和碧泉书院最早的历史记录。胡宏的《有本亭记》一文还记述了最初胡安国携家眷定居碧泉以及买地筑室的过程：

绍兴庚戌岁，先君子自荆、郢趋吴、越，遇腹心之疾，不至而

---

① 胡寅：《先公行状》，《斐然集》卷二十五，《斐然集·崇正辩》，第518页。
② 何歌劲：《碧泉胡氏迁湘史事考》，见《湘学》第七辑，湘潭大学出版社2017年版，第104—105页。

返。徜徉游行,遂至湖南,横涉清流,顾而叹曰:"此非沧浪之水乎?何其清之甚也!源可寻而濯我缨乎?"则命门弟子问津于居人。于是傍西山之阴,逶迤而入。不及百步,苍然群木之下,翠绿澄净,藻荇交映,俗以其色故号为"碧泉"。

登山四顾,乃洞庭之南,潇湘之西,望于衡山百里而近……

先君子徘徊不能去,拂石倚筇而坐,喟然而叹曰:"水哉!水哉!惟其有本也,故不舍昼夜。仲尼所以有取耳。吾老矣,二三子其相吾志!"乃求得其地,夷榛莽,植松竹,山有为樵牧所残者养之,流有为蒿壤所壅者疏之,岩石之为草木所湮没者辟之。未及有成,而先君子长弃诸孤。①

从这段文字可以看出,胡安国携家眷到碧泉后,见碧泉之美,山川之胜,决定隐居于此,并开始修建居所和书堂以及改造周边环境。只不过"未及有成,而先君子长弃诸孤",即直到胡安国去世,尚未完全竣工。胡宏继承父亲未竟事业,将书堂扩建为书院,完成了建筑工程。

有人认为胡安国的书堂不在湘潭碧泉,而是在南岳衡山,这一点需要辨明。胡安国在湘潭碧泉建有书堂,这是凿凿事实,可以从胡宏得意门生张栻的两首诗中得到有力印证:

其一:《过胡文定公碧泉书堂》②

入门认溪碧,循流识深源。念我昔此来,及今七寒暄。人事几更变,寒花故犹存。堂堂武夷翁,道义世所尊。永袖霖雨手,琴书贲丘园。当时经行地,尚想语笑温。爱此亭下水,固若玻璃盆。晴看浪花涌,静见潜鳞翻。朝昏递日月,俯仰鉴乾坤。因之发深感,

---

① 《胡宏集》,第153—154页。
② 《南轩集》卷二,《张栻全集》,长春出版社1999年版,第537页。

倚槛更无言。

其二:《淳熙乙未春,予有桂林之役,自湘潭往省先茔,以二月二日过碧泉,与客煮茗泉上,徘徊久之》①

下马步深径,洗盏酌寒泉。念不践此境,于今复三年。人事苦多变,泉色故依然。缅怀德人游,物物生春妍。当时疏辟功,妙意太古前。屐齿不可寻,题榜尚觉鲜。书堂何寂寂,草树亦芊芊。于役有王事,未暇谋息肩。聊同二三子,煮茗苍崖边。预作他年约,扶犁山下田。

张栻的这两首诗,第一首标题即点明胡安国(胡文定公)的"碧泉书堂",全诗对碧泉潭、潭前小溪、有本亭以及碧泉书堂进行了描绘,又回忆了当年胡安国、胡宏父子在此讲学,自己到碧泉书堂(碧泉书院)求学的情景。第二首标题提到湘潭与碧泉,诗中"当时疏辟功,妙意太古前"及"书堂何寂寂,草树亦芊芊"等句,亦明确说到碧泉潭旁边的碧泉书堂,而且认为胡安国在此建造碧泉书堂,著书立说,讲学授徒,在学术上有创拓之功。

那么,胡安国在南岳是否也建有书堂?答案是:胡安国在南岳也建有书堂,只不过,南岳书堂的创建时间在湘潭碧泉书堂之后。如上文所述,胡安国一家于建炎三年(1129)在其湘潭籍弟子黎明和杨训的引导下来到湘潭碧泉定居,以居所为书堂,这是碧泉书堂的开端,也是碧泉书院的雏形。绍兴三年(1133),胡安国决心彻底归隐时,先回到湘潭碧泉"买山结庐",建造书堂,同年稍后,又到南岳建造书堂,此后往来于湘潭与南岳之间,授徒讲学。

两地之间,胡安国在湘潭碧泉居住时间为多,其代表作《春秋传》

---

① 《南轩集》卷三,《张栻全集》,第560页。

主要是在碧泉写作的。① 胡安国去世后，葬于离碧泉十余公里的湘潭隐山，今存其墓，可参拜。

胡宏是湖湘学派最大的理论代表。胡宏一直居住在碧泉，并在此完成了其代表作《知言》的写作。胡宏于宋高宗绍兴三十一年（1161）去世②，与其父合葬于隐山。

湖湘学派的第二个学术基地是岳麓书院。

岳麓书院前身为唐末五代时期的僧人办学之所，北宋开宝九年（976），潭州知州朱洞在僧人办学的基础上，正式创建岳麓书院。岳麓书院在北宋时期虽然办学不辍，是有名的教学场所，但其真正震古烁今的学术和教育影响力还是在胡宏的弟子们从碧泉书院转移到岳麓书院之后形成的。

两宋之交，岳麓书院毁于战火。乾道元年（1165），刘珙（字共父）为"荆湖南路安抚使"，知潭州，全面修复了岳麓书院，礼聘张栻出任岳麓书院主教，胡宏另外一名弟子彪居正担任书院主管。朱熹在《观文殿学士刘公行状》中曾提到此事：

> 潭州故有岳麓书院，真庙特赐以敕额，给田与书，经乱芜废。公（指刘珙——引者注）一新之，养士数十人，延礼修士彪君居正使为之长，而属其友广汉张侯栻敬夫时往游焉。与论《大学》次第，以开其学者于公私义利之间，闻者风动。③

需要说明的是，朱熹在这里提到刘珙修复岳麓书院，聘彪居正"使为之长"，而请张栻往游讲学。此处的"使为之长"，并不是指岳麓

---

① 参见何歌劲《碧泉胡氏迁湘史事考》，《湘学》第七辑，第106—109页。
② 参见陈代湘《胡宏卒年辨》，《朱子文化》2008年第2期。
③ 朱熹：《观文殿学士刘公行状》，《朱熹集》卷九十七，四川教育出版社1996年版，第4955页。

书院山长,而应指书院的主管。也就是说,此时彪居正因年长德高而任书院主管,而教学方面则是张栻主之。因为当年张栻和彪居正的老师胡宏曾致书秦桧,拒绝出仕为官,但却请求担任岳麓书院山长这一教职:"今若令潭守与漕臣兴复旧区,重赐院宇,以某有继述其先人之志,特命为山长,依州县监当官,给以廪禄,于以表朝廷崇儒广教之美。"① 可惜秦桧不愿成人之美,胡宏的愿望未能实现。老师胡宏自求为岳麓书院山长未成,故而其弟子皆不敢为,只能将山长之位虚置。这一点,朱熹也说得很明白:

> 长沙故有岳麓书院,国初时,郡人周式为山长,教授数百人。后更变乱,院废而山长罢。五峰方辞秦氏礼命时尝请为之,不报。乾道初,帅守建安刘公珙始复立焉,犹虚山长不置。至是,转运副使九江萧侯之敏始以礼聘君(指吴翌——引者注)请为之。君曰:"侯之意则美矣,然此吾先师之所不得为者,岂可以否德忝之哉!"卒辞不能,萧侯亦高其义,不强致也。②

吴翌字晦叔,亦为胡宏弟子,朱熹跟他是好友,学术上则是论辩的对手。朱熹在这里提到刘珙修复书院时,一开始"虚山长不置",后来萧之敏又想聘吴翌为山长,吴翌则明确表示因其师胡宏当年欲为而不得,所以他也不敢当。山长一直虚而不设,吴翌所说的不敢为的理由,应是胡宏弟子们的普遍心理,以此推之,彪居正也不会当山长。况且,朱熹明确提到萧之敏想聘吴翌为山长时一直是"虚山长不置",因此,朱熹在《刘公行状》中提到的"延礼修士彪君居正使为之长",此"长"不应是指"山长",而应是指行政事务方面的主管。

---

① 《胡宏集》,第105页。
② 朱熹:《南岳处士吴君行状》,《朱熹集》卷九十七,第5007—5008页。

二 湖湘学派理论创新之所

碧泉书院不仅是湖湘学派的第一个学术基地，而且，如果从学术创新的角度看，也是湖湘学派最重要的学术创新之所。

胡安国所著《春秋传》，是湖湘学派的开山之作，此书主要是在碧泉书院写作的。① 湖湘学派的学术定鼎之作，同时也是最具创新价值的著作，则是胡宏的《知言》，这部著作完全是在碧泉书院完成的。

作为湖湘学派的创始者，胡安国尽管在哲学理论体系上贡献尚显不足，但其所著《春秋传》却有相当的分量和特色。

《春秋》本来是一部编年体史书，是鲁国历代史官的记事，后经孔子整理删定，被当作儒家经典流传下来。儒家学者对《春秋》的评价很高，尤其看重该书的现实指导意义。程颐说："五经，载道之文；《春秋》，圣人之用。五经之有《春秋》，犹法律之有断例也。"② 又说："五经如药方，《春秋》犹用药治病，圣人之用全在此书。"③ 胡安国私淑程氏洛学，对程颐之说是相当信服的。程颐高度评价《春秋》一书的现实之用，胡安国承续此意，对《春秋》做了更高的评价，他说：

> 《春秋》见诸行事，非空言比也。公好恶，则发乎《诗》之情；酌古今，则贯乎《书》之事；兴常典，则体乎《礼》之经；本忠恕，则导乎《乐》之和；著权制，则尽乎《易》之变。百王之法度，万世之准绳，皆在此书。故君子以谓五经之有《春秋》，犹法律之有断例也。学是经者，信穷理之要矣；不学是经而处大事、决大疑能不惑者，鲜矣。④

---

① 参见何歌劲《碧泉胡氏迁湘史事考》，《湘学》第七辑，第106—109页。
② 转引自胡安国《春秋传·序》，岳麓书社2011年版，第4页。
③ 转引自胡安国《春秋传·序》，第4页。
④ 转引自胡安国《春秋传·序》，第2页。

在胡安国看来，《春秋》既可上达五经之道体，又可下贯五经之妙用，是万世百王的法度准绳，这个评价可以说是高得无以复加了。

因为《春秋》具有极强的现实意义，而胡安国对现实政治有着极强的敏感性，对金人入侵，中原沦陷，华夏受制于"夷狄"深痛于心，所以他希望用《春秋》来引导君主把儒家崇奉的内圣和外王结合起来，使内圣的高远原则在切近的社会和政治现实中得到落实。

胡安国一生专注于《春秋》的研究和阐发，其子胡寅生动地记述了胡安国研治《春秋》的情形：

> 公自少留心此经，每曰："先圣亲手笔削之书，乃使人主不得闻讲说，学士不得相传习，乱伦灭理，用夷变夏，殆由此乎！"于是潜心刻意，备征先儒，虽一义之当，片言之善，靡不采入……翰林朱震久从公游，方侍讲此经，欲见公所著。公曰："某之初学也，用功十年，遍览诸家，欲多求博取，以会要妙，然但得其糟粕耳。又十年，时有省发，遂集众传，附以己说，犹未敢以为得也。又五年，去者或取，取者或去，己说之不可于心者尚多有之。又五年，书成，旧说之得存者寡矣。及此二年，所习似益察，所造似益深，乃知圣人之旨益无穷，信非言论所能尽也。"[①]

从以上记述可知，胡安国专意研治《春秋》三十余年，花费了巨大的心血，经过反复斟酌和修改，才撰成《春秋传》这部呕心之作，当时就得到了政界和学界的高度认可。宋高宗特颁诏书，令胡安国专门纂修《春秋传》，以供御览。书成，高宗读了之后赞扬该书"深得圣人之旨"。后来，胡安国的《春秋传》在元、明两朝被定为科举考试的经

---

① 胡寅：《先公行状》，《斐然集》卷二十五，《斐然集·崇正辩》，第 518—519 页。

文定本，影响很大。

胡氏《春秋传》在当时的学术界也得到高度的认可。上面引文中所述朱震要侍讲此经，请求拜读胡安国《春秋传》，已可看出学者们对此书的推崇。稍后的朱熹在谈到胡安国《春秋传》时说：

> 可学因问："左氏识见如何？"曰："左氏乃一个趋利避害之人，要置身于稳地，而不识道理，于大伦处皆错。……大抵《春秋》自是难看。今人说《春秋》，有九分九厘不是，何以知圣人之意是如此？平日学者问《春秋》，且以胡文定《传》语之。"①

又，朱熹曾转述他的老师李侗的话，说：

> 李先生言："罗仲素《春秋说》，不及文定。盖文定才大，设张罗落者大。"②

罗仲素即李侗的老师罗从彦，李侗认为胡氏《春秋传》比罗从彦的《春秋说》好，这是客观的态度。朱熹尽管认为胡安国说得不全符合圣人原意，但却从总体上肯定胡氏《春秋传》超越了前人，而且所说"尽是正理"。③

朱熹在当时就看出胡安国《春秋传》不全符合圣人"原意"，但却又非常肯定胡安国所说道理的正确性，这一点正是胡氏《春秋传》的

---

① 《朱子语类》卷一百二十三，中华书局1994年版，第2959—2960页。
② 《朱子语类》卷一百二，第2596页。
③ 《朱子语类》卷一百一"胡康侯条"云："文定大纲说得正。"另《朱子语类》卷六十七《易三·纲领下》载："问胡文定《春秋》。曰，他所说尽是正理，但不知圣人当初是怎地不是怎地？今皆见不得。所以某于《春秋》不敢措一辞，正谓不敢臆度尔。"在这里，朱熹似乎对胡安国《春秋传》是否符合圣人"原意"有所怀疑，但朱熹肯定胡安国"大纲说得正"，"所说尽是正理"，这个意思朱熹在很多地方都有表达，从未含糊。

特点，而这个特点的基础就是胡安国有感于金人入侵、华夷冲突的社会现实。

胡安国在其所著《春秋传》中特别强调"华夷之辨"这个所谓"春秋大义"，原因就是他"感激时事"，深恐中华礼义文化遭到"夷狄"的毁灭。在胡安国看来，《春秋》不是一部普通的史书，而是一部寄寓着华夏礼义内容的经典著作，是"百王之法度，万世之准绳"。孔子删述此书也不仅仅是整理文化典籍，而是保存和复兴华夏礼义文化。胡安国说：

> 古者列国各有史官，掌记时事。《春秋》，鲁史尔，仲尼就加笔削，乃史外传心之要典也，而孟氏发明宗旨，目为天子之事者。周道衰微，乾纲解纽，乱臣贼子接迹当世，人欲肆而天理灭矣。仲尼，天理之所在，不以为己任而谁可？五典弗惇，己所当叙；五礼弗庸，己所当秩；五服弗章，己所当命；五刑弗用，己所当讨。故曰："文王既没，文不在兹乎？天之将丧斯文也，后死者不得与于斯文也；天之未丧斯文也，匡人其如予何？"圣人以天自处，斯文之兴衰在己，而由人乎哉！①

孔子身处"礼崩乐坏"的时代，社会动荡，私欲横流，周公以来建构起的儒家伦理将遭灭绝。孔子以强烈的文化担当意识，挑起保护和复兴儒家伦理文化的重任。孔子的这种心态和精神，恰恰就是胡安国这一批理学家内心的写照。金兵入侵，中原沦丧，国破家亡，"夷狄"肆虐，再加之由来已久的佛老之学猖獗，胡安国在"斯文将丧"的民族文化危机时刻而研治《春秋》，创办书院，聚徒讲学，以期唤起人们对自己优越的民族文化的认同和自豪感，使"斯文"后继有人，不至丧

---

① 胡安国：《春秋传·序》，第1页。

灭于"夷狄"之手。正是胡安国的这种由激烈的文化冲突而导致的强烈的文化担当意识，促使他带领其子弟和学生们创立了湖湘学派。

真正构建了完备的哲学体系，从而奠定湖湘学派理论基础的是胡安国季子胡宏（五峰）。全祖望评价胡宏说："绍兴诸儒，所造莫出五峰之上。其所作《知言》，东莱以为过于《正蒙》，卒开湖湘之学统。"①全氏认为胡宏"卒开湖湘之学统"，即奠定湖湘学派的理论基础，而这个理论基础就是胡宏在碧泉书院这一空间场域中奠定的。

胡宏的学术地位在当代海内外学术界得到了极大的彰显。现代新儒家代表人物牟宗三，在研究宋明理学时，得出两个非同一般的结论，一是将程颐（伊川）和朱熹从理学正宗位置上拉下来，判为"别子为宗"；二是把胡宏（五峰）和刘宗周（蕺山）判定为与程朱、陆王并列的独立系统，而且推为"正宗"圆教。牟先生认为，伊川、朱子将道体性体只收缩提炼为一本体论的存有，即"只存有而不活动"之理，将孟子之本心视为实然的心气之心，于工夫（即修养方法）则特重后天之涵养及格物致知之认知的横摄，与宋明儒"大宗"不合，亦不同于先秦儒家旧义，故为"歧出"，是"别子为宗"。② 胡刘与陆王可会通为一大系，与伊川、朱子相比较，此一大系为宋明儒学"正宗"。但在这一大系中，陆王之学只是一心之朗现、伸展、遍润，对于客观地自"於穆不已"之体言道体性体者无甚兴趣，客观面不能挺立，有虚歉之感；只有胡宏第一个消化承续程颢（明道）之圆教模型，客观地讲性体与主观地讲心体两面皆圆满，特提出"以心著性"义以明心性所为一之实以及一本圆教所以为圆之实，于工夫则重在"先识仁之体"，正式言"逆觉体证"。③ 因此，在牟宗三看来，五峰、蕺山一系在宋明儒学中具有极高的独立价值，可谓圆满的"正宗"圆教。

---

① 《宋元学案》卷四十二《五峰学案》，第1366页。
② 牟宗三：《心体与性体》（上册），上海古籍出版社1999年版，第42—43页。
③ 牟宗三：《心体与性体》（上册），第39—40页。

自南宋以来，历来学者都认为朱熹集理学之大成，朱子学是儒学正宗，牟宗三却发惊世之论，认为朱熹是"别子为宗"，胡宏才是最正宗的儒学大师。牟氏此论在海内外学术界引起了极大的反响，也得到了很多人的认同。尽管学术界对谁是"正宗"的问题尚有不同的意见，但是，对胡宏历史地位的肯定和彰显，却是毋庸置疑的了。将以胡宏为代表的"五峰、蕺山一系"看成与程朱、陆王相并列的独立理学派系，也已经得到学术界的公认。

胡宏思想创新性极强，在本体论、心性论、工夫论等哲学主要论域都提出了创造性的理论观点。他提出的"性，天下之大本"的本体论，使他成为既不同于程朱"理本论"，又有别于陆王"心本论"的"性本论"的代表人物，亦成为湖湘学派最大的理论特色。除此之外，胡宏提出的善恶不足以言性、心以成性、天理人欲同体异用以及先察识后涵养的工夫论，都是颇具创造性的哲学思想，也是南宋湖湘学者坚守而具有鲜明学派特色的理论（详见本书第三章第三节）。

三 湘学和湖湘文化兴盛之源

"湘学"是以哲学为核心的湖湘学术，是湖湘文化的精神内核。湘学以湖湘哲学为核心和灵魂，其范围则不仅限于哲学，文、史、哲、政治、经济、法律、军事、艺术、宗教等领域的学术理论，都属于湘学。"湖湘文化"则是一个涵盖面极广的概念，"不仅包括哲学、伦理、政治、法律、文学、艺术、宗教等精神文化的内容，而且包括民风、民俗、民族心理等所谓'俗文化'，甚至将饮食文化、服饰文化、建筑文化、历史遗存、江山胜境、湖南地区的土特产等物质文化的内容都包括在内"[1]。可见，湖湘文化的概念要比湘学的概念宽泛得多。但无论湖

---

[1] 方克立：《湘学研究的对象、范围和意义》，见《湘学》第二辑，湖南人民出版社2002年版，第6页。

湘文化包罗有多广，其核心却是湘学。

湘学和湖湘文化形成于宋代，而宋代之前湖南地区的文化，则应该称作"湘楚文化"，不能叫"湖湘文化"。因为，尽管湘楚文化是湖湘文化的地域文化基础，但二者的性质却是不同的。湘楚文化属于古代楚文化系统，而湖湘文化则是一种理学文化，属于儒学系统。在春秋战国时期，楚文化是南方文化的代表①，儒学（以及墨学等）则是北方文化的代表。当时的南、北文化性质截然有别。先秦时期，以孔子为集大成者的儒家文化，注重人道、社会、政治，而对于天道、宇宙、鬼神等问题则不甚重视。

《论语》载：

> 子贡曰："夫子之文章，可得而闻也；夫子之言性与天道，不可得而闻也。"②
> 子不语怪、力、乱、神。③

可见孔子不喜谈天道、鬼神等问题。从哲学上来说，哲学包含三大领域，即宇宙论（包括宇宙生成论和宇宙本体论）、人生论、知识论（认识论），孔子显然对宇宙论不甚重视。

然而，在古老的楚国大地，楚人对天道宇宙问题却倾注了极大的热情。王国维《国朝汉学派戴阮二家之哲学说》云：

> 古代北方之学派中非无深邃统一之哲学，然皆以实用为宗

---

① 楚国在先秦时期曾跻身春秋五霸、战国七雄之列，极盛时领有今湖北、湖南全部以及陕西、河南、四川、江西、安徽、江苏、浙江、山东等省的一部或大部，政治和文化影响远及广东、广西、云南、贵州，是当时名副其实的泱泱大国。
② 朱熹：《四书章句集注》，上海古籍出版社2001年版，第91页。
③ 朱熹：《四书章句集注》，第114页。

18

旨……故孔、墨之徒皆汲汲以用世为事。惟老、庄之徒生于南方（自注：庄子，楚人，虽生于宋而钓于濮水。陆德明《经典释文》曰："陈地水也。"此时陈已为楚灭，则亦楚地也。故楚王欲以为相），遁世而不悔，其所说虽不出实用之宗旨，然其言性与道颇有出于北方学者之外者。[1]

老子和庄子是先秦时期道家的两位大师。王国维在自注中说明了庄子是楚人。而实际上老子也同样是楚人。老子是苦县厉乡曲仁里人，地处今河南省鹿邑县与安徽省亳县之间，本属陈国。《史记·货殖列传》云："自淮北沛、陈、汝南、南郡，此西楚也。"说明陈地在当时属于西楚。据《左传》宣公十一年、昭公八年、哀公十七年等处记载，楚国曾多次灭陈，数次以陈为楚之一县，中间虽亦曾复其国，但陈侯实同傀儡，陈地的政治、经济、文化各个层次皆已属楚。这段时间是老子生活的时期。因此，人们直接称老子为楚人。

受南方楚文化影响而产生的老、庄道家，与以孔、墨为代表的北方学派有着明显的区别。王国维指出孔、墨北方学派以实用为宗旨，而楚地的老、庄道家哲学则更关注对性与天道的探索。孔子罕言性与天道，而老、庄则喜言性与天道。

对天道的探索和喜爱根源于楚地丰富的神话传说。古代楚人极富浪漫的神话想象力，创作了震撼人心、无与伦比的神话传说。现今所见的中国古代神话，主要来源于《山海经》《淮南子》《楚辞》《庄子》等著作，而这几部著作皆产于楚地或为楚人所作。[2] 由此可见，楚文化可谓中华神话文化的渊府。女娲补天、夸父追日、羿射九日、共工怒触不

---

[1] 《王国维遗书·静庵文集》，上海书店出版社1983年版，第80页。
[2] 《楚辞》《淮南子》《庄子》为楚人所作，自不待言。《山海经》作者亦是楚人，见袁珂《〈山海经〉写作的时地及篇目考》，载《中华文史论丛》第七辑（复刊号），上海古籍出版社1978年版。

周山……这些脍炙人口的神话故事，是楚神话的精品，也是中华神话文化的瑰宝。以老子、庄子、屈原等人为代表的先秦楚地思想家，面对楚文化中神话的海洋，其著作无可避免地受到强烈影响，把当时口头相传的神话材料当作重要的依据。《老子》书中"刍狗""谷神""玄牝"等语，即来自神话传说。《庄子》一书则更加广泛地运用了神话传说，故而其文"汪洋辟阖，仪态万方"①。屈原的《离骚》《天问》《九歌》等传世名篇，更是把人带进瑰丽奇伟的神话艺术境界。

神话是楚地先民探索和解释天道宇宙的最初思想成果，反过来又刺激了楚地思想家对天道宇宙的兴趣。楚地思想的最高理论成就——老、庄道家哲学所阐发的"道"，既是宇宙的本体，又是派生宇宙万物的原始基质，具有非常明显的天道论和宇宙论的特征，这与北方儒家所着重阐扬的人文之道、伦理之道是相当不同的。

另外，楚人崇巫，楚地巫风盛行，这一点也是跟儒学不同的。孔子关注的是此生和人世，对来生和鬼神等具有宗教性质的领域不甚措意。《论语》曰：

> 季路问事鬼神。子曰："未能事人，焉能事鬼？""敢问死。"曰："未知生，焉知死？"②

而楚人则不同，楚地巫风飘飘，源远流长。据《国语·郑语》和《史记·楚世家》记载，楚人是祝融的后裔，而祝融是高辛的火正。祝融本义为远古一种职司的称谓，乃火正之别号。③ 火正、祝融在远古时期是一种带有神职色彩的祭司一类的职务。《汉书·五行志上》云：

---

① 鲁迅：《汉文学史纲要》，《鲁迅全集》第十卷，人民文学出版社 1973 年版，第 536 页。
② 朱熹：《四书章句集注》，第 147 页。
③ 《左传》昭公二十九年称："木正曰句芒，火正曰祝融。"《国语·郑语》亦云："黎为高辛氏火正，以淳耀敦大，天明地德，光照四海，故命之曰'祝融'。"

"古之火正，谓火官也，掌祭火星，行火政。"① 可见，楚之先祖祝融就与祭祀等神职活动有密切关系。又《左传》昭公十二年记楚灵王时右尹子革说："昔我先王熊绎，辟在荆山，筚路蓝缕，以处草莽。跋涉山川，以事天子。唯是桃弧、棘矢，以供御王事。"这里提到熊绎为周天子献桃弧、棘矢以禳灾之事，亦可见楚之先王与祭祀活动的关系。

古代楚地盛行巫风，很多历史文献中都有记载。《诗·陈风·宛丘》云："坎其击鼓，宛丘之下。无冬无夏，值其鹭羽。"《东门之枌》亦云："东门之枌，宛丘之栩。子仲之子，婆娑其下。"此两诗就描述了受楚文化影响的陈地歌舞娱神、巫风盛行的特殊习俗。班固《汉书·地理志》对此有一段明确的说明："陈国，今淮阳之地。陈本太昊之虚，周武王封舜后妫满于陈，是为胡公，妻以元女大姬。妇人尊贵，好祭祀，用史巫，故其俗巫鬼。《陈诗》曰：'坎其击鼓，宛丘之下。亡冬亡夏，值其鹭羽。'又曰：'东门之枌，宛丘之栩。子仲之子，婆娑其下。'此其风也。"② 班固提到《诗经》中《宛丘》和《东门之枌》这两首诗，描绘的是受楚文化影响的陈地巫风景象，实即最早记载楚之巫风的文献。

汉代王逸说："昔楚国南郢之邑，沅湘之间，其俗信鬼而好祀，其祠必作歌乐鼓舞以乐诸神。"③ 说明了古代湖南大地上巫风盛行的情况。朱熹在《楚辞集注》中也说："昔楚南郢之邑，沅、湘之间，其俗信鬼而好祀，其祀必使巫觋作乐，歌舞以娱神。"④ 湘楚先民信鬼好祀，常使巫觋作乐舞以娱神的巫风传统，与楚神话有着十分密切的联系。楚地

---

① 《汉书·五行志上》，中华书局1997年版，第343页。
② 《汉书·地理志下》，第425页。
③ 王逸：《楚辞章句》，文渊阁《四库全书》第1062册，上海古籍出版社1987年版，第16—17页。
④ 朱熹：《楚辞集注》，上海古籍出版社2001年版，第31页。

先民的生活充满着各种各样的神话传说，他们相信天上地下都有神鬼存在，人们的各种活动都要受到神鬼的影响和支配，同时，人也有灵魂，人死后灵魂不灭，就是活人在生病、受惊时灵魂也会脱离躯体。因此，湘楚先民就有祭祀、邀神、娱神、慰鬼、招魂等巫术活动。这种巫术活动强烈的情感宣泄以及对神鬼世界的大胆想象，在放纵中具有自由浪漫的精神特质，较少循规蹈矩的拘束和自封，而多浪漫自由的创造性和不拘礼法、卓然不屈的独立精神，这些都是湘学的精神传统。

湖南地区在宋代之前，一直处于这种重天道、崇鬼神、尚巫风的楚文化影响之下，北方儒学文化在湖南影响较小。到了宋代，这种状况发生了根本的改变。北宋时期，湖南道州（今湖南省永州市道县）人周敦颐，开创了理学，这是儒学发展的一个新时期。只不过，由于周敦颐著述和讲学较少，其学术在北宋时期的湖南地区影响不大，所以晚清湘潭人王闿运说周敦颐的学术"乡邦无传其学者"①。周氏之学（濂溪学），由他的两个著名弟子程颢和程颐传播到北方的河南洛阳，并发扬光大，演变为"洛学"。后来，洛学经二程弟子们回传到南方，湖湘学派是这个回传过程中最早出现的一个理学学派。胡安国、胡宏父子以及胡宏弟子张栻等人，以湘潭碧泉书院和长沙岳麓书院为基地，著书立说，讲学授徒，在当时全国产生了广泛的影响，对湖南地区的影响当然更加深远。自此之后，湖南地区的文化由楚文化（湘楚文化）转变而为儒家文化（理学文化），湖南地区成为著名的"理学之邦"。后来王船山总结宋明理学，曾国藩、左宗棠等晚清理学名臣在政治、军事领域纵横捭阖，叱咤风云，甚至以毛泽东为代表的湘籍无产阶级革命家，都受到了湘学和湖湘文化的熏陶和影响。

湘学和湖湘文化在湖南地区的兴盛以及对中国思想文化界所产生的巨大影响，其源头就在湘潭碧泉。作为湖湘学派起源以及最早进行学术

---

① （清）陈嘉榆、王闿运等修纂：（光绪）《湘潭县志》，岳麓书社2010年版，第248页。

创新和人才培养活动的空间场域,碧泉书院当之无愧地成为湘学和湖湘文化的兴盛之源。朱熹诗云:"半亩方塘一鉴开,天光云影共徘徊。问渠哪得清如许?为有源头活水来。"亘古不断、喷涌不息的碧泉,极具象征意义,她是湘学和湖湘文化长盛不衰的源头活水。

第二章　湖湘学派的思想渊源

第一节　孙复、周敦颐与湖湘学派

一　孙复与湖湘学派

孙复（992—1057），字明复，号富春，晋州平阳（今山西临汾市）人，北宋理学家、教育家。孙武第四十九代孙，因曾隐居泰山讲学，后世称其为"泰山先生"，与胡瑗、石介并称"宋初三先生"。孙复以讲授《春秋》显名于当时，其著作《春秋尊王发微》是宋代《春秋》学史上的第一座高峰，影响了宋代学术的发展演变，并通过其弟子朱长文，将其学术思想传至湖湘学派。

朱长文（1039—1098），字伯原，号乐圃，苏州吴县（今江苏苏州）人，筑室乐圃坊，人称乐圃先生。著书三百卷，可惜毁于战乱。今存《乐圃余稿》八卷，以及《易郡图经续记》《墨池编》《琴史》等。朱长文是孙复的弟子，胡安国曾师事朱长文。所以，孙复、朱长文与胡安国三人之间有学统上的继承关系，胡安国通过朱长文接受了孙复有关《春秋》的思想和精神。孙复在治学方面，重探寻本义，不惑传注，开宋代"以理解经"的风气。他作《春秋尊王发微》，提出，用以"尊王"为本的理念来理解与诠释《春秋》经文，并对"尊王"做了思想融贯性的论证，为当时的集权专政提供了理论根据。

在漫长的历史长河中，随着社会的变化，源远流长的中华文化也在不断更新损益，历经千年而延续不绝。唐宋之际，中国社会无论在经济、政治、文化上都发生了重要变化，这是一个重要的历史转折点。孙复即生活在这一时期。他初入政坛时，宋初社会经济的发展已经取得了卓有成效的进步。宋真宗时，社会俨然一片欣欣向荣的景象，但宋朝的社会矛盾在宋太宗时就一直潜伏，至宋仁宗亲政时，社会矛盾集中爆发，庆历初年严重的社会危机已然酿成。这一时期，统治阶级内部相互倾轧，斗争愈演愈烈，在朝官僚士大夫们骄奢淫逸，因循苟且。外部民族矛盾尖锐，周边民族不断侵扰北宋的国家边境，北有契丹族大兵压境，西北党项族发展势头正盛，西南少数民族也不断制造动乱，国势开始发生逆转。宋王朝在屡战屡败之后，为补战争耗资，统治者在国家内部，加紧搜刮民脂，横征暴敛，以"岁币""岁赐"的方式买得一时的苟安，积贫积弱的腐败政治使得国家危机四伏，甚至出现了"富者田连阡陌，贫者无立锥之地"的贫富两极极端分化的现象。尖锐的民族矛盾和社会危机等内外多种力量共同作用，宋代文化范型也发生了重大的转变，以尊君父、讨乱贼、辟邪说、正名分、辨华夷、行褒贬为主旨的《春秋》进入了当时士大夫们的研究视野，在儒家经学系统中，《春秋》学是淑世功能最强的，两宋士大夫们根据《春秋》"攘夷之义"严"夷夏之防"。在这样的情况之下，宋代的《春秋》学研究成为《春秋》学史上大放异彩的环节。

孙复的《春秋尊王发微》是北宋成书最早的《春秋》学著作。孙复自幼酷爱读书，饱读六经，由于当时北宋朝廷科举考试多重辞赋，轻视义理，孙复的理论主张与时代潮流不符，在开封府四次参加进士考试，均未考中。他在32岁以后退而隐居泰山，潜心研究学问，开院授徒。孙复在研究学习时尤其重视义理的发挥，对所学知识有独到的见解。基于对当时北宋政治时势的理解和把握，孙复在讲授《春秋》的过程中，逐渐形成他的"尊王"观，他研治《春秋》最大的特点是"不惑传注，不为曲说以乱《经》"。但是孙复这一研治《春秋》的方法其实有其源头。唐中期，啖助、陆淳、赵匡在进行《春秋》学研究时，已经察觉到当时的经学研究所面临的困境，于是他们决定改变以往研治《春秋》的方法，放弃以往专守一传的传统做法，转而全面通盘考察《春秋》三传之后再做取舍。孙复接受了他们的研究方法，也认为仅仅专守《春秋》三传等诸家经典的注释，是很难发现《春秋》经文深义、得《春秋》经文本旨的。所以，孙复在研治《春秋》时，抛弃了《春秋左传》《春秋公羊传》《春秋谷梁传》的经典"三传"，别开新意，重义略事，以"尊王"思想为先，并且发挥己意来阐述"圣人"的"微言大义"，他直接承接起先秦儒家孔孟思想中的"外王"理念，以传统儒家王道为理想，服务于现实政治的诉求，意以"奖王室，尊君道"的王道规正君道。孙复认为，《春秋》成于孔子之手，终于孔子之笔，有为万世立法的目的。他正是本着仿效圣人之法的目的，直追经典本义。《春秋》中所体现的治世之法，在孙复看来，是经由孔子损益的以传统儒家仁义之道为内在衡量标准的"王道"思想。所谓王道，是指上古三代的先王之道。因为上古三代"圣王"的道德权威与政治权威是和谐统一的，神圣位置与美好品质合二为一，是儒家一直追求的完美政治理想，所以实现"王道"政治，也一直是宋儒心目中坚定的信仰。孙复正是以儒家王道理想为依据，凭借《春秋》精神，阐发"尊王攘夷"的思想，既为遵从现实权威，维护在上者绝对权力服务，又坚守儒家王道理想，并试图将这种王道理想落实到现实的政治社会生活中，这种明确的现实指向和强烈的致用取向为后来湖湘学派的开创者胡安国所接续。

胡安国（1074—1138），字康候，谥号文定，后世称"胡文定公"。建宁崇安（今福建省武夷山市）人，南宋初期著名的思想家，开创时期湖湘学派的代表人物，因躲避战乱，辗转留居湖南湘潭碧泉，在此结庐建舍，著书立说，授徒讲学，为后来湖湘学派的发展奠定了坚实的基础。胡安国是宋代《春秋》学史上的杰出人物，他深受孙复的影响，潜心研究《春秋》，著胡氏《春秋传》，后世将其同春秋"三传"比肩，合称《春秋》四传。胡安国的《春秋传》被后来的元、明两代钦定为科举考试的官方定本，对元明时期的科举考试影响巨大，是后来研治《春秋》学士人的必读书目，为两宋《春秋》学研究竖起了一块丰碑。

首先，胡安国对孙复《春秋》学理论的继承体现在对其王道政治思想观念的接续。"尊王"思想既是《春秋》学的传统，又是孙复《春秋尊王发微》的一大特点，并且在孙复的《春秋》思想中，其"尊王"与"攘夷"是统一的，要推崇"尊王"理念，就必须先行"攘夷"，而"攘夷"的前提是确定华夏与蛮夷之间的秩序，否则就会导致夷狄入侵华夏。胡安国《春秋传》继承这一传统，意在恢复国家秩序、巩固中央集权统治，重新阐发《春秋》学中"尊天子、抑诸侯"的经义，以满足解决民族危机、重构时代纲常的诉求。对于胡安国而言，少数民族入侵中原，此"以夷乱华"之举，是少数民族对华夏民族极大的不敬，是夷狄对中原朝廷极大的蔑视。如何处置错综复杂的民族矛盾，这是有宋一代的统治阶级所面临的头号难题。同时，也应该注意到，胡安国非常重视以"礼义"分"华夷之别"，"《春秋》固天子之事也，而尤谨于华夷之辨。中国之所以为中国，以礼义也，一失则为夷狄，再失则为禽兽，人类灭矣"[1]。胡安国既斥责少数民族侵扰中原，但也褒扬少数民族的进步。胡安国根据现实基础，接续孔孟的"华夷之辨"，在对《春秋》的解说中重视"尊王攘夷"的大义，充分地发挥《春秋》的理论指引作用。面临经常性的异族入侵，"大一统"是调动南宋士人积极性的一面精神旗帜，所以胡安国极其重视"尊王"主旨，一方面表现了他对现实社会中不能遵行王道秩序的不满，另一方面彰显了他为重建儒家"礼乐征伐自天子出"的"大一统"王道理想而做出的努力。

---

[1] 胡安国：《春秋传》，第151页。

其次，胡安国对孙复《春秋》思想的继承，更体现在对其"经世致用"取向的接纳上。南宋王朝内外矛盾重重，各个方面均急需改革，"更化"呼之欲出，胡安国的"康济时艰"传承了《春秋尊王发微》中"经世致用"的政治理念，二者均紧密结合了国家的现实需求。可以说，胡安国的《春秋传》是继孙复的《春秋尊王发微》之后政治意蕴最明显的《春秋》学著述。胡安国的王道政治，不仅是对理想社会的描述，更是为实现理想社会而总结了一套行之有效的治国方式。当时，南宋王朝不敌夷蛮，偏安江左，国家不断遭到金兵的大举入侵，百姓处于水深火热之中，面对如此社会现状，加之胡安国自身颠沛流离的切身经历，使得他对百姓的疾苦有更加深刻的体会，从而深刻认识到"为学致用"的重要性。细数胡安国的现存著作，不难发现，其"为学论道"的出发点均是要致力于解决现实问题，"志在康济时艰"是胡安国为学思想的理论特色，也是胡氏《春秋传》的一大特点。

最后，与孙复的《春秋尊王发微》相同，胡安国在构建"华夷之辨""君臣之谊"等伦理原则时注重"义理"的发挥。胡安国认为，《春秋》是"经世大典"，他说："百王之法度，万世之绳准，皆在此书。"① 在胡安国看来，《春秋》是经"仲尼亲手笔削，拨乱反正之书"②。圣人笔削《春秋》，以史传心。所以，胡安国寄希望于研治《春秋》，以体会圣人的用心、直探圣人本意，并希冀以此恢复和重建孔孟的人文传统，发挥其中的精神价值。较之于孙复，胡氏《春秋》学的特色在于，胡安国从"我注《春秋》"，走向了"《春秋》注我"，胡安国在注解《春秋》的过程中，更多关注的是如何利用《春秋》这一经世典籍为自己设定的"春秋大义"提供表达与展开的机会。经过胡安国的《春秋传》，《春秋》学中的"春秋大义"从此粲然。他注

---

① 胡安国：《春秋传·序》，第2页。
② 胡安国：《春秋传·序》，第2页。

解《春秋》不重"考据",而注重发挥《春秋》"义理",他以己意重新解读《春秋》,赋予了"《春秋》学"以适合现实社会需要的新内涵。从《春秋》学自身的发展来看,这种通过对经典进行重新解读与诠释以强调义理之学术方法,首先,是对汉唐重考据、训诂的一种扬弃;其次,胡安国直接面向《春秋》,他研治《春秋》的目的在于以《春秋》学的形式表达对当时现实政治问题的理性思考,这背后体现的是,作为思想家的胡安国围绕当时社会面临的各种问题所做的积极思考。

二 周敦颐与湖湘学派

胡安国除与孙复、朱长文有学统上的传承关系外,也继承了周敦颐的思想,形成了一个"道统"序列。"道统之观念,乃起自新儒学发展之哲学性内在需要。"① "道统"观念最主要的并非是为反映历史的真实情况,而主要是士子学人寄希望于对"道统"内涵的阐述,以及对道统传承谱系人物的选择来设定自身学术思想内部的发展脉络,所以在中国的传统中,道统观念向来是重于学统的。

周敦颐(1017—1073),字茂叔,谥号元公,北宋道州营道楼田堡(今湖南省道县)人,早年曾任洪州分宁县主簿及几任县令,后任南安军司理参军,晚年任广东转运判官、广东提刑、知南康军。晚年建濂溪书堂于庐山之麓,被后人称为濂溪先生,主要著作有《太极图说》《通书》等。《宋史·道学传》这样评价周敦颐:"乃得圣贤不传之学,作《太极图说》《通书》,推明阴阳五行之理,命于天而性于人者,了若指掌。"② 黄庭坚则称赞他"人品甚高,胸怀洒落,如光风霁月。廉于取名,而锐于求志;薄于徼福,而厚于得民;菲于奉身,而燕及茕嫠;陋

---

① 陈荣捷:《朱熹集新儒学之大成》,《朱学论集》,华东师范大学出版社2007年版,第18页。

② 《宋史·道学传》,第3235页。

于希世，而尚友千古"①。

周敦颐是理学的"开山鼻祖"，其学术思想是湖湘学派的重要思想来源之一，湖湘学派的胡安国、胡宏、张栻等人在构建自身思想理论的过程中均直接继承了周敦颐所构建的思想系统。但是，周敦颐在其身前，乃至身后相当长的一段时间中，其思想宗旨并不为人所重视。他身前的地位与他在后世所具有的接续道统、开创理学学派的祖师地位完全不可同日而语，"理学开山宗主"的形象，很大意义上来源于后世理学家们为道学的发展需要而创设。尤其在南宋初期，胡安国、胡宏及张栻大力推崇周敦颐的学说，强调周子之学深宏精邃，这为奠定周敦颐在道统谱系中的重要地位及确立其在理学史上的重要作用做出了极大贡献。通过梳理湖湘学派对周敦颐地位的推崇，我们其实可以看出南宋理学家们对周敦颐的学术思想有一个认识和接受的过程，他"道学宗主"的地位并非一蹴而就。

湖湘学派对周敦颐的推崇，最早始于胡安国。绍兴二年（1132），胡安国遭贬，在居留丰城期间，他向时任道州知州的向子忞询问周敦颐的遗事："濂溪先生，舂陵人也，有遗事乎？对以未闻。后读河南语录，见程氏渊源，自濂溪出，乃知先生学极高明，因传《通书》诚说，味于其所不味。兹幸复假守视事。"② 这样的打听，可说明两个问题。一是，胡安国对周敦颐非常关注，主动向人寻求他的相关情况；二是，关于周敦颐遗事，知州答不上来，可见周敦颐的学说当时并不为人所熟知。后向子忞阅读河南语录时，见到"程氏渊源，自濂溪出"等字样，终于发现周子之学的极高明处，于是在绍兴二十九年（1159），修建道州周濂溪祠堂。湖湘学者对周敦颐的推崇也自此揭幕。但是胡安国关注周敦颐，并未深入研究周敦颐的学术思想，也并未在道统的构建上将周

---

① 《宋史·道学传·周敦颐传》，载《周敦颐集》，中华书局2019年版，第87页。
② 胡铨：《澹庵文集》卷四，文渊阁《四库全书》第1137册，第36页。

敦颐纳入其中。胡安国虽具"道统"意识，但并未提出"道统"理论，打通周敦颐与道学系统的通路这一任务，落在了胡宏及其弟子张栻的肩上。

湖湘学派学者对周敦颐的推尊用力最足的，当属胡安国的季子胡宏。胡宏（1105—1161），字仁仲，宋建州（今福建）崇安人。宋高宗建炎年间，为躲避战乱，胡宏随父兄避地荆门（今湖北）、湘潭（今湖南），后长期寓居湖南并授徒讲学于衡山五峰之下，故学者称他为"五峰先生"。胡宏对周敦颐的《通书》推崇备至，在其《周子通书序》中，胡宏明确肯定了周敦颐在宋代新儒学发展过程中的开创之功，高度评价了周子的《通书》，说："今周子启程氏兄弟以不传之学，一回万古之光明，如日丽天，将为百世之利泽，如水行地。其功盖在孔、孟之间矣。人见其书之约也，而不知其道之大也；人见其文之质也，而不知其义之精也；人见其言之淡也，而不知其味之长也。"① 又说："人有真能立伊尹之志，修颜回之学，然后知《通书》之言包括至大，而圣门之事业无穷矣。故此一卷书，皆发端以示人者，宜度越诸子，直与《易》、《诗》、《书》、《春秋》、《语》、《孟》同流行乎天下。"② 从这段序言中，我们可以看出：首先，胡宏将周子的《通书》与《易》《诗》《书》《春秋》《论语》《孟子》等先秦儒家典籍并列，视周敦颐为孔子、孟子之后接续先秦儒家道绪的传承者；其次，从道统的角度肯定了周敦颐与二程之间的师承授受关系，确立了周敦颐的道学成就；最后，胡宏在这里首次对周敦颐哲学思想进行评介，肯定了周敦颐本人的学术思想。关于这一点的说明，我们也可以引胡宏作的《横渠正蒙序》中的描述，以相互参证："舂陵有周子敦颐，洛阳有邵子雍、大程子颢、小程子颐，而秦中有横渠张先生。"③ 胡宏将周敦颐与邵雍、二程、张载并列，这

---

① 胡宏：《周子通书序》，《胡宏集》，第 161 页。
② 胡宏：《周子通书序》，《胡宏集》，第 161—162 页。
③ 胡宏：《横渠正蒙序》，《胡宏集》，第 162 页。

是"北宋五子"第一次联名登上历史舞台，周敦颐新儒学开山鼻祖的地位开始确立，他盛赞周敦颐"绵圣传于不坠，振道统于中兴"，由此可见，胡宏对周敦颐道统地位的确立，确有不世之功。

胡宏对周敦颐的推尊，开启了湖湘学派对周敦颐"道学开山鼻祖"形象塑造的进程。他对周敦颐的评价影响了其弟子张栻。在胡宏对周敦颐进行宏观上的推崇之后，张栻在此基础上又前进了一步，更加细致、详尽地阐述了周子之学，其中包括周敦颐在儒学史上的贡献，对周敦颐本体论的肯定，以及对儒家道统的完全确立，而这也是张栻学术思想本身对于湖湘学派的主要贡献和重要推进。

张栻（1133—1180），字敬夫，号南轩，学者称"南轩先生"，谥曰宣，后世也称张宣公。与朱熹、吕祖谦齐名，时称"东南三贤"。右相张浚之子。张浚是宋徽宗政和年间的进士，历仕钦宗、高宗、孝宗三朝，号称中兴名将，力主抗金。张栻早年在湘潭碧泉书院师从胡宏，以其超群学识深得胡宏器重，学成之后，发扬师说，主管岳麓书院教事，与朱熹在岳麓书院开"朱张会讲"，将湖湘学派发扬光大。张栻在胡宏的基础上进一步展开对周敦颐的崇奉与宣扬，使周敦颐得以完全确立北宋道学第一人的地位。张栻花费大量笔墨，先后撰写《太极图解序》《太极图解后序》《通书后跋》等序跋，阐发周敦颐的思想内涵，又撰写《道州重建濂溪周先生祠堂记》《永州州学周先生祠堂记》《（韶州）濂溪周先生祠堂记》《南康军新立濂溪祠记》《三先生祠记》等祠堂记，表彰肯定周敦颐的学术成就与学术地位。

首先，张栻恪守师说，进一步明确了周敦颐在儒学史上的贡献。在《南康军新立濂溪祠记》中，张栻结合学术史，追本溯源，彰显了周子学术在儒家学术传承过程中的重要地位，强调正是周敦颐使得先秦儒家思想在宋代得以复明，他说："惟先生崛起于千载之后，独得微旨于残编断简之中，推本太极，以及乎阴阳五行之流布，人物之所以生化，于是知人之为至灵，而性之为至善。万理有其宗，万事循其则。举而措之,则可见先生之所以为治者,皆非私智之所出。孔孟之意于以复明。"① 张栻明确肯定周敦颐的思想为秦汉以来未曾有,在儒学发展史上具有极其重要的地位,并论述了周敦颐学说理论的基本构架与思路,肯定其在重新建构传统儒学过程中的巨大价值。

其次,在张栻看来,周敦颐的《太极图说》为儒学创造了精致的宇宙本体论思想。在《(韶州)濂溪周先生祠堂记》和《南康军新立濂溪祠记》中,他详尽阐述了周敦颐的本体学说,即以"太极"作为天地万物的本源,并由天地推及人伦,探讨人物的生化。对周敦颐的太极本体说,张栻给予了积极的肯定:"某尝考先生之学,渊源精粹,实自得于其心,而其妙乃在太极一图。穷二气之所根,极万化之所行,而明主静之为本,以见圣人之所以立人极,而君子之所当修为者,由秦汉以来,盖未有臻于斯也。"② 张栻认为,周敦颐的《太极图说》以"太极"为本,为儒家建构了宇宙论、本体论的思想,并为人的修养问题以及人伦道德的产生提供了终极依据。只有确立儒家思想的本体论,重建儒家思想的立论根基,才能从根本意义上使先秦儒家思想重新焕发生机。

最后,张栻肯定了二程之学发端于周敦颐,并进而完全确立了儒家道统。对这一点的阐述,源于张栻非常重视师道的传承,"师道立则善人多,善人多则朝廷正而天下治"③。他认为,师道不可以不立,士子学人在学习的初级阶段,首先应效法先觉,才有可能"知夫儒学之真,求之有道,进之有序,以免于异端之归"④。所以,尊师重道、建立师道传承授受关系,不仅是正朝廷、治天下的基础,更是建立人伦道德的必然要求,正源于此,张栻不遗余力地强调周敦颐与二程之间的师承授

---

① 张栻:《南康军新立濂溪祠记》,《张栻集》(二),岳麓书社2010年版,第582页。
② 张栻:《濂溪周先生祠堂记》,《张栻集》(二),第581页。
③ 张栻:《三先生祠记》,《张栻集》(二),第583页。
④ 张栻:《三先生祠记》,《张栻集》(二),第583页。

受关系，突出二程对周子之学的继承。"惟二程先生唱明道学，论仁义忠信之实，著天理时中之妙，述帝王治化之原，以续孟氏千载不传之道。其所以自得者，虽非师友可传，而论其发端，实自先生。"① 在当时理学家看来，理学发展至二程，已臻成熟，所以，二程之学不仅代表了理学的正统，更代表了理学发展的一个高峰。但是，在张栻看来，二程的学说离不开对周敦颐思想的吸收和继承，二程所建构起的致广大又尽精微的理学大厦，最初源于对周敦颐之学的进一步推衍，周敦颐的传道之功为孔孟以来所未有。

可以看出，周敦颐之宋代理学开山和宗主地位的确立，离不开湖湘学派的推认和宣扬。湖湘学派将周敦颐列于道统谱系中，推崇周敦颐对宋明理学的"发端"之功，高度肯定周敦颐的思想理论体系弥补了儒家伦理道德形上根据的缺失。湖湘学派如此极力推崇周敦颐，或许与周敦颐的湘籍身份有关，推崇周敦颐有助于湖湘学者学术思想的追根溯源，从而为自身的致思路径、理论构架的合理性做出论证。另外，湖湘学派对周敦颐在理学史上的贡献与地位的认同，周敦颐与湖湘学派之十分重要的关系，"濂溪余音"经过一百多年的沉寂后能够重新发酵，无疑源于周子之学自身的内在价值和理论特色。他所开创的"濂溪之学"本着儒家的立场，以"无极而太极"建构儒学自身传统中一直缺失的本体基调，从而将儒家从佛、老的内外冲击中解救出来，赋予了传统儒学形而上的理论以抗衡异说，也打破了儒家自两汉以来长期僵化烦琐的章句训诂之困局，使传统儒学再次复活。这一系列具有革命性意义的理论创新，对湖湘学派的理论建构产生了重大的影响。

首先，周敦颐的"太极图"对胡宏建构"性本论"哲学体系影响颇深。

宋明理学作为先秦儒学的新形态，是在接受佛、老特别是佛学挑战

---

① 张栻：《永州州学先生祠记》，载《周敦颐集》，第 253 页。

的过程中发展起来的。在同佛、老的思想论战中，北宋理学家们已初步认识到，佛学有一套"极乎圆融高深"的思想体系，而两汉以来的儒学却缺乏一套精致的宇宙本体观，在这种情况下，湖湘学派开始着手建立一个足以与佛学抗衡的哲学世界观体系。在胡宏著作中，排斥佛学的倾向是很强烈的。正因如此，他对周敦颐的宇宙本体论、道德伦理思想，进行深刻研究并发挥己意加以创新，确立了以"性"为本体的思想体系。胡宏在其著作《知言》中对以"性"为本的哲学思想、伦理思想做了全面深入的论说。张栻在《胡子知言序》中明确指出："是书于论性特详焉。"① 胡宏"自幼志于大道……玩心神明，不舍昼夜，力行所知，亲切至到，析太极精微之蕴，穷皇王制作之端，综事理于一原，贯古今于一息，指人欲之偏以见天理之全，即形而下者而发无声无臭之妙"②。

"太极"在周敦颐的哲学思想中，具有宇宙本体本源的含义，但在胡宏的学术理论中，表达这一内涵的为"性本体"，这种"太极"至"性本体"的变化，既是胡宏对周敦颐思想的继承，也是胡宏的理论突破与贡献，充分体现了南宋时期理学探讨的中心问题及其理论特色：一边致力于宇宙本体体系的构建，一边又加强对心性哲学问题的探讨。"性本论"思想是最富湖湘特色的思想理论，是湖湘学派所探讨的中心概念。"性"的概念贯通于胡宏的整个思想体系中，具有至高无上的地位。"天命为性，人性为心。惟仁者为能尽性至命。"③ "性外无物，物外无性。是故成己成物，无可无不可焉。……性，天命也。命，人心也。"④ "夫人目于五色，耳于五声，口于五味，其性固然，非外来也。

---

① 张栻：《胡子知言序》，载《胡宏集·附录》，第338页。
② 张栻：《胡子知言序》，载《胡宏集·附录》，第338页。
③ 胡宏：《知言·天命》，《胡宏集》，第4页。
④ 胡宏：《知言·修身》，《胡宏集》，第6页。

圣人因其性而导之，由于至善，故民之化之也易。"① "子思子曰：'率性之谓道。'万物万事，性之质也。因质以致用，人之道也。人也者，天地之全也。"② "非性无物，非气无形。性，其气之本乎！"③ "大哉性乎！万理具焉，天地由此而立矣。世儒之言性者，类指一理而言之尔，未有见天命之全体者也。万物皆性所有也。圣人尽性，故无弃物。"④从以上的引文可以看出，胡宏所构建的"性本论"，深受周敦颐的影响，周敦颐的思想应该说是胡宏"性本论"思想的重要理论来源之一。"中者，道之体；和者，道之用。中和变化，万物各正性命而纯备者，人也，性之极也。故观万物之流形，其性则异；察万物之本性，其源则一。"⑤ "性"在胡宏的学术体系中，是作为宇宙本体的存在，是一以贯之的根本原则。胡宏将"性"理解为最普遍意义上的全体之"性"，既是真实的存在之性，又具有形上的超越意义，而这一切均得益于对周敦颐思想的吸收与改造。

其次，周敦颐对张栻构建以"太极"为本体的哲学体系也影响深远。

张栻继承了胡宏所创立的以"性"为本体的学说，并从各个方面丰富了这一论说，在他的《论语解》和《孟子说》等著作中均有大量体现。张栻在论说孟子"天下之言性也，则故而已矣"时指出："天下之言性，言天下之性也。故者，本然之理，非人之所得而为也。有是理则有是事，有是物。夫其有是理者性也。顺其理而不违，则天下之性得矣。……凿则失其性，失其性则不可推而行。"⑥ "皆天下之性所当然，而圣人特因以利之耳。天命之谓性，万有根焉。率性之谓道，万化行

---

① 胡宏：《知言·阴阳》，《胡宏集》，第9页。
② 胡宏：《知言·往来》，《胡宏集》，第14页。
③ 胡宏：《知言·事物》，《胡宏集》，第22页。
④ 胡宏：《知言·一气》，《胡宏集》，第28页。
⑤ 胡宏：《知言·往来》，《胡宏集》，第14页。
⑥ 张栻：《孟子说》，《张栻集》（一），第306页。

焉。圣人者，能尽其性，而尽人之性，尽物之性，以赞天地之化育者也。"① 但是，纵观张栻整体的哲学思想体系，并不是完全对胡宏"性本论"体系的"接着说"，而是"绕开'性本论'而回归北宋周程"②。他精研深读了周子的著作，最终形成了自己以"太极"为本体的理学思路。

张栻一生主要从事学术研究与书院教育，致力于理学思想研究，对周敦颐思想进行了深入的挖掘，在《汉丞相诸葛忠武侯画像赞》中，张栻盛赞周子"于惟先生，绝学是继。穷原太极，示我来世"③。张栻在与朱熹辩论"太极"的过程中，著《太极解义》，阐发周敦颐《太极图说》之义，此书南宋时期存有刻本，可惜后来失传。但从其现存著作中，我们依然可以窥见，张栻在阐述周敦颐"太极"概念时，有他独特的理解，同时也为周敦颐"太极"学说争取了更大的发展空间。在《（韶州）濂溪周先生祠堂记》中，张栻说道："某尝考先生之学，渊源精粹，实自得于其心，而其妙乃在《太极》一图。穷二气之所根，极万化之所行，而明主静之为本，以见圣人之所以立人极，而君子之所当修为者。由秦汉以来，盖未有臻于斯也。"④ 张栻认为，周敦颐学术的精深之处均体现在《太极图》中，《太极图》的要旨在于：本太极依两气万化而立人极。在《南康军新立濂溪祠记》中，他接着说："惟先生崛起于千载之后，独得微旨于残编断简之中，推本太极。"⑤ "某妄意以为太极所以形性之妙也，性不能不动，太极所以明动静之蕴也。极乃枢极之义，圣人于《易》特名太极二字，盖示人以根柢，其义微矣。若只曰性而不曰太极，则只去未发上认之，不见功用。曰太极，则性之

---

① 张栻：《孟子说》，《张栻集》（一），第 307 页。
② 王立新：《从胡文定到王船山——理学在湖南地区的奠立与开展》，中国社会科学出版社 2014 年版，第 322 页。
③ 张栻：《汉丞相诸葛忠武侯画像赞》，《张栻集》（二），第 839 页。
④ 张栻：《南康军新立濂溪祠记》，《张栻集》（二），第 581 页。
⑤ 张栻：《南康军新立濂溪祠记》，《张栻集》（二），第 582 页。

妙都见矣。体用一源，显微无间，其太极之蕴欤！"① 张栻在胡宏"性"论的基础上，从"太极为性"的角度诠释周敦颐的思想，将周敦颐的"太极"观念纳入湖湘学派心性论的范围之中，在宣传道统论的同时，又阐扬了心性义理之学，使湖湘学派思想得到广泛传播，在思想史上具有重要意义。

湖湘学派是南宋理学在湖南地域的特色发展，是地域儒学的代表之一，不仅具有地域特色，更具经世致用色彩，湖湘学派的学术光芒使两宋时期地理位置偏远的湖湘地区的思想文化焕发出勃勃生机。张栻去世后，湖湘学派出现了分化，后逐渐衰落。但无论如何，湖湘学派对宋朝的学术乃至整个湖湘精神的形成都产生了深远的影响，在学术构建上湖湘学派重"致用"、重"义理"，在实际行动中湖湘学者们主张抗金、反对议和，参与到抗金的洪流中，这种学行品质和精神培育了后世湖湘学子的家国情怀和崇实践行的品格，无论在任何时期面对何种内忧外患，湖湘学人均表现出了崇高的民族气节。

第二节　二程及其弟子与湖湘学派

一　胡安国与二程

私淑洛学而大成者，胡文定公其人也。文定从谢、杨、游三先生以求学统，而其言曰："三先生义兼师友，然吾之自得于《遗书》者为多。"然则后儒因朱子之言，竟以文定列谢氏门下者，误矣，今沟而出之。南渡昌明洛学之功，文定几侔于龟山，盖晦翁、南轩、东莱，皆其再传也。②

---

① 张栻：《答吴晦叔》，《张栻集》（二），第 764 页。
② 《宋元学案》卷三十四《武夷学案》，第 1170—1171 页。

从上面这段记载中，可以看到胡安国与二程学派的关系。胡安国在太学期间，师从朱长文、靳裁之。朱长文、靳裁之俱是二程讲友，朱长文善《春秋》，靳裁之善书法理论。期间，对于二程思想，胡安国也只是间接得知，并无缘得见二程。胡安国于绍圣四年（1097）中进士，之后任荆门教授，经游酢搭线与杨时相识，后任湖北提举，持杨时荐书见谢良佐。游、杨、谢三人俱为二程得意弟子，所谈颇多，学问相互交流，时事共相探讨。胡安国一家与二程弟子的交流可谓非常之多，故曰"三先生义兼师友"。

> 学《春秋》亦善，一句是一事，是非便见于此，此亦穷理之要。然他经岂不可以穷？但他经论其义，《春秋》因其行事，是非较著，故穷理为要。尝语学者，且先读《论语》、《孟子》，更读一经，然后看《春秋》。先识得个义理，方可看《春秋》。《春秋》以何为准？无如《中庸》。欲知《中庸》，无如权，须是时而为中。若以手足胼胝，闭户不出，二者之间取中，便不是中。若当手足胼胝，则于此为中；当闭户不出，则于此为中。权之为言，秤锤之意也。何物为权？义也。然也只是说得到义，义以上更难说，在人自看如何。①

程颐此段话中有以下几层意思：第一，学《春秋》是好的，一句话就是一件事，可以从此处看出是非，这也是穷理的要点；第二，先读《论语》《孟子》，再读经，然后读《春秋》，先认识义理，再看以中庸为准则的《春秋》；第三，《中庸》以义作为权，不过义之上的东西，需要个人自行觉悟。这段话胡安国在论述自己的《春秋传》时，多次引用，且以上三点贯穿其中并做出重要发挥。胡安国在其《春秋传》

---

① 《二程集》，中华书局2006年版，第164页。

序言中写道："虽微词奥义、或未贯通,然尊君父、讨逆贼、辟邪说、正人心、用夏变夷,大法略具。庶几圣王经世之志,小有补云。"① 如若细细读之,不难发现,程颐的"应时"思想与脉络,胡安国抓住了重心,应时不仅是因时制宜,还有以理贯彻之,落到实处。故胡安国自己说"然吾之得于遗书者为多",程门弟子谢、游、杨等也以斯文之任期待胡安国。

二 胡宏与二程

胡宏受其父胡安国影响,自幼即服膺二程之学。在十五岁时,胡宏自撰《论语说》,编《程子雅言》并作前、后序。胡宏的《程子雅言前序》列举道统次第:尧、舜、禹、汤、文王、孔子、孟子、二程,并对二程及之前的先贤进行了评述。胡宏十分赞扬时人所讥讽的二程子,尤其是小程子程颐,认为二程子是伟大人物,却受命运所限,不得彰显。胡宏说:"予小子恨生之晚,不得供洒扫于先生之门,姑集其遗言,行思而坐诵,息养而瞬存,因其所言而得其所以言,因其所以言而得其言之所不可及者,则与侍先生之坐而受先生之教也,又何异焉!"② 表达了对二程之学的渴慕。《后序》则将二程比作圣贤,并抒发了自己的志向。后来,胡宏又拜二程弟子杨时和侯师圣为师,成为二程再传弟子。

胡宏对二程的思想有极好的吸收和发扬。现代新儒家代表人物牟宗三认为,胡宏是宋室南渡后第一个消化承续程颢(明道)之儒学"正宗"圆教模型者,在宋明儒学中具有极高的地位。

在许多儒学核心思想上,胡宏都继承了二程的理论观点,并发扬光大。比如,在心性关系问题上,胡宏的观点是:"未发只可言性,已发

---

① 胡安国:《春秋传·序》,第2页。
② 胡宏:《程子雅言前序》,《胡宏集》,第158页。

乃可言心。"① 胡宏认为，未发为性，已发为心。尽管从根本上说心与性为一，但二者毕竟有未发与已发的区别。这实际上也说的是性的不同阶段。在未发阶段叫性，在已发阶段就不能叫性，而只能叫心了。这个观念就是继承程颢"'人生而静'以上不容说，才说性时，便已不是性也"②而来。在胡宏看来，才说性时便已不是性，而是心了。

又如，关于修养工夫问题，程颢提出"先识仁"之说："学者须先识仁。仁者，浑然与物同体。义、礼、知、信皆仁也。识得此理，以诚敬存之。"③胡宏继承此说，并加以发挥。胡宏说："欲为仁，必先识仁之体。……齐王见牛而不忍杀，此良心之苗裔，因利欲之间而见者也。一有见焉，操而存之，存而养之，养而充之，以至于大，大而不已，与天地同矣。此心在人，其发见之端不同，要在识之而已。"④胡宏继承程颢"识仁"说，提出顺良心发现之苗裔而识仁的工夫论学说，牟宗三对此非常赞赏，将胡宏这种工夫论称为"逆觉体证"。

在理学家讨论得非常多的"格物穷理"问题上，胡宏对程颐的理论有较好的继承和发挥。程颐说："若只格一物便通众理，虽颜子亦不敢如此道。须是今日格一件，明日又格一件，积习既多，然后脱然自有贯通处。"⑤朱熹对程颐的格物说极为欣赏，称程颐此说"颠扑不破"⑥。朱熹指出，程颐的格物之说虽"颠扑不破"，但程氏门人却无人能领会，尹和靖甚至还认为"今日格一件，明日格一件"不是程氏之言⑦，可见程氏门人对程颐此说误解有多深。唯有胡宏（五峰），朱熹认为他比任何程氏亲炙弟子都说得好。朱熹说："程子既没，诸门人说

---

① 胡宏：《与僧吉甫书三首》，《胡宏集》，第115页。
② 《二程集》，第10页。
③ 《二程集》，第16页。
④ 胡宏：《胡子知言疑义》，《胡宏集》，第334—335页。
⑤ 《二程集》，第188页。
⑥ 《朱子语类》卷十八，第421页。
⑦ 《朱子语类》卷十八，第416页。

得便差，都说从别处去，与致知、格物都不相干，只不曾精晓得程子之说耳。只有五峰说得精。"① 朱熹认为胡宏在格物问题上比程氏门人都说得精，因为胡宏始终强调"格物致知"为《大学》的精髓："请问《大学》之方可乎？曰：致知。请问致知。曰：致知在格物。物不格，则知不至。知不至，则意不诚。意不诚，则心不正。心不正而身修者，未之有也。是故学为君子者，莫大于致知。彼夫随众人耳目闻见而知者，君子不谓之知也。"② 胡宏的这段话强调了两层意思，一是"格物致知"的重要性，二是"耳目闻见"之知不是君子心中真正的"知"。重视德性之知，这是绝大部分儒家学者的主张，胡宏也不例外。胡宏强调格物致知，而且在格物问题上又主张"身亲格之"③，这是对程颐思想的继承。

值得注意的是，胡宏虽然对二程思想多有继承，但胡宏的独立思考意识很强，并不是一味盲从。比如，关于性体心用以及未发已发说，本来，程颐先前主张"凡言心者，皆指已发而言"，但后来修正了先前的观点，认为凡言心指已发而言"未当"，而主张心有指体而言，有指用而言，指体而言则言寂然不动，指用而言则言感而遂通。④ 程颐的高足吕大临、杨时、尹焞等人都认同程颐后来的"定论"，只有胡宏与其父胡安国，坚持程颐先前的观点。胡宏明确提到这虽然与程门高弟甚至他自己的老师杨时相冲突，但胡宏说他经过独立思考，"反复究观"，不愿盲从。"审问明辨，《中庸》之训也。有所未明，不敢但已。"⑤ 胡宏和程门弟子们的分歧，集中在未发之中与寂然不动是不是同一层次的概念。程颐的"定论"以及吕大临、杨时、尹焞甚至后来杨时闽学一系

---

① 《朱子语类》卷十八，第 421 页。
② 胡宏：《知言·大学》，《胡宏集》，第 32 页。
③ 胡宏《复斋记》云："儒者之道，率性保命，与天同功，是以节事取物，不厌不弃，必身亲格之，以致其知焉。"《胡宏集》，第 152 页。
④ 程颐：《与吕大临论中书》，《二程集》，第 608—609 页。
⑤ 胡宏：《与僧吉甫书三首》，《胡宏集》，第 116 页。

的朱熹，皆认为二者是同一层次的范畴，都是指未发之性，亦指心之本体；而在胡宏看来，喜怒哀乐未发之中，不能等同于寂然不动，未发是性，已发是心，寂然不动是指已发而言，亦是指心而言。程颐等人之所以把未发之中与寂然不动视为同一层次的概念，是因为他们主张心分体用，贯乎未发已发，而胡宏则主张心不属体，不在未发之中，心纯属已发之用，未发已发，性与心严格区分，所以寂然不动也属于已发，而不是未发。

胡宏坚持独立思考，他这种性体心用以及未发已发的观点影响到张栻及湖湘学者，是整个湖湘学派坚守的理论，朱熹说湖南学者守此说"牢不可破"①。

三　张栻与二程及其弟子

谈论张栻与二程思想之间的关系，可从以下三点着手：本体论、敬论、涵养论。

张栻以太极为宇宙本体，且视世间万物皆源于太极。张栻用胡宏的"性"解"太极"，将理、性、心统摄于太极之下，性体气用，理为天之理，心则为人之合于理者。程颢认为，凡物皆有理，指的是"有物必有则"和理的本体性。理又可落于社会伦理关系之中，从而无处不在。理气不相离，气是虚者，理气体用不二。自本体论言，张栻与二程都将理作为宇宙的本体，不同的是，张栻用"性"来区分天理和人，在理气关系上则为性体气用，二程则以为理气存在于一个生生化之的同一过程中。

张栻说："主一之谓敬，敬是敬此者也。""致知所以明是心也，敬者所以持是心而勿失也。故曰主一之谓敬。又曰无适之谓一。噫！其必

---

①　《朱子语类》卷九十五，第2415页。

识夫所谓一，而后有以用力也。"① 敬即是"主一""无适"，是保持心不放逸、不外纵，专心于一处，勿三心二意。程颢是怎么论敬的呢？"敬以直内，义以方外。"② 程颢认为诚敬分别为天道和人事之本，人识仁主敬可得诚，可与天通。由此，两人都认为敬是恢复本心（性）的必经途径。不同的是，张栻的"敬"是一种状态，通过相应的行为达到某种状态，称之为"敬"，而程颢则以为有特定的规范行为之体现，才能称之为"敬"。张栻的"敬"强调发明部分本心，直至发明全心，从而为圣。程颢则是识仁主敬达诚，与天通而化为自身所有，自身为圣。

张栻主张的涵养功夫是在敬的指导下的"集义"。而"集义"一说，当是从程颢处得。"道即性也。若道外寻性，性外寻道，便不是。圣贤论天德，盖谓自家元是天然完全自足之物，若无所污坏，即当直而行之；若小有污坏，即敬以治之，使复如旧。所以能使如旧者，盖为自家本质元是完足之物。若合修治而修治之，是义也；若不消修治而不修治，亦是义也；故常简易明白而易行。"③ 该修治的就去修治，不该修治的就不去修治，都是义，所以简单易行。张栻受胡宏影响，涵养的功夫中强调知行合一，知是行的前提，知行互推并进。这是湖湘学派对于二程思想的一个发展。

因此全祖望在《宋元学案》中说"南轩似明道，晦翁似伊川"，指明了张栻继承胡宏思想而上达程颢的思想理路。

二程弟子谢上蔡、杨龟山、游定夫、王信伯、侯师圣等与胡安国、胡宏、胡宪有着比较密切的关系，以图示之如下。

游酢（1053—1123），建宁府建阳（今属福建）人，字定夫，一字子通，学者称"廌山先生""广平先生"。元丰五年（1082）进士。元

---

① 张栻：《敬斋记》，《张栻集》（二），第595页。
② 《二程集·河南程氏遗书卷第十一·明道先生语一·师训·刘绚质夫录》，第117页。
③ 《二程集·河南程氏遗书卷第一·二先生语一·端伯传师说》，第1页。

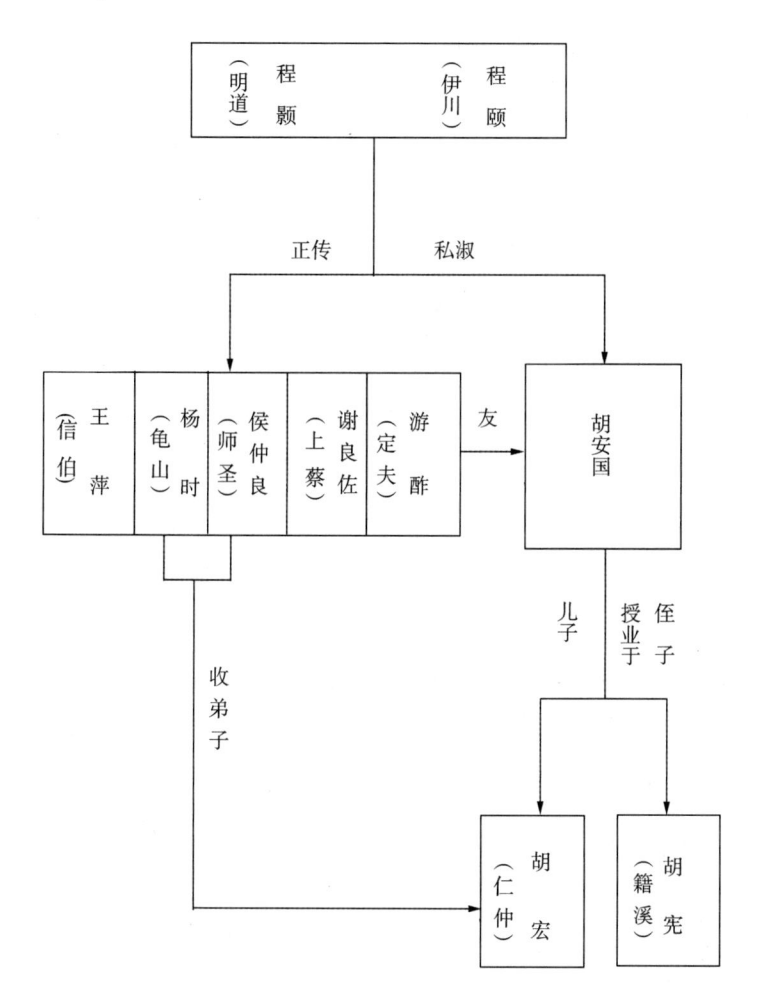

```
                    ┌──────────┬──────────┐
                    │ 程颢     │ 程颐     │
                    │（明道）  │（伊川）  │
                    └────┬─────┴────┬─────┘
                         │正传      │私淑
         ┌────┬────┬─────┼────┬────┐│
         │王萍│杨时│侯仲良│谢良佐│游酢│   友   ┌──────┐
         │(信伯)│(龟山)│(师圣)│(上蔡)│(定夫)│──────→│胡安国│
         └────┴─┬──┴────┴────┴────┘        └──┬───┘
                │收弟子                        │儿子 │侄子授业于
                │                              ↓     ↓
                │                          ┌──────┐┌──────┐
                └─────────────────────────→│胡宏  ││胡宪  │
                                           │(仁仲)││(籍溪)│
                                           └──────┘└──────┘
```

丰四年（1081）与杨时、谢良佐一同，于颍昌正式以拜师礼拜谒程颢。元丰八年（1085），程颢卒，于家中设位而哭，并为程颢做《行状》。元祐八年（1093），在洛阳与杨时一道以正式师礼求见程颐。

宣和元年（1119），胡安国父胡渊病逝，游酢应胡安国之请为其做《宣义胡公墓志铭》。大约就在此时，胡安国令胡寅与游酢游，从学游酢，成为游酢门人。游酢曾向秦桧举荐胡安国。在杨时与胡安国的信中，经常提到游酢，而杨时给游酢的信中，经常提到胡安国。游酢卒后，杨时为其做《墓志铭》，胡安国认为比较中肯。游酢晚年嗜佛，因此得罪程门弟子。胡氏父子没有把游酢当作程氏的罪人看待，只是觉得他晚年的行为略微不妥。所以，胡宏于临终之际告诫弟子彪居正，说："圣门工夫要处，只在个敬字。游定夫先生所以得罪于程氏之门者，以其不仁不敬而已。"① 在李幼武编撰的《宋名臣言行录》外集卷七中也有相关记载，吕本中在与游酢的信中问游酢关于佛教的看法："儒道以为顺此父子、君臣、夫妇、朋友、兄弟，则可以至于圣人，佛道去此则可以成为圣人。吾丈既从二程学，后又从诸禅游，则二者之论，必无滞阂。敢问所以不同者，何也？"游酢答曰："佛书所说，世儒亦未深考。往年见伊川云：'吾之所攻者，迹也。'要之，此事须亲至此地，方能辩其同异，不然难以口舌争也。"吕本中又称："定夫言：'前辈往往不曾看佛书，故诋之如此之甚。'而其所以破佛者，自不以为然。"

建炎三年（1129）冬，胡氏父子迁徙至湖南湘潭，慌乱中将胡宏祖父和祖母的《墓志铭》遗失，"绍兴戊辰仲春，得祖考《志铭》于游掞德华。德华，广平先生幼子也"②。

谢良佐（1053—1103），字显道，寿春上蔡人，学者称"上蔡先生"。元丰八年（1085）进士。程颢知扶沟县时，谢良佐曾问学于程颢，后又从学程颐。绍圣五年（1098）前后，胡安国任湖北提学，谢良佐时任湖北应城宰。胡安国持杨时的"介绍信"拜见谢良佐，当时胡安国的官职身份是高于谢良佐的，其以后进身份拜访谢良佐，一时传为美谈。从此，两人交往日密，经常讨论学问，胡安国自觉义理更加精纯。

谢良佐曾告诉胡安国，自己初见程颢时的情形："先生初以记问为学，自负该博，对明道举史书，不遗一字。明道曰：'贤却记得许多，

---

① 《宋元学案》卷四十二《五峰学案》，第694页。
② 胡宏：《题祖妣志铭》，《胡宏集》，第195页。

可谓玩物丧志。'谢闻之,汗流浃背,面发赤。明道却云:'只此便是恻隐之心。'及看明道读史,又却逐行看过,不差一字,谢甚不服。后来省悟,却将此事做话头,接引博学进士。"① 谢良佐将此情形讲给胡安国听,借此与其探讨何为真学、学问的根本以及学问的意义等问题,可谓用心良苦。

谢良佐的思想对胡安国影响颇深,谢良佐以"觉"和"生意"论"仁","以常惺惺论敬",以"实理"论"诚",以"求是"论"穷理"等都被湖湘学派继承并发展。谢良佐的弟子,以曾恬和朱震为代表,和胡安国的关系也很密切。现存的《上蔡语录》是胡安国同谢良佐的弟子曾恬共同整理记录的。绍兴初,朱震得以出任司勋员外郎,是胡安国和赵鼎举荐的,朱震因此向胡安国请教"出处之宜"。绍兴六年(1136),关于朝廷禁止程颐学术的问题,朱震、胡安国二人产生分歧,但只是君子之争。绍兴八年(1138),胡安国逝世,朱震为胡安国请谥称,上奏礼部,不吝赞美之词,称胡安国德文行定,"道德博文曰文,纯行不差曰定"。高宗下诏,赐谥胡安国为"文定"。朱震病逝,也得到了"文定"的谥号。

侯仲良,具体生卒年月已经无法考定,主要活动时间大约在靖康至绍兴年初。侯仲良与胡安国的交往开始于靖康元年(1126)春天。因战乱,胡安国一家避地湖北荆门,侯仲良亦到荆门,交往一段时间之后,胡安国对侯仲良的人品和学问都比较佩服,令胡宏从侯仲良游。胡安国与侯仲良实际交往时间大概有三年多。建炎三年(1129)秋,胡氏父子至湘潭,侯仲良去往福建,不知所终。

胡安国在给杨时的信中,说侯仲良"安于羁苦,守节不移",世所罕见。其"讲论经术"贯通不穷,议论时势也纤微皆察,准确无误。胡安国一家选择离开荆门,就是侯仲良的建议。李侗说侯仲良是个

---

① 《宋元学案》卷二十四《上蔡学案》,第929页。

"粗疏"的人。侯仲良在福建不食斋素一事，也表明其尽管日常行为比较随便，但是儒家的立场气节却是十分值得肯定的。

杨时（1053—1135），字中立，南剑州将乐（今属福建）人，熙宁九年（1076）进士，学者称"龟山先生"。杨时在颍昌拜见程颢，程颢在杨时返回南方的时候，说："吾道南矣。"可见程颢对杨时学行的高度认可。宣和六年（1124），杨时除集英殿说书，后为太学祭酒。高宗即位后，除工部侍郎，后兼侍读。绍兴五年（1135）四月二十四日卒。

胡安国提举湖北学事时，举荐杨时替代自己之前的荆南府学教授一职，曾托杨时写信引见谢良佐。崇宁四年（1105），杨时以《送胡康侯使湖南》诗赠胡安国，其诗如下：

> 北溟有潜鳞，其广数千里。
> 扬鬐厉东海，泛泛等蜉蚁。
> 百川竞奔注，漫不见涯涘。
> 寄之天地间，大泽礨空耳。
> 胡侯荆山资，妙质久砻砥。
> 飞声动旒冕，持节照湘水。
> 功名与时会，事道从此始。
> 骈骊驾驾车，夷路道九轨。
> 朝燕暮腾越，快意未为喜。
> 圣门学须强，一篑亏可耻。
> 扩之天地宽，于道乃云迩。
> 为士贵弘毅，无忘味斯旨。①

诗里面饱含着对胡安国的期望和勉励。

---

① 杨时：《龟山集》，上海古籍出版社1987年版，第461页。

宣和四年（1122），胡安国让胡寅从杨时游。宣和末，胡宁和胡宏在汴梁入杨时门下。杨时与胡安国书信往来十分频繁，仅《龟山集》中，就有17封。在书信中，他们讨论了许多问题，既有学理的，也有时政的，如格物致知问题，《春秋》纪元问题，程颐语录的编辑整理问题，向子韶的《墓志铭》问题，世道人心问题，外战内盗问题，治道理财问题，以及湖南、福建等地的百姓生活负担和匪祸问题等。

杨时逝世后，胡安国受杨时门生兼女婿陈渊委托，为杨时做《墓志铭》，对杨时评价甚高。胡安国与杨时志同道合，为传播二程理学，分赴不同地域开启两个不同学派的端倪，成为南渡以后传播二程理学思想最早、最有力的典范。故《宋元学案》称："南渡昌明洛学之功，文定几侔于龟山。"①

杨时弟子与胡安国一脉也有深厚交往。以罗从彦和陈渊为典型。

罗从彦（1072—1135），字仲素，南剑州剑蒲（今福建南平）人，有《豫章集》传世，学者称"豫章先生"。尝从程颐学。政和二年（1112），杨时知萧山县，罗从彦41岁，赴萧山，始受学于杨时。绍兴二年（1132），罗从彦以特科恩授惠州博罗县主簿（今属广东）。晚年于罗浮山静坐，认为学者应以静观天地。其学问后传李侗等，与杨时、李侗并称南剑州三先生。

靖康元年（1126），罗从彦寄《春秋指归》给胡安国，希望得到胡安国的指点。建炎四年（1130），胡安国回信，信中讨论了罗从彦《春秋指归》中的一些问题，比如：不同意罗从彦有关"诛一世子止，而天下之为人子者，莫敢不孝；戮一大夫盾，而天下之为人臣者，莫敢不忠"，认为罗从彦的说法失之于过，希望罗从彦进一步深思熟虑，信中写道：

---

① 《宋元学案》卷三十四《武夷学案》，第1171页。

夫《春秋》，大要明天理。世道衰微，臣子弑君，妾妇乘其夫，夷狄侵中国，天理灭矣。圣人为是作《春秋》，戒履霜之渐，明嫡妾之别，谨夷夏之辨。其微辞隐义，抑纵予夺，是非进退，必多求博取贯通，类例未易以一事明也。必心解神受，超然自得，非可以闻见到也。观百物，然后知化工之神；聚众材，然后知作室之用。①

从这段话中亦可看出胡安国《春秋》学的宗旨。胡安国和罗从彦没有见过面，两人书信往来源于《春秋》的研讨，罗从彦对胡安国非常尊敬。

陈渊（？—1145），字知默，早年从学程颐，后从学杨时，世称"默堂先生"。绍兴五年（1135）初，经胡安国举荐，充枢密院编修官，亦曾被李纲辟为制置司机宜文字。绍兴七年（1137），高宗下诏举直言，得召对，赐进士出身。与高宗面对面讨论程、王学术异同。绍兴十一年（1141），陈渊除监察御史，再诏除右正言。陈渊后来为秦桧所恶，以宗正少卿去位，绍兴十五年（1145）卒。

陈渊和胡安国的联系从绍兴五年（1135）后，愈加频繁。在胡安国给杨时写《墓志铭》期间，陈渊往复同胡安国商讨订正。《默堂集》中有陈渊写给胡安国的书信6封。陈渊和胡寅、胡宁兄弟等也有往来，有书信存世。陈渊病逝后，胡寅做《挽陈几叟》，为其书斋做《复斋记》。

王蘋（1082—1153），字信伯，是程门中年纪较小的弟子。叶绍翁在《四朝闻见录》中，说王蘋早年曾从学于杨时，后受学于程颐。《宋元学案》认为王信伯在吴中传播程氏之学，功不可没。

胡安国在崇宁（1102—1106）前后与王蘋就有交往，经常探讨学

---

① 罗从彦：《答罗仲素书》，《豫章集》，上海古籍出版社1987年版，第770页。

问。王萍后因罪归乡,二人暂绝音信。绍兴五年(1135),胡安国在湘潭碧泉得"邸报",得知王萍于绍兴四年(1134)冬授官左朝奉郎兼秘书省正字,便寄去《春秋传》底本和书信一封。王萍马上回信,并对《春秋传》进行了认真的校对。绍兴六年(1136),两人重聚首。陈公辅刚好上章请禁程颐学术,胡安国抗议辞职并推荐王萍代位,回湘潭去了。两人都认为《春秋》乃圣王之事,以《春秋》为经世法典,两人学术交往中讨论的主要问题之一就是《春秋》学说。

第三章　湖湘学派的理论创造

第一节　胡安国的理论奠基

胡安国在湖湘学派史上有开创之功,而胡安国的主要思想则体现在他用一生心血撰写的《春秋传》一书之中。

一　胡安国《春秋传》的主要内容

胡安国是通过"华夷之辨"来说明儒家义理的重要性,并阐发《春秋》"大义"的。他认为"华夷之辨"是《春秋》的主旨。他说:

> 韩愈氏言《春秋》谨乎,君子以为深得其旨。所谓"谨严"者,何谨乎? 莫谨于华夷之辨矣。中国而夷狄则狄之,夷狄猾夏则膺之。此《春秋》之旨也。①

既然"华夷之辨"是《春秋》的主旨,那么,"华"和"夷"到底有什么区别呢? 胡安国继承以前说经者的传统观念,首先从地域上来区分"华"和"夷"。他说:

---

① 胡安国:《春秋传》卷一"隐公二年秋八月庚辰公及戎盟于唐"条,第16页。

中国之有夷狄，犹君子之有小人，内君子外小人为泰，内小人外君子为否。《春秋》，圣人倾否之书，内中国而外四夷，使之各安其所也。无不覆载者，王道之体；内中国而外四夷者，王道之用。①

在这里，胡安国把"中国"与"夷狄"的关系类比于"君子"与"小人"，并从地域和亲疏程度上宣称要"内中国而外四夷"，这实际上是胡安国对公羊家说《春秋》观点的承袭，比较浅薄且片面。

然而，胡安国说《春秋》"华夷之辨"，有更深一层的意旨，即文化保护和文化复兴。在胡安国看来，华夏之所以比"夷狄"优越，不是表现在人种和地域上，而是表现在文化上，华夏文化的优越性就在于有以君臣、父子等礼义纲常为核心内容的伦理道德体系。他说：

《春秋》固天子之事也，而尤谨于华夷之辨。中国之所以为中国，以礼义也。一失则为夷狄，再失则为禽兽，人类灭矣。②
中国之所以贵于夷狄，以其有父子之亲、君臣之义尔。③
中国之为中国，以有父子君臣之大伦也。一失则为夷狄矣。④

很明确，在胡安国看来，华夏文化的优越性，就是因为有君臣、父子这些纲常伦理规范，这样才会上下有序、社会和谐，这是华夏之贵、之高之所在。而所谓的"夷狄"，其文化则是较下等的。所以君子谨于"华夷之辨"，其目的就是要保护高等的华夏文化不被低等的"夷狄"所毁灭，保护华夏民族的纲常伦理不被"夷狄"所乱。

---

① 胡安国：《春秋传》卷一《隐公上》，第15页。
② 胡安国：《春秋传》卷十二《僖公中》，第151页。
③ 胡安国：《春秋传》卷二十三《襄公下》，第302—303页。
④ 胡安国：《春秋传》卷十一《僖公上》，第129页。

胡安国认为，王道、礼义（夫妇之别、父子之亲、君臣之义）乃是天理、天命使之然者。诸侯（臣子）与天子（王），夷狄与华夏的关系，是天理使之然者，是天理的表现。胡安国对这种"天理使之然者"进行了理论论证。他在《春秋传·提要》中指出："元者，气之始；春者，四时之始；王者，受命之始；即位者，一国之始。"又在卷一中称："大哉乾元，万物资始，天之用也。至哉坤元，万物资生，地之用也。成位乎其中，则与天地参。"①成位乎其中，与天地参者，乃圣人、天子之事。《易·乾卦·象传》说"乾道变化，各正性命"，《中庸》说"天命之谓性"。天是变化流行的德性实体，天"命"之于人则为"人性"，天命之于人乃为"元"；王（天子）受命于天，代天理物，乃为人之"元"；华夏民族（圣人）"体元"而知"天命"，"与天地参"，乃成人伦之道，故华夏之于四夷则为"元"（当然，天子之"元"、华夏文明之"元"与天命之"元"是不同的，二者不具有本源性之义）。天子与臣子、华夏与夷狄则应"各正性命"以契天道。这样，胡安国便为华夷之辨找到了宇宙本体论上的根据。

先秦诸儒便已提出并阐发了华夷之辨的观念。《礼记·王制》说："中国戎夷，五方之民，皆有性也。"在先秦诸儒看来，华夷之别，不仅仅是一种地域、血缘、政治的区分，也是一种文明上的区分。华夏之所以不同于四夷，乃在于其文化优于周边的夷、蛮、戎、狄。华夏具有礼仪典章、声文教化，四夷则根本上缺乏君臣、夫妇和长幼之礼，没有严格的等级名分。但迄至胡安国，华夷之辨只是伦理原则上的一种规定和心理上的一种信念，并没有从本体论上为华夷之辨找到根据（或者说只是因生命之智慧而指向这种本体论的根据而没有阐发成理论形态）。胡安国则从理论形态的构架上为这一传统观念进行了合理的本体论论证。

---

① 胡安国：《春秋传》卷一"隐公元年"条，第11—12页。

胡安国契合孔子《春秋》之大义，在《春秋传》中详细地展开了华夷之辨的理论构架。他在卷十一"僖公五年公及（诸侯）会王世子于首止"条下说：

> 及以会，尊王也。……《春秋》抑强臣，扶弱主，拨乱世反之正，特书"及以会"者，若曰："王世子在是，诸侯咸往会焉"，示不可得而抗也。……此圣人尊君抑臣之旨也，而班位定矣。①

王（天子）受命于天，诸侯必须"及以会"天子，以正天命。卷一又有：

> 戎狄举号，外之也。天无所不覆，地无所不载。天子，与天地参者也……是故以诸夏而亲戎狄，致金缯之奉，首顾居下，其策不可施也。以戎狄而朝诸夏，位侯王之上，乱常失序，其礼不可行也。②

胡安国还承接《谷梁传》《公羊传》重《春秋》义理之进路（方法）对孔子在《春秋》中记述春秋时期的各种天象（主要是灾异之象）进行了充分发挥，认为孔子笔削《春秋》，用天象来显著人道（主要是君王之治道）是否契合于天道，如果人道（王道）不存（如诸夷猾夏），则天理灭，人欲肆，上天便会显示出各种灾异之象。

至此，胡安国已从理论上阐述了天道与人道、君王与臣子、华夏与四夷关系的完整构架：人君乃受命于天，代天理物者，具有"土无二王""尊无二上"的绝对权威，普天之下莫非王土，率土之滨莫非王

---

① 胡安国：《春秋传》卷十一"僖公五年公及（诸侯）会王世子于首止"条，第128页。
② 胡安国：《春秋传》卷一"隐公二年春公会戎于潜"条，第15—16页。

臣,"天无二日,土无二王,家无二主,尊无二上,道无二致,政无二门";四夷不仅在地域上,而且在政治与文化上也隶属于中原(天子),与中原(天子)乃上下之关系,华夏与诸夷为一家,是个"大一统",华夏与四夷的关系也理应符合人伦纲常。于是尊王与攘夷在理论上得到了统一:尊王必攘夷,攘夷必尊王。因此,胡安国的华夷之辨不仅有要拒夷于夏外,不使诸夷乱夏的内容,还有用夏变夷,用礼治仁德感化四夷使之"慕义"的内涵。

胡安国以为华夷互不相侵,各安其所,才是最好的存在状态。故他在《春秋传》中申明《春秋》大义:"《春秋》于夷狄,攘斥之不使乱中夏则止矣。伯禽征徐夷,东郊既开而止;宣王伐猃狁,至于太原而止;武侯伐戎泸,服其渠帅而止。必欲尽殄灭之,无遗种,岂仁人之心、王者之事乎?"① 并对齐桓公以仁义征服"蛮楚"倍加赞扬,而对失王道之君王以及"肆暴不恭"之诸夷则承圣人之意"口诛笔伐"。可见,胡安国深得《春秋》之旨,即使是在金人入侵中原的情况下,仍不忘以礼义待之,更不可能侵夺周边民族了。中华民族以文明自高,但绝不侵夺其他民族,显示出宽容的文化特色。

值得注意的是,对于胡安国的这种本体论论证,我们不能简单地看成是一种抽象的假设、推理。因为胡安国的出发点在于现实的华夷关系、人伦纲常。这种本体论是伦理的本体论,并非对宇宙和事物之源(如华夏与夷狄在人类生物学上谁先谁后的问题)抑或本质的问题感兴趣,而是以现实的人伦关系(包括华夷关系)为前提。我们可以如此看待胡安国的这种论证:胡安国主要立意于"华夏"与"夷狄"在文明发展程度上的差别以及这种现实的差别造成的胡安国对于华夏文明的自信,这才是其本体论的事实前提。离开了现实的文明程度上的差别,

---

① 胡安国:《春秋传》卷十八"宣公十六年春王正月晋人灭赤狄甲氏及留吁"条,第231页。

胡安国的这种论证是不可能的，也是不必要的。由此可看出，胡安国这种本体论的追求，是契合以孔孟之道为特征和标的的华夏文明本身的生命方向的。儒家思想的生命本身便在于这种以现实的人伦关系为事实（存在）前提的生长机制。儒家之本体——道德性之天道，不能离乎道德实践之事而表现，亦不能离乎此道德实践而别有所在。

既然华夏民族在文明程度上高于夷狄，为何又会出现"蛮夷暴而不恭凭陵中原"之状况？出现这种状况后又得如何解决呢？

胡安国认为之所以会出现华夏受制于夷狄的状况，乃"中国之罪"。他在《春秋传》卷三中说：

> 王之不王如此，征伐安得不自诸侯出乎？诸侯之不臣如此，政事安得不自大夫出乎？君臣上下之分易矣。陪臣执国命，夷狄制诸夏矣，其原皆自天子失威福之柄也。《春秋》于此盖有不得已焉尔矣。①

即认为这是春秋以降华夏诸王失王道、礼义而造成的。他批评"齐人伐山戎"：

> 齐人者，齐侯也。其称人，讥伐戎也。……何以讥之乎？桓公不务德，勤远伐，不正王法。以讥其罪，则将开后世之君劳中国而事外夷，舍近政而贵远略，困吾民之力，争不毛之地，其患有不胜言者，故特贬而称人。以为好武功而不修文德者之戒也。②

"中国之罪"罪在诸王不能"体元"而正君臣之义，或"不修文

---

① 胡安国：《春秋传》卷三"隐公九年天王使南季来聘"条，第36页。
② 胡安国：《春秋传》卷九"庄公三十年齐人伐山戎"条，第111页。

德"而"勤远伐",或无兴复之志而不能自强却冀图与夷狄结盟,皆失义于利者也,以至于天理灭、人欲肆。

胡安国认为正确处理华夷关系,不使华夏受制于夷狄的基本方略已悉备于圣人(孔子)笔削《春秋》之大义中。他说:

> 观《春秋》会盟离合之迹,而夷夏盛衰之由可考也;观《春秋》进退与夺抑扬之旨,则知安中夏待四夷之道矣。①

因而,一生精研《春秋》的胡安国在《春秋传·序》中自信地宣称:"虽微词奥义或未贯通,然尊君父,讨乱贼,辟邪说,正人心,用夏变夷,大法略具。庶几圣王经世之志小有补云。"② 胡安国以王者之师的儒者情怀,先后通过书信、奏章、《春秋传》向宋朝统治者上呈了尊王攘夷、强本治内、用夏变夷的基本方略。

(一) 正君心、施仁政、强本治内以复中兴之治

早在靖康元年(1126)六月,胡安国被召赴京师,七月七日面陈钦宗时便称:"明君以务学为急,圣学以正心为要。心者,事物之宗。正心者,揆事物之权也。自王迹既熄,微旨载于《易》《诗》《书》《春秋》,时君虽或诵说,而得其传者寡矣……若夫分章析句,牵制文义,无益心术者,非帝王之学也。愿慎择名儒,明于治国平天下之本者,虚怀访问,以深发独智,则天下之幸。"③ 暗指宋王朝统治者不懂《春秋》之大义,不守先圣之王法,而徒重章句美文之空言,不务实事,以致大计未定、用人失当、大臣争竞、纲纪紊乱、风俗益衰、士民不信而敌人肆行、百执窥测。要求宋王朝乘势更张,扫除旧迹,以正君心、施仁政。胡安国又在建炎元年(1127)《上高宗皇帝书》中,力数

---

① 胡安国:《春秋传》卷四"桓公二年蔡侯郑伯会于邓"条,第49页。
② 胡安国:《春秋传·序》,第2页。
③ 胡寅:《先公行状》,《崇正辩·斐然集》,中华书局1993年版,第522—523页。

宋王朝行政之"九失"：数更诏令，失信于天下；放诸岭表，天下以言为讳；奸佞之臣只奏祥瑞而至于人主不复知省；名器紊乱以至于仁贤退伏、奸佞盈廷；臣子不义、朋党纷争；信任阉寺而至贿赂公行；不法先王之法、废祖宗之法而轻易改作；用兵暴乱，劳民费财以至于民生凋敝；牛羊用人，穷极奢侈以至于民困财竭。① 并于绍兴二年（1132）前后相继呈《时政论》，阐述其立志中兴、强本治内的具体方略，曰：定计论、建都论、设险论、制国论、恤民论、核实论、尚志论、养气论、宏度论、宽隐论等。

胡安国遵信的是《大学》中"格物、致知、诚意、正心、修身、齐家、治国、平天下"之"八条目"，"修身"是内圣外王的分界点，也是会合点，而"正心"则是最关键、最核心的环节。胡安国希冀通过自己"王者之师"的说教，激发高宗道德本心的自我觉醒，使其"正心"以正君臣之义而人伦正，并最终达到"强本治内"的目的。只有这样，内政才会清明，人心才会归顺，社会才可能实现安定，中兴大业才有望成就，华夏受制于夷狄的局面才能根本解决。

（二）修明军政，主动出击，攘夷于夏外，以正其不德之罪

虽然胡安国认为华夏受制于夷狄，从根本上乃"中国之罪"，是因为华夏天子不能强本治内，但他坚决反对与"蛮夷"妥协，否则，天理灭、人欲肆。华夏与夷狄的关系是天使之然者，这种关系本身便是天德、天道的显现。四夷贪图于利、暴而不恭、凭陵中原，便是不德。彼不德，便应坚决反击，兴仁义之师、奉天讨伐、攘夷于华夏，以正其不德之罪。

胡安国在靖康元年（1126）《致杨时书》中说：

> 远方犯阙，释而不击，反与之和，庶于圣人之训不已大

---

① 胡寅：《先公行状》，《崇正辩·斐然集》，第 527—530 页。

乎！……敌欲地则割要害而与之地，欲人则饰子女而与之人，欲金帛则倾府库而与之金帛，欲亲王贵戚则抑慈割爱而与之亲王贵戚。假如敌请六飞会于辽水之上，不往则恐违其约，欲行则惧或见欺，又将何处乎？……今勤王大公不以击敌，而以治城池；金帛用物不以募战士，而以赂敌国。堂堂大宋，万里幅员，奚至陵藉如此其甚哉！①

胡安国坚决反对与金人和盟，并以"城下结盟、亲王出质"为深耻极痛。胡安国指出金人侵中原的目的乃在于谋利，今合其所求乃以利与之，于己（宋王朝，华夏民族）也是谋利——苟求偏安于一隅，失圣人之大训，违背天德，虚内以事外，故不可能在与金人的关系中占得主动，只能受其凌辱，生灵涂炭。只有坚决兴仁义之师，攘之于外，然后才能晓之以义而使之服。他在《春秋传》卷十一中为宋王朝找到了历史的典范：僖公四年，齐桓公帅八国之师伐楚（因楚屡犯中原），"楚人震恐"而求盟；齐桓公退师召陵以礼楚使，并与之盟。胡安国赞叹："庶几乎王者之事矣！"② 也就是说，欲使金人止其欲，安其所，是以宋王朝有强大的政治和军事实力为后盾的。

二　胡安国"春秋学"的精神实质

胡安国一生以主要精力精研《春秋》，并不是因为他长于考辨而拙于思想，而是因为他立意于针对现实，"志在康济时艰"。《宋史·胡安国传》称："安国少欲以文章名世，既学道，乃不复措意。"胡安国弃"文章"而"学道"的立意即在于"以圣人为标的，志于康济时艰"，力挽狂澜，捍卫和拯救以孔孟之道为特征和标的的中原文化。这就决定

---

① 胡寅：《先公行状》，《崇正辩·斐然集》，第521—522页。
② 胡安国：《春秋传》卷十一"僖公四年楚屈完来盟于师盟于召陵"条，第126页。

了胡安国华夷之辨之从《春秋》大义中索寻解决现实问题的不变法则以经世致用的现实指导性,其索寻不变法则的坚定信念更是促使胡安国的华夷之辨向本体论迈出了坚定的步伐。

胡安国在《春秋传》中经常引孟子之言"孔子作《春秋》,而乱臣贼子惧",来申明《春秋》大义:乱臣贼子何以惧?乃在于孔子以"君君臣臣,父父子子"为基本伦理原则,严君子小人和华夏夷狄之别。在他看来,王安石废弃《春秋》所引起的严重后果,在于从根本上动摇了孔孟以来儒家文化的道德理想主义精神,以至于华夏虚弱不振,天理日消而人欲日长,最后导致金兵入侵骚扰,中原沦丧,政治上"夷狄乱华",文化上"佛老猖獗"。因此只有振兴以儒家文化为主体的民族文化传统,才是消解"夷狄乱华""佛老猖獗"之混乱局面的根本出路。在他看来,《春秋》乃圣人(孔子)删定鲁史而成者,乃万世不变之法典,"史外传心之要典",对现实社会极具指导和借鉴意义。因而他借用孔子的话来表达自己治学的根本态度:"我欲载之空言,不如见诸行事之深切著明也。空言独能载其理,行事然后见其用。"① 在此,胡安国自己点出了其"春秋学"的精神实质:体用合一,经世致用。

胡安国引用程颐的话说:"五经载道之文,《春秋》圣人之用。五经之有《春秋》,犹法律之有断例也。"② 伊川认为:"五经犹药方,《春秋》犹用药治病。圣人之用,全在此书。"③ 胡安国坚信伊川"《春秋》一句即一事之是非"和"《春秋》之文,一一意在示人"④ 的说法,倾尽毕生之力撰述《春秋传》,就是为了给南宋君臣的行事提供依据和借鉴。在胡安国看来,《春秋》是既尽有五经之妙,又使五经能够得以落实的经世法典。他说:

---

① 胡安国:《春秋传·序》,第1页。
② 转引自胡安国《春秋传·序》,第4页。
③ 转引自胡安国《春秋传·序》,第4页。
④ 胡安国:《春秋传·序》,第4页。

> 《春秋》见诸行事，非空言比也。公好恶，则发乎《诗》之情；酌古今，则贯乎《书》之事；兴常典，则体乎《礼》之经；本忠恕，则导乎《乐》之和；著权制，则尽乎《易》之变。百王之法度，万世之准绳，皆在此书。故君子以谓五经之有《春秋》，犹法律之有断例也。学是经者，信穷理之要矣。不学是经而处大事、决大疑能不惑者，鲜矣。①

《春秋》不仅尽得五经之妙，而且只有通过《春秋》，才能使五经之妙得以淋漓尽致的显现。胡安国又说：

> 去圣既远，欲因遗经窥测圣人之用，岂易能乎！然世有先后，人心之所同然一尔。苟得其所同然者，虽越宇宙，若见圣人亲炙之也，而《春秋》之权度在我矣。②

人心有同然，故圣人可以"传心"，吾人亦自当"权度在我"，立圣人之志，行圣贤之事。在他看来，《春秋》"序先后之伦，而典自此可惇；秩上下之分，而礼自此可庸；有德者必褒，而善自此可劝；有恶者必贬，而恶自此可惩；其志存乎经世，其功配乎抑洪水、膺戎狄、放龙蛇、驱虎豹"，而"其大要，则皆天子之事也"③。胡安国以天子之师自任，希望他的《春秋传》在上呈宋高宗以后能够教导他立圣王之志，行圣王之事，希望传统儒家的内圣原则能够在全社会的意义上得到真正的落实。胡安国研治《春秋》，极力伸张"华夷之辨"的目的，就是要实现儒家外王的社会理想，从而使内圣的原则得到真正而又彻底的落

---

① 胡安国：《春秋传·序》，第2页。
② 胡安国：《春秋传·序》，第2页。
③ 胡安国：《春秋传·序》，第1页。

实。诚如其子胡宏所说:"我先人上稽天运,下察人事,述孔子,承先圣之志,作《春秋传》,为大君开为仁之方,深切著明,配天无极者也。"①

我们之所以把胡安国的学术精神称为"春秋学",并不是认为胡安国只讲《春秋》,或如后来清儒那样对《春秋》做些考据,而是因为胡安国在撰写《春秋传》的过程中所彰显的历史担当意识以及由此担当意识所迫进的理论探求与现实关怀。由于胡安国的理论思维是从现实的社会政治与文化状况逼迫而来,其在本体论的建构上比同时代的其他人更讲究"体用合一",由人道而及天道,注重在日用伦常中获得本体性的超越。胡安国并不像其他的一些理学家那样,空旷地去探索抽象的、外在的本体存在,而是从生生不息的天地自然与人类现实生活中体验宇宙与人生的本质问题。

三 胡安国"春秋学"在湘学精神传统中的意义

胡安国"春秋学"的出发点乃在于直接指导宋王朝处理金人入侵以至于黎民流离、人伦沉丧的现实问题,其中开出了一整套自认为对宋王朝统治者行之可成的尊王攘夷、振兴儒家传统文化的根本方略,具有直接现实性。正是这种现实性使之具有了久远的历史价值,开启了湖湘学派经世致用之学风与人生价值方向,对湘学精神的形成乃至对后世中国之思想、政治产生了深远影响。此处只就胡安国"春秋学"对湘学精神的影响做一简单说明。

胡宏"卒传文定之学",实际上是传承了胡安国"春秋学"的真谛,认为圣人之道,得其体,必得其用。内圣之本体如果不发而成就外王事功,就和"异端"没有分别了。内圣固然是外王的基础,外王才是内圣的成就。胡氏父子的这种思想,在历史发展的进程中,由于后世

---

① 胡宏:《皇王大纪序》,《胡宏集》,第164页。

湖南地区特定的社会历史机缘，渐渐积淀成为一种特定的精神，激励着湖湘学子为改造社会、造福苍生和净化社会风气而不懈努力，尽管捐躯赴死，仍然前仆后继。

从时间分期上来看，南宋是这种"湘学精神"的第一个活跃时期。在南宋面临被元军覆灭的危险情形下，湖湘学派的学者们纷纷投笔从戎，谱写了一曲曲为国捐躯和为信念赴死的悲壮的人生凯歌，仅岳麓诸生就在长沙保卫战中"十亡其九"，其余则亦多有抗元斗争中的壮烈牺牲者。胡安国弟子李椿的曾孙李芾在南宋末知潭州，景炎元年（1276）春，元兵围困长沙，当时元兵所向披靡，攻无不克，而李芾却坚守长沙三个月，率家人及全城民众浴血奋战，最后慷慨赴死。

明亡之际，王船山崛起于湖湘，是为湘学的第二个活跃时期。严格说来，船山只是在学术上有崛起之势，在事功上虽几经挣扎，无奈均以失败告终，没能挽救明王朝——以儒家文化为主体的华夏文化之载体于即倒。事功未成，只能拯救文化。而学术上的崛起，亦只能从后世的影响来说，在当时，船山只能以逃隐穷乡著书来拯救文化传统。船山继承"春秋学"的传统，将华夷之辨推向极致。船山说："天下有大防二：华夏夷狄也，君子小人也。"[1]"夷狄焉知仁义，势而已矣。"[2] 这是对胡安国"春秋学"传统的继承和强化，特别是船山将"华夷之辨"与天人合一、理势合一观念相结合，更是将胡安国"华夷之辨"推向了极致。船山以后，"湘学精神"再次"蛰伏"了百余年。

中国社会进入近代化历程以后，湖南地区再次成为国内社会政治漩涡的中心地带之一。曾国藩、胡林翼等"湘军"集团，虽然缺乏胡宏、王船山之"民族大义"，但在"忠君报国"上却颇有建树。谭嗣同以后，"湘学精神"发挥得淋漓尽致，强烈的历史担当意识、忧患意识和

---

[1] 王船山：《读通鉴论》卷十四，《船山全书》第十册，岳麓书社1998年版，第502页。
[2] 王船山：《读通鉴论》卷十四，《船山全书》第十册，第214页。

民族主义情感已经无以复加:杨度呐喊的"若道中华国果亡,除非湖南人尽死",杨毓鳞的"湖南人特别独立之根性",毛泽东的"问苍茫大地,谁主沉浮",均是最能体现湖湘学派或湘学的根本精神的。①

第二节　胡寅的理论贡献

一　生平事迹

胡寅(1098—1156)字明仲,一字仲刚,又字仲虎,学者称致堂先生,胡安国养子,南宋崇安(今属福建)人,湖湘学派的主要干将之一。胡寅出生时,其母因男孩多而欲将其溺死,被胡安国之母所救,并由安国所收养。胡寅实为安国堂兄胡淳之子。

胡寅虽是安国收养之子,但胡安国对胡寅视为己出,关爱备至,亦教育甚严。胡寅少年时,甚为聪明倔强,胡安国担心他学坏,将他关在一空阁楼上,楼上有杂木,胡寅竟将杂木全刻成人形。胡安国从此看出他的才智,以为应该要转移其心志,遂将数千卷书置于阁楼内。年余,胡寅竟全能背诵,从此奠定了他的学术基础。

胡寅自述其少年时学习的情形:"某年十六七,见先君书案上有《河南语录》,上蔡谢公、龟山杨公《论语解》,间窃观之,乃异乎塾之业。一日,请诸塾师曰:'河南、杨、谢所说,与王氏父子孰贤?'塾师曰:'彼不利于应科举。尔将趋舍选,则当遵王氏。'于时某未能树立,而辄萌好恶矣。"② 从中可以看出胡寅对当时科举所授之业,实持异议,而对日后自己将取法的学术,亦已有目标。其父胡安国为二程的私淑弟子,胡寅幼承庭训,又师从二程高足杨时。胡寅治学主要以胡安国的《春秋传》为宗旨,注重经世,其史评《读史管见》的一个重要

---

① 王立新、方红姣:《"湘学"论略》,《湘潭大学学报》(社会科学版)2001年第1期。
② 胡寅:《斐然集》卷十九,文渊阁《四库全书》第1137册,上海古籍出版社1987年版,第548页。

特色即援经入史，以理说史。

政和六年（1116年），胡寅于荆门举乡贡。24岁中进士甲科，名列第十。次年四月娶兵部郎中张觷之女张季兰为妻。宣和六年（1124）四月得子名大原。胡大原后来跟从叔父胡宏学习，与张栻、朱熹等相友善，成为湖湘学派的重要学者之一。建炎三年（1129）五月，胡寅因枢密使张浚举荐为驾部郎官，擢升起居郎。同年九月二十一日，胡寅上《上皇帝万言书》，指斥高宗一味退缩，不思北图恢复，强烈要求起义兵北伐，诛乱臣贼子，整顿朝纲，迎请"二圣"还朝。胡寅因为《上皇帝万言书》而遭到宰相吕颐浩的嫉恨，遂得批奉祠，以龙图阁直学士主管江州太平观。事实上就是被闲置起来。奉祠之后，胡寅于次年三月回到湘潭家中。

建炎四年（1130）十一月，胡宏母王令人病故，胡寅作为长子，按照传统的礼仪为母亲守制3年。绍兴四年（1134），胡寅在南岳衡山居住，遍览佛教大乘诸经和《传灯录》等，著《崇正辩》，表明自己反佛的理论立场。十二月胡寅被召赴京师，任起居郎，次年二月到达临安。改授中书舍人，赐三品服。后因和张浚意见不合，于是请求到离家较近的州郡任职，以便奉养父亲胡安国。十二月，胡寅得请，以徽猷阁待制和集英殿修撰知邵州（今湖南邵阳）。

绍兴六年（1136），胡寅改官为浙江严州知州。

绍兴七年（1137）九月四日，胡寅的结发妻子张季兰病卒，年仅30岁。胡寅悲痛地写下了《亡室张氏墓志铭》和《悼亡别记》，以纪念张季兰。

绍兴八年（1138）四月，胡寅以徽猷阁待制试礼部侍郎，刚刚上任不足一周，胡安国病卒的消息从湘潭传来，胡寅马上回家居丧守制。绍兴十二年（1142）父丧服除之后，胡寅知永州。三月，胡寅请求致仕，六月得准，提举江州太平观。

绍兴十六年（1146），胡寅一度回福建崇安老家小住一年多，次年秋天回到湘潭。直到绍兴二十年（1150），胡寅一直住在南岳。秦桧知道胡寅生活贫苦，乘胡寅往建州省觐世母，赠给白金。胡寅回信说："愿公修政任贤，勿替初志，尊王攘夷，以开后功。"秦桧认为胡寅是在讥讽自己，心中恼怒。胡寅曾经游岳麓寺，在壁间大书对联："是何南海之鳄鱼，来作长沙之鹏鸟。"时长沙帅臣刘旦，是南海边广东潮阳人，他认为这是胡寅在嘲弄自己，对胡寅痛恨不已。刚好此时刘旦受朝廷使命，收罗张浚诸人罪证，于是向秦桧诬告胡寅：诽谤朝廷命官。侍御使曹筠立即上奏说胡宁兄长胡寅附会赵鼎，说胡寅在衢州时，与赵鼎宾客相往来，结党营私，每怀异意，如果不加以罢斥，就无法安定人心，秦桧遂于绍兴十九年（1149）十二月将胡寅二弟胡宁贬出朝廷，充为夔州安抚司参议。

绍兴二十年（1150）正月，李光、李孟坚"私史"冤狱事起，胡寅受到牵连而被贬广东新州。

李光，字泰发，越州上虞（今浙江上虞）人，宋徽宗崇宁五年（1106）进士，绍兴八年（1138）十二月至绍兴九年（1139）十二月间任参知政事，因与秦桧主和意见不一致，辞职外任。李光是胡寅的挚友，曾私自著有北宋与南宋之交一段时间的历史。古代中国私著历史是非法的。其子李孟坚与友人陆升之喝酒时辩论史实真伪，不小心说漏了这一事实，后被陆升之揭发。其时秦桧正需要理由以铲除异己，从而制造了这一起冤狱。胡寅、程瑀、潘良贵、宗颖、张焘、许忻、贺允中、吴元美等皆坐与李光友善，有书信往来却密而不报，纷纷被贬。

右正言章厦又上奏，说胡寅一向凶悍，悖逆无理，平时敢为不义。并再次提出胡寅身世问题，说胡寅不孝生母。声言胡寅前后勾结丞相李刚和赵鼎，阿谀权贵，反对和议，弃徽宗和钦宗及皇后等不问，于君主之苦难和遭遇视同别人的事情，不忠不孝，应当从重处治。宋高宗下诏：将胡寅责授果州团练副使，新州安置。胡寅于这一年的六月，到达广东新州，从此过了6年的流寓生涯。在身边没有亲人、没有书籍的情况下，胡寅忍受孤独寂寞，以坚韧不拔的毅力至绍兴二十四年（1154）三月著成《论语详说》，紧接着又于次年著成《读史管见》30卷，十余万言。朱熹对此十分敬佩，因为身处贬所是不许携带图书的。胡寅在没有一册文字参照的情况下，全凭记忆，依所记历史，阐发己见，写下了这部中国历史上很重要的史论著作。这一事实也充分表明胡寅平日积累之厚。

绍兴二十五年（1155）十月二十二日夜，秦桧中风死。28天以后，胡寅以徽猷阁直学士致仕。一个月以后，朝廷令胡寅自便，胡寅重新获得自由。绍兴二十六年（1156）春，胡寅整理行装，打道回湖南衡山。

胡寅回到衡山之后，因被贬岭南时身染瘴疠毒发，很快就发病，而且迅即恶化。绍兴二十六年（1156）闰十月十四日，与世长辞，得年59。

胡寅是湖湘学派的主将之一，于政界亦有较大影响。张栻评价说：胡明仲有三大功：第一，言太上即尊位事；第二，行三年丧；第三，论遣使云中。朱熹对张栻的见解深表赞同："南轩见得好。设使不即位，只以大元帅讨贼。徽庙升遐，率六军缟素，是甚么模样气势！后来一番难如一番。"①

朱熹对胡寅相当推崇，朱熹的《通鉴纲目》采纳了胡寅的诸多议论。朱熹认为："南轩只说五峰说底是，致堂说底皆不是，安可如此！致堂多有说得好处，或有文定、五峰说不到处。"② 又说："人不可不遇敌己之人。仁仲当时无有能当之者，故恣其言说出来，然今观明仲说，较平正。"③

二 思想概述

（一）批佛思想

胡寅的批佛思想，主要集中在《崇正辩》一书中。他在《崇正辩

---

① 《朱子语类》卷一百一，第2581页。
② 《朱子语类》卷二十，第458页。
③ 《朱子语类》卷一百一，第2582页。

序》中开宗明义说道："《崇正辩》何为而作欤？辟佛之邪说也。"① 一言以蔽之，《崇正辩》是为了崇正学、辟邪说而作。《崇正辩》所崇之"正"，自然是儒学之正，与之相反，他认为佛教则是违背儒学之正的邪说，他主要从下列几个方面，以儒学之正批判佛教之邪。

首先，胡寅从儒家的宇宙观之正，来批判佛教的宇宙观之邪。佛学思想的全部理论基础，建立在宇宙为空的基础之上，因四大皆空，故而才有消极出世的人生观、违背三纲四端的伦理观。胡寅集中批判了佛学的空幻宇宙观，他说："佛之道，以空为至，以有为幻，此学道者所当辨也。今日月运乎天，山川著乎地，人物散殊于天地之中。虽万佛并生，亦不能消除磨灭使无也。日昼而月夜，山止而川流，人生而物育，自有天地以来，至今而不可易，未尝不乐也。此物虽坏而彼物自成，我身虽死而人身犹在，未尝皆空也。"② 胡寅认为宇宙间的日月、山川、人物均是天地之间客观存在的，故而他以儒家"有""实"的宇宙观，批判了佛教"无""空"的宇宙观。他还进一步指出佛教"空""无"宇宙观与其人生观、道德观的联系，他说："学佛者言空而事忍，盖自其离亲毁形之时，已丧其本心矣。"他认为这种以"空"为本的宇宙观，必将带来十分严重的社会后果，即所谓"以心为空，起灭天地，伪立其德，以扰乱天下"③。

胡寅认为，宇宙中的万事万物都是真实而客观存在的，有实事、实理，而有实心、实意，人是可以认识事物及其规律的，而佛教却认为宇宙万物是空虚寂灭的，心亦为"了心"，不能尽知万物。对此，胡寅驳道："佛氏所谓'了心'，异乎圣人所谓'尽心'也。举心之所有者，皆归之空，'了心'也；举心之所包者各臻其理，'尽心'也。'了心'

---

① 胡寅：《崇正辩序》，《崇正辩》，《四库全书存目丛书补编》第 77 册，齐鲁书社 2001 年版，第 1 页。
② 胡寅：《崇正辩》卷一，《四库全书存目丛书补编》第 77 册，第 36—37 页。
③ 《宋元学案》卷四十一《衡麓学案》，第 1341 页。

之弊，至于一身不欲存也。若非自绝于人伦之类，则剖剔焚约，喂饲饿虎，无所不至，要皆空而后已。空虚寂灭，莫适于用，道之弃也……圣人心即是理，理即是心，以一贯之，莫能障者。是是非非，曲曲直直，各得其所，物自付物，我无与焉。"① 事物及其规律本来就是客观存在的，人的思维（心）认识了客观事物之理，就与之相一致了，这就是"心即是理"，"理即是心"，"理与心一"的一贯之义。儒家所讲的"尽心穷理"，就是认识客观事物之理。凡是活着的人，都有心，不可无心，无心便是死人。佛教却讲"了心"，"无心"，这种说法不仅使人身不存、绝人伦、空万物，而且使人"其智不足以尽万物之变，其才不足以周万物之务"，最终使宇宙万物"空虚寂灭，莫适于用，道之弃也"。佛教却又不能否认、泯灭宇宙万物的存在，为了说明"四大皆空"，他们就只好求助于"心"了。胡寅说："佛自以为识心见性，而以人伦为因果，天地万物为幻妄，洁然欲以一身超乎世界之外，则其心不公，其理不全，其性不尽，而其道不至。"② 胡寅明确指出，佛教"明心见性"，"识心见性"，实则是以"天地万物为幻妄"，这种"以心法起灭天地"的说法，不仅是"虚妄"之言，而且是心不公，所以违反常理，当然不可能尽性穷理至道了。胡寅在这里从宇宙观和认识论上揭露了佛教理论之谬。

其次，胡寅从儒家伦理之正的角度，批判佛教违背人的道德本性。胡寅指出，佛教之所以为"邪说"，是因为其"不亲其亲而名异姓为慈父，不君世主而拜其师为法王，弃其妻子而以生续为罪垢，是沦三纲也。视父母如怨仇，则无恻隐；灭类毁形而无耻，是无羞恶；取人之财，以得为普，则无辞让，同我者即贤，异我者即不肖，则无是非，是绝四端也"③。在胡寅看来，由于佛教"沦三纲、绝四端"，灭绝纲常伦

---

① 胡寅：《崇正辩》卷二，《四库全书存目丛书补编》第77册，第56—57页。
② 胡寅：《崇正辩》卷三，《四库全书存目丛书补编》第77册，第79页。
③ 胡寅：《崇正辩序》，《崇正辩》，《四库全书存目丛书补编》第77册，第5页。

理，违反人情物理，不合圣学之旨、为人之道，故为"异端""邪说"，所以必须反佛教之乱，以崇儒家正学。

胡寅在《永州重修学记》中，将儒学与佛学之异做了比较，指明二者有五点主要分歧："夫道德有本，而非珍彝伦也；性命有正，而非趋空寂也；幽明有故，而非天地之外复有天地也；死生有说，而非受形轮转、人一兽同区也；鬼神有情状，而非居处、姓氏、言语、主掌之可名可接也。不溺于此而得之，可谓善学也已。"① 这就是"正学"与"邪说"的根本区别。胡寅进而告诫人们要崇正学，不要信邪说，因为正学与邪说是势不两立的："是故仲尼正则佛邪，佛邪则仲尼正，无两立之理。"② 所以他要著《崇正辩》以正本清源。

胡寅认为，三纲、四端均是人不能违背的天之所命和人道之自然，但是，佛教则恰恰要绝三纲、毁四端，这正说明佛教是一种"邪说"。应该说，从儒家伦理的角度来辟佛，是佛学传入中国后受到儒家士大夫批判指责的一个最重要方面。胡寅对佛教的批判亦是这种批判的继续。所不同的是，胡寅的辟佛不仅是在"破"，尤在于"立"，即通过儒佛的比较和对佛教的批判，最终要建立以儒家伦理为人文信仰的理学思想体系。

最后，胡寅又从儒家的人生观之正，批判佛教了生死、倡出世的虚无人生观之邪。儒家一直倡导一种积极入世的人生态度，主张在现实的人世间来实现自我，尤其主张以达观的态度看待生死，将生死看作自然的过程和每个人必须坦然对待的分内之事。但是，佛教则是一种消极出世的人生态度，他认为这种态度的根源在于不能正确地看待生死问题。胡寅说："盖圣人以生死为份内事，无可惧者，故未尝以为言。佛氏本于怖死，是以藏经五千四十余卷，传灯一千七百余人，皆皇皇以死为一

---

① 胡寅：《斐然集》卷二十一，文渊阁《四库全书》第1137册，第574页。
② 胡寅：《崇正辩序》，《崇正辩》，《四库全书存目丛书补编》第77册，第5页。

大事。……自佛教入中国，说天堂可慕，地狱可怖，轮回可脱，于是人皆以死为一大事，而舍生取义，杀身成仁之道晦矣。夫既不以死为常事，必至于贪生失理，惧死担化，而不顺受其正也。"① 他认为儒家圣人之所以重视社会现实而不言生死，是因为他们对待生死有一种正确而达观的态度。而佛教则将人的生死看作第一大事，其实只是没有一种正确的人生观，以至于贪生而失理。

（二）理学思想

1. 以理为本，理与心一

胡寅在论证儒家宇宙观时，强调了"理"的观念，他认为在天地自然、社会人生之中，存在一个任何人均不可违逆的必然法则，那就是"理"，强调理就存在于天地自然、社会人生之中，是人们必须时时面对而又不可违抗者，他说，这个理就是"如天之无不覆，地之无不载，如四时之错行，如日月之代明，如飞走动植并育而不相害，仁义礼智并行而不相背。夫又何必以心为空，起灭天地，伪立其德，以扰乱天下哉！"② 可见，天地四时的自然律、仁义礼智的道德律均是理，胡寅主要是强调了"理"的客观必然性，并以此否定了佛教"以心为空"的观念。

胡寅不仅提出了以理为本的思想，又论述了理与心之间的关系，强调"理与心一"。儒、佛两家都十分重视"心"，但是，两家的思想又有根本的区别，其原因在哪里呢？胡寅认为根本原因是儒家坚持心与理统一的主张，他说："圣学以心为本，佛氏亦然，而不同也。圣人教人正其心，心所同然者，谓理也义也。穷理而精义，则心之体用全矣。佛氏教人以心为法，起灭天地而梦幻人世，擎拳植拂，瞬目扬眉，以为作用，于理不穷，于义不精。"③ 胡寅认为儒家圣学的根本要求就是"心

---

① 《宋元学案》卷四十一《衡麓学案》，第 1341 页。
② 《宋元学案》卷四十一《衡麓学案》，第 1341 页。
③ 胡寅：《崇正辩》卷一，《四库全书存目丛书补编》第 77 册，第 41 页。

之体用全",即心之体与理之体的统一,而佛教则仅仅是"以心为法",并没包含"理"之体,这样,佛教就只能是"以心为空"了。所以,胡寅明确以"理与心一"和"理与心二"来区分儒佛,他说:"佛教以心为法,不问理之当有当无也,心以为有则有,心以为无则无,理与心二,谓理为障,谓心为空,此其所以差也。圣人心即是理,理即是心,以一贯之,莫能障者。是是非非,曲曲直直,各得其所,物自付物,我无与焉。"① 佛教仅仅是以心为根本,故而否定了理的客观存在;而儒学则是理与心的统一,这样,圣学在尽心知性中,能够保证"心"的主体能动性与"理"的客观法则性的统一。因此,当我们确认胡寅的"理与心一"思想时,还应看到,这种思想究其实而言,还是肯定了"理"的客观法则的至上性。

2. 理事合一,体用不二

胡寅说:"天地之内,事物众矣。其所以成者,诚也。实有是理,故实有是心;实有是心,故实有是事;实有是事,故实有是物;实有是物,故实有是用。今以手举物,而曰心未尝举,亦初无物也。以口对客,而曰心未尝对,亦初无客也。斯亦妄人而已矣。何以明之?尔不能耕不土之田,居无地之室,衣不蔽之服,而食无米之饭。是则诚之不可掩也。而独外此以为道,可乎?"② 天地之内,宇宙之中,充满着无穷的事物,人要认识事物,求得真知,就必须接触事物,这就是"即物穷理"之义。正如人们"不能耕不土之田,居无地之室,衣不蔽之服,而食无米之饭"的道理一样,不能离开具体的万事万物去妄谈求知、求理,这样是万万不可的。如果硬要离物求知,亦只是"妄人而已矣"。胡寅以即物求知、穷理的实事求是精神,反对佛教抛开具体事物而谈玄说妙的虚妄之言。

---

① 胡寅:《崇正辩》卷二,《四库全书存目丛书补编》第77册,第56—57页。
② 胡寅:《斐然集》卷二十《衡岳寺新开石渠记》,文渊阁《四库全书》第1137册,第558页。

胡寅指出，一切事物都有它存在的原理和功用。人认识事物的原理是为了役物为用、裁物为用，不是空无所用、不知适用。事物都有其所以存在的根据、原理，也有其自身的性能、作用，二者是紧密相连、不可分离的，这就是"体用一源，显微无间""其致无二"的道理。故不能将事物之"体"与"用"离之为二，视为"二物"。人们认识了事物的原理、作用，才能役物、裁物，从中取物为用，以尽其用。因此，胡寅主张"穷万物之理"，而"尽万物之用"，这个思想是十分光彩的灼见。

（三）史论与政论

1. 义理精神，经世理想

作为湖湘学派的主将之一、胡安国《春秋》大义的继承者，胡寅史论涵摄的湘学精神之一是义理精神。所谓"史论者，用经义以断往事者也"，他的思想方法是凭经义断史事，撰述方式是以史事证经义，用胡寅的话来说就是："夫经所明者理也，史所记者事也，以理撰之事，以事考诸理，则若影响之应形声，有不可诬者矣。"① 换言之，观史籍，评史事，"苟不以成败得失论事，一以义理断之，则千古是非，如指掌而知所去取矣"②。胡寅史论多借史事评论申述其义理思想。

胡寅主张理出乎天，天之下摄，散为多义，"自不惑而言，则曰天理"。这个天赋而得的天理与人欲对立，人欲横行，天理就会沦灭。人欲对天理的损害就是所谓障蔽，"理义之心人皆有之，方利欲炽然，而理义不胜，则如云兴而蔽日也；及情事倏过而理义自白，则如云去而日明也"③。所以，关键不在于理义之心的有无，而在于是否清心寡欲，穷理精义，从而去人欲之蔽，获得体用皆全之本心。由此谈到读经，胡

---

① 胡寅：《致堂读史管见》卷十六，江苏古籍出版社 1988 年影印《宛委别藏》本，第 1043 页。
② 胡寅：《致堂读史管见》卷九《晋纪、安帝》，第 601 页。
③ 胡寅：《致堂读史管见》卷十二《梁纪、武帝上》，第 802 页。

寅就指出，读经当求义理于本心，不然必是一无所获，"故穷经旨而不归之义理，则经必不明，索义理而不归之于心，则理必不得。心不得理，则心也、理也、经也，犹风马牛之不相及也"①。从天的下摄而有人的天赋义理，由天赋义理再进而追至人的本心，胡寅经过这样一个由外向内的不断挖掘过程，最终将天理、义理与人心紧密地联系起来，然后由此分析所谓义理的确切内容。

胡寅的整个史评体系就是以儒家义理为标准论断史事而建立起来的。他论历史上的君臣父子关系虽然带有宋儒学说精致化的色彩，而用义理精神剖析历史上的夷夏关系，将攘夷狄、尊王室理论提高到哲学思辨的高度，则是继承其父的《春秋》经旨。

他的夷夏论并非基于地域或民族来立论，而是从文化角度，用人伦道德义理为标准进行分类。在他看来，君臣父子，乃人道之大伦，亦中国之所以为中国之处。而夷狄往往反人理，弃人伦，灭弃三纲。从此出发，胡寅又说："中国之所以为中国，以有仁义而已矣，失则为夷狄，中国居而夷狄行，则无已贤于夷狄矣。"② 所以界定夷狄不以是否居中国，而以是否讲人伦三纲、行仁义道德为标准，只要重人伦，行仁义之道，这便是中国华夏，而不仁不义，没有人理，唯利是图，唯欲是从，就是夷狄。

在胡寅的价值判断中，有仁义道德、讲三纲五常的中国，文化当然高于不讲义理的夷狄。按照从低级向高级发展的逻辑，中国只能以夏变夷，决不能以夷变夏。

2. 谋划中兴，力主抗战

概括而言，胡寅的政治主张即谋划中兴，力主抗战。北宋灭亡之后，胡寅认为当务之急是收人心以图存，并进而谋求中兴，希望高宗能

---

① 胡寅：《致堂读史管见》卷二十四《唐纪、顺宗》，第1590页。
② 胡寅：《致堂读史管见》卷十《宋纪、文帝》，第871页。

够挥师北伐，收复中原，迎回徽钦二帝。建炎三年（1129），胡寅有《上皇帝万言书》，其中言，"纲举七策，别为二十事，论巡幸之失，画拨乱之计"。"泛论建炎谋国之失，而陈拨乱反正之计。"① 如认为高宗不应即皇帝位；不当斩戮直臣（指欧阳澈、陈东）；不应轻易放弃长江天险；军队不加节制，行同盗贼；广大人民生活在水深火热之中，湖南、福建等地相继爆发大规模的农民起义等。在政权尚未稳定之际，收拾人心是当务之急，人心的向背决定了政权的存亡。

正人心与图存是一致的，是一个问题的两个方面，正人心主要对人君而言。建炎四年（1130），在国破世乱的情况中，胡寅写下《原乱赋》，其悲愤和抑郁之情在其中表现得淋漓尽致。"原乱"，推原一切致乱之因，通过总结历史讥刺当世。他认为徽宗招致国土沦丧、父子被掳北去的原因有：（一）大兴土木，致使人民流离失所；（二）轻启边衅，民不聊生；（三）设立花石纲，搜罗天下珍奇花石草木鸟兽供个人玩耍；（四）亲近小人和信任蔡京、王黼等奸佞，打击元祐党人，倍克聚敛，招致人民痛恨；（五）敌人入侵，廷臣庸懦，没有抗敌之计，只知一味屈辱求和。② 胡寅希望高宗能够有所作为，但赵构即位之后满足于偏安江南一隅，对内排除异己，人心离散，德义不孚，号令不行，如不改弦更张，将无法挽救危亡。面对如此严峻的局势，胡寅强烈要求高宗"下诏罪己"，深刻反省，勇于承担历史责任，力挽狂澜，取信于民。胡寅认为："夫大乱之后，风俗靡然，躬率而不变之者，则在陛下务实效，去虚文。"③ 具体包括：孝弟、求贤、纳谏、任将、治军、爱民、为天子七个方面。期待高宗假以时日，能够挥师北上，恢复中原。

胡寅认为衰亡可以转化为中兴。"自古衰亡固不足道，请以中兴言之。夏少康、周宣王、燕昭王、越勾践、汉光武莫不任贤使能，修政

---

① 胡寅：《斐然集》卷十六，文渊阁《四库全书》第1137册，第487页。
② 胡寅：《斐然集》卷一，文渊阁《四库全书》第1137册，第256页。
③ 胡寅：《斐然集》卷十六，文渊阁《四库全书》第1137册，第487页。

事，治军旅，而其奋发刻励，期于必成者，则又本于愤耻恨怒之意，不能报怨，终不苟已，所以光复旧物，各称贤君。未有乘衰微决绝之后，窃窃焉因陋以为荣，施施焉苟且以为安，而能久长无祸者也。"① 历史上的这些中兴之主之所以能够光复旧物，其最根本的原因在于他们有"愤耻恨怒之意"，选贤任能，修政事，治军旅。然而当时的现实情形如何呢？"今也宗庙为草莽湮之，陵烟为备钟惊之，堂堂中华，戎马生之，赫赫帝国，敌骑营之。"② 如此衰败不堪，如何同那些中兴之主相提并论呢？

胡寅认为要谋中兴，首要的是罢和议，他说："辄为陛下画中兴之策，莫大于罢和议。"③ 金朝屡次兴兵南下，直接以武力威胁南宋的生存，在此情形之下，南宋所面临的选择要么是灭亡，要么是投降，决无和议可言，这是由战争的性质所决定的。此外，胡寅认为和议亦应具备一定的条件，即敌我条件相当，势均力敌，和议才可能成功。而当时情势却是敌强我弱，金兵步步进逼，而宋军节节败退，在敌我力量如此悬殊的情形下议和，只能是失败者的乞和，绝不可能签订平等的和约，故而也不可能取得真正的和平。历史证明胡寅的论述是非常正确的。

胡寅力主抗战。绍兴五年（1135）四月，宋徽宗赵佶在金国死去，宋尚未知晓。五月，宋遣使往金通问，与金议和，胡寅上《论遣使札子》，极力反对与女真议和，疏言为高宗所采纳，并被召至都堂谕旨。不久，张浚奏遣使为兵家机宜，不用胡寅之说。高宗也一反前言，转而主张遣使议和。为此，胡寅又上《再论遣使札子》，列举遣使无益之十事，主张积极抗战。因与张浚意见不合，胡寅乞郡就养，出知邵、永、严三州。绍兴七年（1137），宋高宗始知太上皇和宁德皇后相继辞世。

---

① 胡寅：《斐然集》卷十六，文渊阁《四库全书》第 1137 册，第 487 页。
② 胡寅：《斐然集》卷十六，文渊阁《四库全书》第 1137 册，第 490 页。
③ 胡寅：《斐然集》卷十六，文渊阁《四库全书》第 1137 册，第 491 页。

胡寅上疏请求"服丧三年,衣墨临戎,以化天下"①。复仇为《春秋》之义,当此之际,一般人尚且知道父仇不共戴天,誓必奋起雪耻。身为国君,成为阶下之囚,饱受虐待,作为其子孙的继承者却与敌国握手言和,这是胡寅这样的士大夫所不能接受的。

第三节 胡宏的理论体系

一 生平事迹

胡宏,字仁仲,福建崇安人,南宋初期著名理学家,学者称"五峰先生"。

对于胡宏的生卒年,历来说法不甚统一。中华书局 1987 年 6 月版《胡宏集》卷首有点校者吴仁华先生《胡宏的生平、著作及其思想》一篇代序文,文中列出了三种主要的说法:

第一,生于宋徽宗崇宁四年(1105),卒于宋高宗绍兴二十五年(1155);

第二,生于宋徽宗崇宁五年(1106),卒于宋高宗绍兴三十二年(1162);

第三,生于宋徽宗崇宁元年(1102),卒于宋高宗绍兴三十一年(1161)。②

吴先生对胡宏的生卒年进行了详细考订,结论是:胡宏生于宋徽宗崇宁四年(1105),卒于宋高宗绍兴三十一年(1161),享年57岁。③笔者认为,吴先生的结论是正确的,其所用材料也是令人信服的。只不过,吴先生在考证胡宏卒年时所用朱熹《跋胡五峰诗》一条材料,分析不详,以至于向世陵先生产生怀疑,认为胡宏卒年不当在绍兴三十一

---

① 胡寅:《斐然集》卷十一,文渊阁《四库全书》第 1137 册,第 412 页。
② 吴仁华:《胡宏的生平、著作及其思想》,载《胡宏集》,第 2—3 页。
③ 吴仁华:《胡宏的生平、著作及其思想》,载《胡宏集》,第 7 页。

年，而应在绍兴三十二年。① 笔者不同意向世陵先生的看法。以下对此详加辨析，并补充两条吴仁华先生没有用到的材料。

朱熹《跋胡五峰诗》云："初，绍兴庚辰（绍兴三十年，1160——引者注），熹卧病山间，亲友仕于朝者以书见招，熹戏以两诗代书报之曰：'先生去上芸香阁，阁老新峨豸角冠。留取幽人卧空谷，一川风月要人看。''瓮牖前头列画屏，晚来相对静仪刑。浮云一任闲舒卷，万古青山只么青。'或传以语胡子，子谓其学者张钦夫曰：'吾未识此人，然观此诗，知其庶几能有进矣。特其言有体而无用，故吾为是诗以箴警之，庶其闻之而有发也。'明年，胡子卒。又四年，熹始见钦夫而后获闻之，恨不及见胡子而卒请其目也。"②

吴仁华先生把朱熹这里所说的"明年"看成是绍兴三十年的明年，并据朱熹"明年，胡子卒"之语而断定胡宏卒于绍兴三十一年。向世陵先生则认为，吴仁华将朱熹提到的绍兴三十年与"明年"简单相加而得出胡宏卒于绍兴三十一年的结论，是大有疑问的。向先生认为，胡宏对朱熹诗做出评论是与张栻会面之时，张栻拜见胡宏的时间，在他的《答陈平甫》书中已指明是绍兴三十一年，在此之前，胡宏不仅不识朱熹，连张栻亦不识。因而，不应当以朱熹作戏诗时的绍兴三十年为基数，而应从胡宏对张栻谈此诗的绍兴三十一年算起，即绍兴三十一年的"明年"胡子卒，是为绍兴三十二年（1162）。

笔者不同意向先生的分析。理由有二：

第一，张栻虽然自言绍兴三十一年辛巳始面见胡宏③，但在此之前，张栻实际已用书信的形式向胡宏请教。张栻自己所谓"时时以书

---

① 向世陵：《善恶之上——胡宏·性学·理学》，中国广播电视出版社2000年版，第8—9页。
② 朱熹：《跋胡五峰诗》，《朱熹集》卷八十一，第4163—4164页。
③ 张栻：《答陈平甫》："始时闻五峰胡先生之名，见其话言而心服之，时时以书质疑求益。辛巳之岁，方获拜之于文定公书堂。"《张栻全集》，第910—911页。

质疑求益",已说明这点。另外,张栻《答胡季随书》亦云:"某顷年编《希颜录》,如《庄子》等诸书所载颜子事多删去,先生以书抵某云……"① 此书提到张栻在编写《希颜录》时胡宏就曾致书张栻进行指点。而张栻编写《希颜录》的时间,根据他自己的《跋希颜录》所云:"某己卯之岁,尝裒集颜子言行为《希颜录》上下篇。"② 是在绍兴二十九年(1159)己卯。既然在绍兴三十一年张栻面见胡宏之前二人已有书信来往,而且张栻是以弟子身份"以书质疑求益",因而朱熹《跋胡五峰诗》中说到的"子谓其学者张钦夫曰",即胡宏跟张栻谈到朱熹的诗,就不一定非要在面见时谈,也可以是面见之前在书信中谈。

第二,朱熹在《跋胡五峰诗》中又提道:"又四年,熹始见钦夫而后获闻之。"这次见面,不是指众所周知的乾道三年(1167)朱熹到长沙拜访张栻,而是指隆兴二年(1164)朱熹专程到豫章登舟哭祭张栻之父张浚亡灵,然后又从豫章一直护送灵柩到丰城,同张栻相聚三天,无所不谈。就在这次畅谈中,张栻告诉朱熹胡宏当年对朱熹的评论。胡宏评论说朱熹之言有体而无用,并未深入阐发,所以朱熹"恨不及见胡子而卒请其目",但此时胡宏已作古。从时间上推断,胡宏卒后四年朱熹在豫章见到张栻而获闻胡宏对自己的评论,朱熹此次与张栻相见在隆兴二年(1164),往前推四年,恰好是绍兴三十一年(1161)。如果胡宏卒于绍兴三十二年(1162),那么,从胡宏卒到朱熹在隆兴二年(1164)见到张栻之间的时间就不是四年,时间不符。

综观上述两点理由,笔者认为吴仁华先生所定胡宏卒于宋高宗绍兴三十一年(1161)可信。

胡宏为胡安国少子。胡安国字康侯,绍圣四年(1097)进士第三人,授职荆南教授,入朝为太学博士。提举湖南学事,历官至中书舍

---

① 《张栻全集》,第902页。
② 《张栻全集》,第1022页。

人、给事中、宝文阁直学士等。在学术上，胡安国是二程的私淑弟子，与二程高弟谢良佐、杨时、游酢等人"义兼师友"。胡安国以善治《春秋》而闻名于世，所著《春秋传》元、明时被定为科举取士教科书。

胡宏少年时即受到良好的家庭教育，他说："愚晚生于西南僻陋之邦，幼闻过庭之训，至于弱冠，有游学四方，访求历世名公遗迹之志，不幸戎马生于中原，此怀不得伸久矣。"① 这种"过庭之训"使胡宏从小就立志于学。而且，由于胡安国服膺和推崇二程理学，影响到胡宏，使胡宏对二程之学亦倾服不已。由于天资明敏和早年所受的良好教育，胡宏在15岁时就自撰《论语说》，编纂《程子雅言》并自为之序。在《程子雅言前序》中，他说："予小子恨生之晚，不得供洒扫于先生之门，姑集其遗言，行思而坐诵，息养而瞬存，因其所言而得其所以言，因其所以言而得其言之所不可及者，则与侍先生之坐而受先生之教也，又何异焉！"② 表达了对二程之学的渴慕。

除了家学渊源，胡宏又有两位重要的老师，皆为二程高弟，一为杨时（龟山），一为侯师圣（仲良）。胡宏高足张栻《胡子知言序》称胡宏："尝见杨中立先生于京师，又从侯师圣先生于荆门，而卒传文定公之学。"③ 张栻在这里指出了胡宏学术师承的三个关键人物，即杨时、侯师圣以及胡安国，这三人都是二程门人后学。张栻在这里说得笼统，没有指出胡宏是在何时受学于杨、侯二人。黄宗羲在《宋元学案》中承袭张栻之说，称胡宏"尝见龟山于京师，又从侯师圣于荆门，而卒传其父之学"④。也没有指明何时受学。

胡宏《与高抑崇书》称："宣和之末，先君至京师，诸俊秀谒祭酒

---

① 胡宏：《题司马傅公帖》，《胡宏集》，第190页。
② 《胡宏集》，第158页。
③ 《张栻全集》，第755页。
④ 《宋元学案》卷四十二《五峰学案》，第1367页。

杨公。"① 说胡安国是"宣和之末"（1125）至京师。而《宋史·胡安国传》则云："宣和末，李弥大、吴敏、谭世绩合荐，除屯田郎，辞。靖康元年，除太常少卿，辞；除起居郎，又辞。朝旨屡趣行，至京师。"② 这里指出胡安国是靖康元年（1126）至京师。此时，胡宏兄胡寅也在京师任秘书省校书郎之职。胡宏就是这次随父兄至京师时与兄胡寅一起师事杨时。又据宋人黄去疾所编《龟山先生文靖杨公年谱》称，钦宗靖康元年三月"有旨兼国子祭酒"③。则胡宏提到的"诸俊秀谒祭酒杨公"，应在靖康元年。宣和之末杨时虽已在京师，但尚未兼任国子祭酒，因此胡宏师事杨时不可能在宣和七年（宣和之末，1125），而应在靖康元年（1126）。

胡宏这次从学杨时的时间非常短。这年秋天，胡安国受耿南仲等人排挤而改除右文殿修撰，知通州，不久辞官回乡。也就在此时，金兵攻破都城，徽、钦二帝被掳，酿成靖康之祸。22 岁的胡宏随侍父兄避乱湖北荆门。正是在这里，他们遇见了亦来此避乱的二程另一高弟侯师圣，胡宏与其兄胡宁禀父命，又从侯师圣问学。这次师事侯师圣的时间，胡宏自己有明确说明：

　　靖康元年，河南门人河东侯仲良师圣自三山避乱来荆州，某兄弟得从之游。议论圣学，必以《中庸》为至。④

胡宏从学侯师圣的时间也是靖康元年（1126）。这次问学，是秉承其父胡安国的意旨："胡文定《与杨大谏书》云：'侯某去春自荆门溃卒甲马之中脱身，相就于漳水之滨，今已两年。其安于羁苦，守节不

---

① 《胡宏集》，第 112 页。
② 《宋史·胡安国传》，第 3285 页。
③ 《宋人年谱丛刊》第五册，四川大学出版社 2003 年版，第 3407 页。
④ 胡宏：《题吕与叔中庸解》，《胡宏集》，第 189 页。

移，固所未有。至于讲论经术，则通贯不穷；商榷时事，则纤微皆察。因遣子宏从之游。'"① 胡安国佩服侯师圣的志行品节、学术涵养以及对时事的洞察力，从而让儿子师事之。

宋高宗建炎三年（1129），胡宏25岁，金兵再次南侵。侯师圣预见到荆州一带必将遭乱兵祸害，力劝胡家再迁，胡安国听从侯氏之劝而举家向南迁移。不久，这一带果毁于兵火。当时另有一人未听侯师圣之劝，即身遭不幸。朱熹曾经提到此事："文定本居籍溪，恐其当冲，世乱或不免，遂去居湖北。侯师圣令其迁，谓乱将作，乃迁衡岳山下。亦有一人，侯令其迁，不从，后不免。文定以识时知几荐侯。"② 经此事后，胡安国深服侯师圣"识时知几"，于是向朝廷推荐。而胡家则向南迁移到"衡岳山下"，实即湖南湘潭境内碧泉。

宋高宗绍兴八年（1138），胡宏34岁，胡安国病逝，胡宏悲痛不已。这时，他已过而立之年，学术上也成熟了起来。他特建"有本亭"于碧泉上，作《有本亭记》，决心继承父亲遗志："慨念先君子道学德行，渊渊溥溥，不可涯涘。其移见于天下，皆应时而出者也。惟其身有之，是以感是水而崇之，巍然不肖，深自思念。仰望先君子，智之不及至远也。然守遗体，奉遗训，期确然自守，不敢与流俗同波，故作亭源上，名曰'有本'。"③ 就在这一年，胡宏以荫补右承务郎，没有赴任。当政的奸臣秦桧原与胡安国交好，胡安国死后，秦桧一再招徕胡氏兄弟出仕，但胡宏始终不愿与秦桧为伍。胡宏于绍兴十七年（1147）给秦桧写了两封措辞严厉的书信，表达自己的志向，拒绝秦桧的召用。他说：

> 稽诸数千年间，士大夫颠冥于富贵、醉生而梦死者，无世无之，何啻百亿。虽当时足以快胸臆，耀妻子，曾不旋踵而身名俱

---

① 《宋元学案》卷三十《刘李诸儒学案》，第1067页。
② 《朱子语类》卷一百一，第2594页。
③ 《胡宏集》，第154页。

灭。某志学以来，所不愿也。至于杰然自立志气，充塞乎天地，临大节而不可夺，有道德足以赞时，有事业足以拨乱，进退自得，风不能靡，波不能流，身虽死矣，而凛凛然长有生气，如在人间者，是真可谓大丈夫矣。①

胡宏在这里抨击了那些混迹官场，醉生梦死，贪慕富贵，卖身求荣，而终究落得身名俱灭下场的人，立志做一个临大节而不可夺志的凛凛然"大丈夫"。为了当一个这样的"大丈夫"，胡宏不愿出仕与奸邪合污，而穷居僻远之地，过着躬耕自资的生活。

胡宏的躬耕隐居生活充满了不幸和艰辛。"去年复哭子，而今年又丧妇"，中年遭受丧子和丧妻双重打击。又要亲自参加繁重的体力劳动，否则就会全家挨饿受冻，以至于未老先衰，齿落发白，颜色憔悴，形容枯槁。然而，生活的不幸和困苦虽损害了他的健康，却不能摧折他讲学传道的志向，他在给秦桧的信中自求当岳麓书院山长，以继承先人遗志，实现治学济世的理想。可惜他的这一要求没被允准。

胡宏不愿出仕为官，并非不关心国事。相反，他时时惦念社稷安危，黎民生计。他曾向高宗上万言书，陈述治国安邦的政治主张。同时，他认为不出仕为官而隐居治学，并不是一种消极的行为，而是一种"兼善万世"的积极人生。他说："'穷则独善其身，达则兼善天下'者，大贤之分也；'达则兼善天下，穷则兼善万世'者，圣人之分也。"② 儒门君子素来崇奉孔孟对现实政治的态度，遵循"天下有道则见，无道则隐"及"穷则独善其身，达则兼善天下"的教言。胡宏发展了孔孟的理论，认为大贤只能做到穷则独善其身，能够保持自己的独立人格，不与浊世同流合污；而圣人却能做到穷时兼善万世，这就突出

---

① 《胡宏集》，第 104 页。
② 《胡宏集》，第 26 页。

了学术教育事业功在万世的作用。孔子的人生应该就是这样一个典范。在政治上不得志后，孔子整理六经，讲学授徒，成为万世师表，他对民族和全人类的贡献已远远超过一朝一时的"圣君贤相"。

胡宏在隐居讲学期间，十分重视书院建设，除了帮助其父胡安国在湘潭创办"碧泉书堂"（胡宏后来进一步扩建书堂，定名为"碧泉书院"），还在南岳紫云峰下创建"文定书堂"。另外，胡宏还在宁乡道山建有"道山书院"，又上书请求修复北宋四大书院之一——岳麓书院，并自荐为山长。

绍兴三十一年（1161），胡宏卒，享年57岁。

二　思想概述

（一）性本论

1. "性"为天下大本

胡宏的得意门生张栻在给胡宏的代表作《知言》作序时称："先生是书于论性特详焉。"① 儒家讲性，一般是指人性，意思是人的本性、本质，胡宏则把性提升为标志宇宙本体的最高哲学范畴。他说：

> 天命之谓性。性，天下之大本也。②
> 性也者，天地之所以立也。③
> 大哉性乎！万理具焉，天地由此而立矣。世儒之言性者，类指一理而言之尔，未有见天命之全体者也。④
> 万物皆性所有也。圣人尽性，故无弃物。⑤

---

① 《宋张栻胡子知言序》，载《胡宏集》附录二，第338页。
② 朱熹等：《知言疑义》，载《胡宏集》，第328页。
③ 朱熹等：《知言疑义》，载《胡宏集》，第333页。
④ 《胡宏集》，第28页。
⑤ 《胡宏集》，第28页。

> 非性无物，非气无形。性，其气之本乎。①

胡宏认为性是"天下之大本"，是"气之本"，是"天地之所以立"的依据，其以性为宇宙本体的特点十分明确。在宋明理学中，理学家对本体有不同的理解，从而有"理本论""心本论""气本论"的分系，胡宏提出性为宇宙本体，成为"性本论"的代表人物。

2."性"与"天""道"等同以及性物一体

"性"是胡宏理论体系的最高范畴。有时，胡宏又把"性"与"天""道"等同起来，三者属于同一序列的范畴，"天""道"和"性"一样，也具有本体论意义。在"道"（或"性"）与"物"和"气"的关系上，胡宏主张道在物中，道物一体，性物一体，道不离物，性不离气。

> 天者，道之总名也。②
> 有是道则有是名也。圣人指明其体曰性，指明其用曰心。③
> 河南先生举世皆以为得圣人之道者。其言曰："道外无物，物外无道。"是天地之间无适而非道也。④
> 道不能无物而自道，物不能无道而自物。道之有物，犹风之有动，犹水之有流也。⑤
> 圣人明于大伦，理于万物，畅于四肢，达于天地，一以贯之。性外无物，物外无性。是故成己成物，无可无不可焉。⑥

---

① 《胡宏集》，第 22 页。
② 《胡宏集》，第 42 页。
③ 《胡宏集》，第 336 页。
④ 《胡宏集》，第 120 页。二程原话为："道之外无物，物之外无道，是天地之间无适而非道也。"《二程集》，第 73 页。
⑤ 《胡宏集》，第 4 页。
⑥ 《胡宏集》，第 6 页。

形而在上者谓之性,形而在下者谓之物。性有大体,人尽之矣。一人之性,万物备之矣。①

气之流行,性为之主;性之流行,心为之主。②

在胡宏看来,"天""道""性"这三个同一层级的范畴,是本体、形而上者;而"物"则为现象,是形而下者。它们之间的关系是:道在物中,道不离物,物不离道;同样,性亦在物中,性不离物,物不离性。

3. 性一理殊

胡宏认为"性"与"理"同属于天命,但它们之间又有差别。性是整体和一般,理则是部分和个别。他说:

性,天命也。③

理,天命也。④

大哉性乎!万理具焉,天地由此而立矣。世儒之言性者,类指一理而言之尔,未有见天命之全体者也。⑤

性是天命之全体,理只是天命之局部,性具万理,而不仅仅类指一理。性与理的这种关系可以简化成一个公式:性一理殊。

(二)性之善恶

胡宏理论体系中的"性"到底是善还是无善无恶,也就是说,胡宏到底是性善论者还是性无善无恶论者,一直是一个聚讼不已的问题。

---

① 《胡宏集》,第319页。
② 《胡宏集》,第22页。
③ 《胡宏集》,第6页。
④ 《胡宏集》,第29页。
⑤ 《胡宏集》,第28页。

把性看成是超越社会伦理道德关系的宇宙万物的最高本体,这是胡宏思想的一大特色。在他之前,思想家在论性时大都局限于人性之范围,从道德上善恶的角度进行阐发,出现了孟子性善、荀子性恶以及扬雄性善恶混等观点。胡宏性论则不同,他认为性是天地鬼神之奥,远远超出社会伦理范畴。性是宇宙万物的本体和最高标准,性即理,亦即道,从这个层次上来看,不能说善恶。胡宏说:

> 性也者,天地鬼神之奥也,善不足以言之,况恶乎?[1]
> 世儒乃以善恶言性,邈乎辽哉![2]

就人类社会而言,胡宏所谓的"性"则属于未发之"中"。"未发""已发"以及"中"等概念来自《中庸》:"喜怒哀乐之未发谓之中,发而皆中节谓之和。"胡宏认为,未发为性,已发为心。这里的性来自天命,是联结天人的纽带,天命于人,而又处于未发之"中"的阶段,这就是人之性。

胡宏认为性为宇宙万物的本体,人乃是宇宙当中的一"物",人之性与万物之性相通,人之性自然也禀赋了万物之性的特性,因此,这里的性也还是不可以善恶言。胡宏说:

> 窃谓未发只可言性,已发乃可言心。[3]
> 中者,性之道。[4]
> 凡人之生,粹然天地之心,道义完具,无适无莫,不可以善恶

---

[1] 朱熹等:《知言疑义》,载《胡宏集》,第333页。
[2] 朱熹等:《知言疑义》,载《胡宏集》,第334页。
[3] 《胡宏集》,第115页。
[4] 《胡宏集》,第1页。

辨，不可以是非分，无过也，无不及也。此中之所以名也。①

喜怒哀乐未发时，"冲漠无朕"，同于"天下之大本"的宇宙万物本体之性，这是圣人和庸人所同有的性，不可以善恶辨，不可以是非分，无过无不及，否则就是各执一偏而不得谓之"中"。这种处于未发之"中"状态的内在本性，是无所谓善恶的。要讲善恶，就已是已发状态，在胡宏看来，善恶实际上是指已发之心而言，即未发为性，无所谓善恶，已发为心，乃可言善恶。未发之性无善恶，已发为心有善恶。因此，胡宏讲善恶，实际上就是说心的善恶。他说：

> 窃谓未发只可言性，已发乃可言心。故伊川曰"中者，所以状性之体段"，而不言状心之体段也。心之体段，则圣人无思也，无为也，寂然不动感而遂通天下之故是也。未发之时，圣人与众生同一性；已发，则无思无为，寂然不动感而遂通天下之故，圣人之所独。夫圣人尽性，故感物而静，无有远近幽深，遂知来物；众生不能尽性，故感物而动，然后朋从尔思，而不得其正矣。②

这段话把心和性的关系说得很明白。尽管从根本上说性与心为一，但二者毕竟有未发与已发的区别。这实际上也说的是性的不同阶段。在未发阶段叫性，在已发阶段就不能叫性，而只能叫心了。这个观念也是继承程明道"'人生而静'以上不容说，才说性时，便已不是性也"③而来。在胡宏看来，才说性时便已不是性，而是心了。

胡宏还认为"寂然不动感而遂通天下之故"也是说心的已发状态。未发之时，圣人与众生同一性，即不可以善恶言的性，此性即是圣、凡

---

① 《胡宏集》，第332页。
② 《胡宏集》，第115页。
③ 《河南程氏遗书》卷第一，《二程集》，第10页。

同有之性，也是通于宇宙万物的那个性。在这个阶段，圣、凡之性皆无善恶，没有区别。区别只在已发之后。已发后能寂然不动感而遂通者，此为圣人所独有，庸众则不能有此。

>圣人发而中节，而众人不中节也。中节者为是，不中节者为非。挟是而行则为正，挟非而行则为邪。正者为善，邪者为恶。①

在胡宏看来，已发之后中节和不中节，乃是决定道德善恶的关键。已发只能是心，而不是性，因此，善恶只能从心上说，而不能从性上说。

(三) 心性关系

1. 心的特征

>天下莫大于心，患在不能推之尔；莫久于性，患在不能顺之尔；莫成于命，患在不能信之尔。不能推，故人物内外不能一也；不能顺，故死生昼夜不能通也；不能信，故富贵贫贱不能安也。②
>
>心无不在，本天道变化，为世俗酬酢，参天地，备万物。③
>
>或问："心有死生乎？"曰："无死生。"曰："然则人死，其心安在？"曰："子既知其死矣，而问安在邪！"或曰："何谓也？"曰："夫惟不死，是以知之，又何问焉！"或者未达。胡子笑曰："甚哉，子之蔽也！子无以形观心，而以心观心，则知之矣。"④

这三段引文，分别说明了心的至大、遍在、永恒三个特性。胡宏在

---

① 《胡宏集》，第334页。
② 《胡宏集》，第25页。
③ 《胡宏集》，第331页。
④ 《胡宏集》，第333页。

这里所说之心皆指道德本心,而不是指"识心"。此本心为天下至大者,它无隔无碍、无内无外、遍体万物而不遗,参天地、备万物,无一物之能外。而倘若梏于闻见之狭,局于气禀之昏,则"不能推"。不能推,则人物内外不能一。此本心永恒遍在,无存亡,无生灭,而只有隐显("操则存"即显,"舍则亡"即隐)。

2. 性体心用与尽心成性

在心性关系问题上,胡宏的基本观点是心性合一,性体心用,尽心成性。在胡宏看来,心性合一,无性即无心,无心亦无性。甚至,从根本上讲,性和心就是一回事。他说:

> 性不能不动,动则心矣。①
> 非圣人能名道也,有是道则有是名也。圣人指明其体曰性,指明其用曰心。②

从根本上讲,性和心都是"道",只不过是道的不同阶段而已。从体用的角度来看,道之体为性,道之用为心,性和心就是体用的关系,性体心用,但从根本处"道"来看,则心性为一。

胡宏的性体心用说与未发已发说有密切联系。他说:

> 未发只可言性,已发乃可言心。③

胡宏认为性为未发,心为已发。性和心是道体运动的不同阶段,从未发已发来看,则性处于未发阶段,心则处于已发阶段。

胡宏的性体心用说,性和心分属于本体和发用、未发和已发两个层

---

① 《胡宏集》,第336页。
② 《胡宏集》,第336页。
③ 《胡宏集》,第115页。

次，本体之性是宇宙万物的最后根据，具有极崇高的地位，但这个崇高的性却是处于潜隐自存状态，性须因心而得彰显，而得实现，而得完成。胡宏说：

> "天命之谓性。"性，天下之大本也。尧、舜、禹、汤、文王、仲尼六君子先后相诏，必曰心而不曰性，何也？曰：心也者，知天地，宰万物，以成性者也。六君子，尽心者也，故能立天下之大本。人至于今赖焉。不然，异端并作，物从其类而瓜分，孰能一之！①

作为天命的性，虽然是宇宙的本体，但尧、舜、禹、汤、文王、孔子等儒家先圣前后相传关注的都是"心"而非"性"，理由何在？胡宏认为，性作为天下之大本，虽至秘至奥，然非心不彰，其本身的存在有待心去实现，它只能在"尽心"的过程中才能确立起来。

胡宏在心性关系上提出"尽心成性"思想，是要强调心对性、主体对本体的实现作用。他在讲心以成性的时候，又为心彰显和实现性设定了一个前提，那就是心必须"知天地，宰万物"，强调心的主宰和主导作用：

> 万物生于天，万事宰于心。②
> 气之流行，性为之主。性之流行，心为之主。③
> 气主乎性，性主乎心。心纯，则性定而气正。④

---

① 《胡宏集》，第 328 页。
② 《胡宏集》，第 6 页。
③ 《胡宏集》，第 22 页。
④ 《胡宏集》，第 16 页。

性立天下之有，情效天下之动，心妙性情之德。①
性定，则心宰。心宰，则物随。②

（四）修养工夫论

理学家探讨本体问题旨在为道德实践寻求形上根据，而他们的修养工夫论主要是探究如何认识和体证道德本体，以及在道德实践中如何践履的问题。本体与工夫密切相关，有什么样的本体才能有什么样的工夫；另一方面，亦因有此工夫，始得完成此本体。

在工夫论上，胡宏坚持"先立乎其大者"的原则，也就是首先要认识天道、体证本心性体，以为如果不这样，就会从根本上迷失为学之大本。他说：

不知天道，是冥行也。冥行者，不能处己，乌能处物？③

不认识天道本性，对自己都没有恰当的定位，怎么能够把握天地万物呢？因此，君子为学，首要的一点就在致知，此知乃道德良知。

大哉知乎！天下万事，莫先乎知矣。是以君子必先致其知。④
务圣人之道者，必先致知，及超然有所见，方力行以终之。⑤
是故学为君子者，莫大于致知。⑥

《知言疑义》（朱熹、张栻、吕祖谦三人共为，但以朱熹为主）引

---

① 《胡宏集》，第21页。
② 《胡宏集》，第30页。
③ 《胡宏集》，第28页。
④ 《胡宏集》，第43页。
⑤ 《胡宏集》，第34页。
⑥ 《胡宏集》，第32页。

93

用了胡宏答彪居正问尽心、为仁的一段对话，胡宏的工夫理论在其中得到了集中体现：

> 彪居正问："心无穷者也。孟子何以言尽其心？"曰："惟仁者能尽其心。"居正问为仁。曰："欲为仁，必先识仁之体。"曰："其体如何？"曰："仁之道弘大而亲切，知者可以一言尽，不知者虽设千万言亦不知也；能者可以一事举，不能者虽指千万事亦不能也。"曰："万物与我为一，可以为仁之体乎？"曰："子以六尺之躯，若何而能与万物为一？"曰："身不能与万物为一，心则能矣。"曰："人心有百病一死，天下之物有一变万生，子若何而能与之为一！"居正悚然而去。他日，某问曰："人之所以不仁者，以放其良心也。以放心求心可乎？"曰："齐王见牛而不忍杀，此良心之苗裔，因利欲之间而见者也。一有见焉，操而存之，存而养之，养而充之，以至于大，大而不已，与天地同矣。此心在人，其发见之端不同，要在识之而已。"①

这段话的核心内容有三点：第一，点明为仁的关键是"先识仁之体"；第二，提出"以放心求心"的方法；第三，内含"逆觉体证"的工夫入路。

在胡宏看来，首先必须默识体证本心性体，即"先识仁之体"，然后再"存而养之"。这里的"存而养之"，实际上也就是"涵养"，这个涵养是涵养（存养）本心性体。这一点对于道德实践来说非常关键。觉识了本心仁体后的涵养，是一种自觉的、方向明确的涵养，行动上就可以自觉地做道德实践之事；而对本心仁体尚未有觉识的涵养，方向并不明确，甚至懵懂失向，一生辛苦不知何为，这种涵养只是教育程序中

---

① 《胡宏集》，第334—335页。

的收敛凝聚心思，与自觉自律的道德实践无关。

胡宏认为，觉识本心仁体然后涵养扩充的具体方法是"以放心求心"。牟宗三先生解释"以放心求心"是"就放心以求心"，不是拿已放之心去求心。胡宏所说仁即仁心，说心即孟子所言之本心或良心。仁者其本心常精诚恻怛，存而不放，故能随事而充之。不仁者则放其良心，溺于流而常为不仁之事。然虽至恶至忍者，其良心亦非无萌蘖之生。故凡放其良心者，若能于其溺于流中，就其萌蘖之生当下指点之，令其警觉，或自警觉，觉而后则渐存渐养，以至充大不已，则涓滴之水可以成江河，这就叫"以放心求心"。如齐宣王见牛而不忍杀，此即为其良心之萌蘖，孟子即顺其良心之苗裔而指点之。

良心发见之端虽有种种不同，但从其溺而警觉的方式和途径来看，却是一样的。牟宗三称这种方法为"逆觉体证"。"逆觉"即反而觉识之、体证之之义，即是说"反而觉识此本心，体证而肯认之，以为体也"①。胡宏并未明言"逆觉体证"四字，但牟先生认为可以根据胡氏实意并上溯至孟子教义而建立此词，并以为用此词来描述"正宗"儒学的工夫论，最为恰当。

用"逆觉体证"来概括胡宏的这种顺良心表露之苗裔而反求本心之自体和全体的修养工夫，是非常恰当的。胡宏的工夫论强调于"已发"处做"逆觉体证"工夫，要由"发用之一端"而逆求"本源全体"。因为本心是一真实的呈现，它虽在利欲之中但却未尝不随时表露，不露于此则必露于彼，或者说，总是有迹可寻的，关键只在觉与不觉。齐王见牛不忍杀之事，只是此心表露的一个实际的例证。顺此一端，可逆觉体证此心之自体和全体，其操存也不是停留在此发用之端，而是扩充至此心之本源全体。

---

① 牟宗三：《心体与性体》（中册），第394页。

(五) 天理人欲论

"理欲"是理学家非常重视的一对范畴。在理欲关系问题上,理学家大多主张"存天理,灭人欲",在不同程度上把二者对立起来。胡宏则提出"天理人欲同体而异用"的命题,肯定天理和人欲皆源于人的本性,反对离欲言理、视天理人欲势不两立的观点,他的这个命题在宋明理学中很有特色。他说:

> 天理人欲同体而异用,同行而异情。进修君子宜深别焉。①

胡宏的理欲观同他的"性"论密切相关。胡宏论性分宇宙万物和人类社会两个范围,就第一个范围而言,性为宇宙万物的本体;就第二个范围来说,性属于未发之"中"。性在宇宙万物本体以及未发之"中"阶段,无所谓善恶。未发为性,无所谓善恶,已发为心,乃可言善恶。未发之时,圣人与众生同一性,即不可以善恶言的性,在此阶段,圣、凡之性皆无善恶,没有区别。区别只在已发之后。已发后能寂然不动感而遂通者,为圣人所独有。从未发之性的阶段看,圣、凡无别,天理、人欲共存,所以说天理人欲"同体"。"异用"是说心之发用。性之已发者为心,在未发阶段天理人欲同体无异,然到了已发之心的阶段,就出现"中节"与"不中节"的分野。圣人发而中节,众人不中节,中节者为是、为正、为善,不中节者为非、为邪、为恶,这就是所谓"异用"。因此,胡宏反对天理人欲势不两立,是从本体和人的本性上来说,即人的本性中天理人欲共存,在这一阶段,天理人欲不相离,无先后、主次之分,无善恶之别。善与不善,是看已发之后的情况。所以胡宏说:

---

① 朱熹等:《知言疑义》,载《胡宏集》,第329页。

> 凡人之生，粹然天地之心，道义完具，无适无莫，不可以善恶辨，不可以是非分，无过也，无不及也。此中之所以名也。夫心宰万物，顺之则喜，逆之则怒，感于死则哀，动于生则乐。欲之所起，情亦随之，心亦放焉。故有私于身，蔽于爱，动于气，而失之毫厘，缪以千里者矣。众人昏昏，不自知觉，方且为善恶乱，方且为是非惑。惟圣人超拔人群之上，处见而知隐，由显而知微，静与天同德，动与天同道，和顺于万物，浑融于天下，而无所不通。此中和之道所以圣人独得，民鲜能久者矣。为君子者奈何？戒谨于隐微，恭敬乎颠沛，勿忘也，勿助长也，则中和自致，天高地下而位定，万物正其性命而并育，成位乎其中，与天地参矣。①

"粹然天地之心"即是指未发之"性"，此性不可以善恶辨，不可以是非分，在人，则为未发之"中"。而"心宰万物"之心则是指已发之"心"，此心有善有恶，圣人独得中和之道，发而皆中节，静与天同德，动与天同道，而"众人"则被是非、善恶惑乱，本心放失，滋生邪欲。由于在未发之性的阶段，天理人欲共存，且无所谓善恶，所以胡宏肯定人正常的生存和生理需要皆是本性所有，这种"人欲"是合理的，是符合天理的。所以他说：

> 好恶，性也。小人好恶以己，君子好恶以道。察乎此，则天理人欲可知。②
> 夫人目于五色，耳于五声，口于五味，其性固然，非外来也。圣人因其性而导之，由于至善，故民之化之也易。③

---

① 朱熹等：《知言疑义》，载《胡宏集》，第332—333页。
② 朱熹等：《知言疑义》，载《胡宏集》，第330页。
③ 《胡宏集》，第9页。

人对于声、色、臭、味等的正常生理爱好，是本性所固有，是不好以善恶去评判的，是一种自然本性。是趋善还是趋恶，是看发动之后的动机和效果。小人从一己之私出发，君子从公共道义出发，这就显出了天理人欲的区别。胡宏是从已发之用上来评判天理人欲的，善与恶的区别，在未发之性上，是不好评判的。对于"圣人"来说，由于深知天理人欲同处于未发之性，在此阶段不分善恶，所以圣人从来不禁欲，而是积极地肯定人的正常情欲和各种生存需求。他说：

> 凡天命所有而众人有之者，圣人皆有之。人以情为有累也，圣人不去情；人以才为有害也，圣人不病才；人以欲为不善也，圣人不绝欲；人以术为伤德也，圣人不弃术；人以忧为非达也，圣人不忘忧；人以怨为非宏也，圣人不释怨。[①]

这就是说，圣人与凡人一样，也具有各种生存需求和感性情欲，因为它们都源于人的未发之性，而圣人与凡人的区别就在于圣人针对圣、凡共同所有的天命之性而因势利导，使其为善，而不趋于恶。这个因势利导，就是在已发之心上做工夫。未发之性上没有差别，天理人欲也共处一体，没有分野；已发之心上的工夫，才可使天理人欲显出善与不善的区别。

（六）胡宏在湖湘学派中的地位

自古至今，对胡宏在思想史上的地位评价之高，莫有过于近人牟宗三者。牟宗三研究宋明理学得出两个独特的结论，一是把程颐（伊川）和朱熹从理学正宗位置上拉下来，判为"别子为宗"；二是将胡宏（五峰）和刘宗周（蕺山）归并为与程朱、陆王相并列的独立系统，而且推为"正宗"圆教。牟先生认为，伊川、朱子将道体性体只收缩提炼

[①] 朱熹等：《知言疑义》，载《胡宏集》，第333—334页。

为一本体论的存有，即"只存有而不活动"之理，将孟子之本心视为实然的心气之心，于工夫（即修养方法）则特重后天之涵养及格物致知之认知的横摄，与宋明儒"大宗"不合，亦不同于先秦儒家旧义，故为"歧出"，是"别子为宗"。① 胡刘与陆王可会通为一大系，与伊川、朱子相比较，此一大系为宋明儒学"正宗"。但在这一大系中，陆王之学只是一心之朗现、伸展、遍润，对于客观地自"於穆不已"之体言道体性体者无甚兴趣，客观面不能挺立，有虚歉之感；只有胡宏第一个消化承续程颢（明道）之圆教模型，客观地讲性体与主观地讲心体两面皆圆满，特提出"以心著性"义以明心性所以为一之实以及一本圆教所以为圆之实，于工夫则重在"先识仁之体"，正式言"逆觉体证"。② 因此，在牟宗三看来，五峰、蕺山一系在宋明儒学中具有极高的独立价值，可谓圆满的"正宗"圆教。

　　胡宏是否儒家正宗，朱熹是否"别子为宗"，尚可讨论。但牟宗三对胡宏的推崇，却也是有道理的。胡宏在南宋时期就有很高的地位，他所开创的湖湘学派在当时称得上是第一大学派，故历史上有"湖南一派，在当时为最盛"③ 之评价，当时的士子学人亦"深以不得卒业于湖湘为恨"④。湖湘学派是一个由众多理学家组成的学者群体，特别是胡宏之父胡安国，对于湖湘学派的创始之功亦不可没，但胡安国一生志业在《春秋》这部历史典籍，其主要学术创获在《春秋传》，在哲学理论上贡献不足。真正构建了完备的哲学体系，从而奠定湖湘学派理论基础的是胡宏。因此，全祖望评价胡宏说："绍兴诸儒，所造莫出五峰之上。其所作《知言》，东莱以为过于《正蒙》，卒开湖湘之学统。"⑤ 全

---

① 牟宗三：《心体与性体》（上册），第42—43页。
② 牟宗三：《心体与性体》（上册），第39—40页。
③ 黄宗羲按语，见《宋元学案》卷五十《南轩学案》，第1611页。
④ 朱熹：《答刘公度》，《朱熹集》卷六十四，第3399页。
⑤ 《宋元学案》卷四十二《五峰学案》，第1366页。

氏认为胡宏"卒开湖湘之学统",即实际创立湖湘学派,此评价是恰当的。

胡宏的开创之功首先表现在哲学理论的创造性贡献上。他的哲学理论包含本体论、心性论、工夫论,涉及哲学的主要论域。他提出的"性,天下之大本"的本体论,使他成为既不同于程朱"理本论",又有别于陆王"心本论"的"性本论"的代表人物,亦成为湖湘学派最大的理论特色。除此之外,胡宏提出的善恶不足以言性、心以成性、天理人欲同体异用以及逆觉体证的工夫论,都是颇具创造性的哲学观点,也是为其后南宋湖湘学者所坚守而具有鲜明学派特色的理论。

其次,胡宏终生不仕,隐居讲学著书,在湖湘地区形成一种研究和传播理学的风气。他继承父亲胡安国的志愿,创办书院,讲学授徒,一大批志学青年从其问学,形成湖湘学派人才群体,其中不少人后来成为湖湘学派的中流砥柱。

第四节 张栻的理论贡献

一 生平简介

张栻(1133—1180),字敬夫,后改字钦夫,又字乐斋,号南轩,学者称南轩先生,谥曰宣,后世又称张宣公,南宋汉州绵竹(今四川绵竹市)人,南宋抗金名将、右相张浚之子,南宋著名的理学家,湖湘学派主要代表人物。其主要代表作有《南轩先生论语解》(或称《癸巳论语解》)十卷,《南轩先生孟子说》七卷,《南地易说》,《南轩先生文集》四十四卷,等等。

张栻六岁时,便跟随父亲至永州居住,后一直跟随父亲在湖南、广东等地居住。张栻自幼跟随在其父身边,因此其思想的形成受家学的影响较大。后其父张浚谪居连州(今广东连州市),张栻则跟从王大宝游学。绍兴二十年(1150)至绍兴三十年(1160),张栻十八至二十八岁，随父移居永州，期间跟从父亲学习儒家仁义之道，并受到了二程理学思想的熏陶。绍兴二十九年（1159），张栻辑录孔子大弟子颜渊的言行作《希颜录》上下篇。并于是年听闻胡宏在湘潭碧泉传授程颢、程颐之学，遂写信求教质疑。绍兴三十一年（1161），张栻前往碧泉书院拜见胡宏，并正式拜师。张栻拜胡宏为师，时间虽较短，但胡宏对张栻理学思想的形成产生了重要作用。是年张浚以观文殿大学士判潭州（今湖南长沙）。张栻亦随父居潭州城南之妙高峰，筑城南书院，以教来学者。

隆兴元年（1163），张栻以荫补官。是年，与朱熹在京城首次相见。隆兴二年（1164），张浚去世，张栻护丧归潭州，乘舟行至豫章（今江西南昌），朱熹登舟哭祭，并从豫章上船，送至丰城下船，与张栻作三日谈。这是张栻与朱熹的第二次会面。此后两人不断书信往来，进行学术交流。

乾道元年（1165），刘珙（字共父）为"荆湖南路安抚使"，知潭州，全面修复了岳麓书院，礼聘张栻出任岳麓书院主教，至此，张栻来往于湘江两岸的城南、岳麓两书院讲学授徒。两书院办学的宗旨是宣传理学思想、反对功名利禄之学，并在继承胡宏学统的同时，开展学术交流和探讨。在当时，张栻办学的规模远远超过当年胡宏主持的碧泉书院。这样，湖湘学的重心则从湘潭转移到了长沙。

乾道三年（1167），朱熹携弟子范念德、林用中专程来到长沙，与张栻"会友讲学"，并展开学术辩论。这是张栻与朱熹的第三次会面。这次会面也成就了历史上著名的学术盛会——"朱张会讲"。这次学术盛会开创了书院自由讲学的新风，对于加强各学派之间的学术交流，促进学术思想的发展产生了重要作用。

乾道五年（1169），张栻由刘珙荐举，除知抚州，未上，改知严州（今浙江建德）。南宋另一著名理学家、"东南三贤"之一的吕祖谦（1137—1181）也于当年出任严州教授。两人关系密切，经常相与论学。

乾道六年（1170），张栻奉旨召为吏部员外郎兼权起居郎，后又兼侍讲除左司员外郎。

乾道七年（1171），张栻出知袁州（今江西宜春）。这年冬，归长沙故居。是年，张栻作《洙泗言仁序》《主一箴》。

乾道八年（1172），刘珙复知潭州，再次整修了岳麓书院。张栻复往来于长沙岳麓、城南两书院主持教事，教授学者。

乾道九年（1173），张栻先后写成和最后改定了自己的代表著作《南轩先生论语解》和《南轩先生孟子说》。这两部书的完成标志着张栻理学思想的最后确立和趋于成熟。

淳熙元年（1174），张栻知静江府（今广西桂林），经略安抚广南西路。

淳熙二年（1175），张栻发布《谕俗文》，希望以理学思想改变社会风俗，通过教化达到社会治理的目的。

淳熙五年（1178），宋孝宗闻张栻治理静江有方，乃诏特转承事郎进直宝文阁，寻除秘阁修撰、荆湖北路转运副使，改知江陵府（今湖北江陵）安抚本路。张栻到任后，整顿军政，一日去贪吏十四人，首劾大吏之纵贼者罢之。

淳熙六年（1179），张栻在朱熹的邀请下作《南康军新立濂溪祠记》，宣扬周敦颐的理学思想，并表彰周敦颐在道统中的重要地位。

淳熙七年（1180）二月六日，诏张栻以右文殿修撰提举武夷山冲佑观。诏书未到，张栻却先于二月二日因病卒于江陵府舍，终年48岁。

二　张栻与碧泉书院

绍兴三十一年（1161），张栻前往湘潭碧泉拜胡宏为师，成为胡宏最得意的弟子。胡宏去世之后，张栻在长沙城南书院授徒讲学，后又受"荆湖南路安抚使"刘珙之请，主教岳麓书院，成为湖湘学派主要代表人物之一。

张栻与碧泉书院的渊源需自其拜师胡宏说起。碧泉书院虽然地处偏僻，但因著名理学家胡安国、胡宏在此授徒讲学，许多仁人志士前来拜师求学。张栻也不例外。绍兴二十九年（1159），张栻听说胡宏传河南程氏学，就经常写信向胡宏"质疑求益"。两年后，张栻专程来到湘潭碧泉，求见胡宏，并在碧泉书院正式拜师。然而，在拜师之前，张栻求见胡宏的过程并不十分顺利。

《南轩先生集补遗·语录》记载：

> 南轩初见五峰，五峰辞以疾，以其家学佛。再见，乃授业焉。①

《宋元学案》记载：

> 初，公见五峰，辞以疾。它日见孙正孺而告之，孙道五峰之言曰："渠家好佛，宏见它说甚。"公方悟不见之因。再谒之，甚相契，遂授业焉。南轩曰："栻若非正孺，几乎迷路。"②

魏了翁《跋南轩与李季允贴》云：

> 南轩受学五峰，久而后得见，犹未与之言。泣涕而请，仅令思忠清未得为仁之理。盖往返数四，而后与之。③

根据以上记载可知，张栻到了湘潭碧泉之后，求见了胡宏两次。第

---

① 《张栻全集》，第 1502 页。
② 《宋元学案》卷四十二《五峰学案》，第 1383 页。
③ 《宋元学案》卷五十《南轩学案》，第 1634—1635 页。

一次张栻并未见到胡宏。因为胡宏听闻张栻"好佛",故称病不见。之后张栻通过孙正孺弄清了胡宏不见他的缘由,再次求见。这次,张栻见到了胡宏,与胡宏相谈甚欢,并在碧泉书院正式拜师。张栻晚年在《答陈平甫书》中也曾谈到其拜师胡宏的过程:

> 仆自惟念,妄意于斯道有年矣,始闻五峰胡先生之名,见其话言而心服之,时时以书质疑求益。辛巳之岁,方获拜之于文定公书堂。先生顾其愚而诲之,所以长善救失,盖有在言语之外者。①

这里,张栻说其服膺胡宏之学已久,直到绍兴三十一年(1161)才"获拜之于文定公书堂",这也说明其拜师不易。其中,"文定公书堂"是碧泉书院最初的名称。自碧泉书院拜师之后,张栻生前还到过碧泉书院多次。根据文字资料考证,详情如下。

张栻第二次到碧泉书院主要是探望胡宏,这也是他与胡宏见的第二次面。张栻在《答陈平甫书》中讲述了当时的情形:

> 五峰未易簀半年前,某见之,求观此书(指胡宏所著《皇王大纪》一书——引者注),云此书千疮百孔,未有伦序,未可抬出。若病少间,当相与考订之。后来某得本于其家,殊未成次第,然其论数十篇可得后便录寄。②

张栻这次到碧泉书院探望胡宏,其时胡宏已经生病,但病情还不是很重。期间,张栻向胡宏求观其所著《皇王大纪》这本书。胡宏并没有答应。因为胡宏认为《皇王大纪》这本书尚不成熟,"千疮百孔,未

---

① 《张栻全集》,第 1156 页。
② 《张栻全集》,第 1229—1230 页。

有伦序",因此不好拿给张栻看。他原本打算等他病情好一点之后,再对此书加以考订整理。但之后胡宏病情或许并未得到多少好转,因此对这本书的考订整理实际上并未完成。张栻此后从胡宏家里得到这本书时,这本书仍然"未成次第"。这是张栻在胡宏生前与胡宏的第二次见面。这也可从张栻答陈平甫之另一封书信中得到证实。张栻《答陈平甫》说:"然仅得一再见耳,而先生没。"① 根据张栻所说"五峰未易箦半年前"可知,张栻第二次到碧泉书院探望胡宏的时间,是在胡宏病重的半年之前,即绍兴三十一年(1161)。

张栻第三次到碧泉书院的时间为乾道四年(1168)。此次到访,张栻做了一首《过胡文定公碧泉书堂》的诗:

> 入门认溪碧,循流识深源。念我昔此来,及今七寒暄。人事几更变,寒花故犹存。堂堂武夷翁,道义世所尊。永袖霖雨手,琴书贲丘园。当时经行地,尚想语笑温。爱此亭下水,固若玻璃盆。晴看浪花涌,静见潜鳞翻。朝昏迟日月,俯仰鉴乾坤。因之发深感,倚槛更无言。②

根据张栻"念我昔此来,及今七寒暄"的诗句可知,张栻此次到碧泉书院的时间为乾道四年(1168)。因为此年距离张栻绍兴三十一年(1161)到碧泉书院拜师的时间,恰好七年。

张栻第四次、第五次到碧泉书院的时间分别为乾道八年(1172)和淳熙二年(1175)。张栻第五次到碧泉书院是在去往桂林任职之前,从湘潭到宁乡省墓,路过碧泉书院,与客煮茶聊天,在此徘徊了很久,并作诗感怀。这次到碧泉书院的时间根据张栻所作《淳熙乙未春,予

---

① 《张栻全集》,第1156页。
② 《张栻全集》,第716页。

有桂林之役,自湘潭往省先茔,以二月二日过碧泉,与客煮茗泉上,徘徊久之》所属的时间,为淳熙二年乙未(1175),这很明确。而张栻第四次到碧泉书院的时间,则可以根据第五次和第三次到碧泉书院的时间加以推算。张栻《淳熙乙未春,予有桂林之役,自湘潭往省先茔,以二月二日过碧泉,与客煮茗泉上,徘徊久之》诗曰:

> 下马步深径,洗盏酌寒泉。念不践此境,于今复三年。人事苦多变,泉色故依然。缅怀德人游,物物生春研。当时疏辟功,妙意太古前。屐齿不可寻,题榜尚觉鲜。书堂何寂寂,草树亦芊芊。于役有王事,未暇谋息肩。聊同二三子,煮茗苍崖边。预作他年约,扶犁山下田。①

诗中提到"念不践此境,于今复三年",这说明在第五次到碧泉书院之前三年,张栻曾到过碧泉书院,时间应该在乾道八年(1172)。而且张栻在此用了"于今复三年",说明六年前张栻也到过碧泉书院。六年前张栻到碧泉书院的时间与张栻乾道四年(1168)第三次到碧泉书院的时间也大致吻合。由此可知,张栻乾道八年(1172)曾到过碧泉书院。

综上可知,张栻一生之中至少到过碧泉书院五次。

碧泉书院是张栻正式向胡宏拜师求学之所。从张栻到访的次数和留下的诗作来看,张栻对碧泉书院有着深厚的感情。

三 张栻的理论贡献

张栻虽然师事胡宏的时间不长,但学问上得胡宏之真传。朱熹曾说:"敬夫说本出胡氏,胡氏之说,惟敬夫独得之,其余门人皆不晓,

---

① 《张栻全集》,第744页。

但云当守师之说。"① 黄宗羲甚至认为张栻之学虽得之于胡宏，但因"见处高，践履又实"，比胡宏之学更为纯粹。事实上，张栻不仅继承了其师胡宏的思想理论，而且还提出了自己独特的理论见解，为湖湘学派的理论发展以及宋明理学的发展做出了重要贡献。

（一）太极即性论

从本体论上讲，张栻继承胡宏"性本论"思想，提出了"太极即性"的理论。这一理论的提出，进一步奠定了湖湘学派"性本论"思想在理学中的地位。

首先，张栻提出"太极即性"理论，本于对周敦颐"太极"问题的探讨和解读。

早在求学于胡宏之前，张栻就对周敦颐其人其学甚为推崇，曾于绍兴二十八年（1158）十月在零陵郡守陈辉的邀请下作《永州州学周先生祠堂记》：

> 先生讳敦颐，字茂叔，舂陵人，历官凡六迁至通判永州。……故明道自十五六时闻先生论道，遂厌科举制业，慨然有求道之志；伊川年十二三亦受学焉。惟二程先生唱明道学，论仁义忠信之实，著天理时中之妙，述帝王治化之原，以续孟氏千载不传之道，其所以自得者虽非师友可传，而论其发端，实自先生，岂不懿乎！先生著《通书》及《茁赋》，皆行于世，而又尝俾学者求孔、颜所乐何事。噫！以此示人，亦可谓深矣！后之登斯祠者，睹先生之仪容，读先生之书、赋，求先生之心，真积力久，希圣希贤，必有得颜子之所乐者矣。②

---

① 《朱子语类》，第 2606 页。
② 《张栻全集》，第 912—913 页。

张栻从学胡宏后,胡宏对周敦颐其人其学的推崇,也影响到张栻,特别是胡宏对"太极"问题的解析,为张栻日后探讨"太极"问题奠定了基础。张栻曾在《胡子知言序》中说:"(胡宏——引者注)析太极精微之蕴,穷皇王制作之端,综事物于一源,贯古今于一息,指人欲之偏以见天理之全,即形而下者而发无声无臭之妙,使学者验端倪之不远,而造高深之无极,体用该备,可举而行。"① 由此可知,胡宏从本体论的角度解析了"太极精微之蕴",而张栻得其所传。乾道三年(1167),当朱熹携弟子林用中等到长沙拜访张栻时,张栻就以胡宏所论"太极精微之蕴"与朱熹进行探讨。由此,朱熹才有了答张栻诗:"昔我抱冰炭,从君识乾坤。始知太极蕴,要眇难名论。"② 这里,朱熹所知的实际上就是张栻所传胡宏之"太极精微之蕴"。

自张栻处"知太极蕴"之后,朱熹对周敦颐所论"太极"问题也表现出极大的关注。朱熹不仅积极整理周敦颐《太极图说》一书,而且还为此书作注解。乾道六年(1170),朱熹完成《太极图说解》初稿,寄给张栻、吕祖谦、汪应辰、蔡元定、胡实等人讨论和修订,由此也引发了一场关于如何注解《太极图说》首句"无极而太极"问题的讨论。张栻在理解胡宏所论"太极精微之蕴"的基础上,对"无极而太极"的注解问题提出了自己的看法。张栻说:"无极而太极,此语只作一句玩味。无极而太极存焉,太极本无极也。若曰自无生有,则是析为二体矣。"③ "所谓无极者,非谓太极之上复有所谓无极也。太极本无极,故谓之至静,而至静之中,万有森然,此天命之所以无穷,而至诚之所以无息也。"④ 张栻坚持以一元本体论注解"无极而太极",认为太

---

① 《张栻全集》,第974页。
② 《晦庵先生朱文公文集》卷五《二诗奉酬敬夫赠言并以为别》,载《朱子全书》,上海古籍出版社、安徽教育出版社2010年版,第387页。
③ 《张栻全集》,第1242页。
④ 周敦颐:《元公周先生濂溪集》,岳麓书社2006年版,第40页。

极本无极，无极只不过是绘太极之性、状太极之体，不存在太极之外复有无极。若学者认为太极之外复有无极，则是将"无极""太极"析为"二体"，变成了二元论。这不符合周敦颐宇宙本体论之实际。张栻坚持用一元本体论来注解"无极而太极"，这一点与朱熹是一致的。然而，在注解"太极"的问题上，张栻与朱熹的立场有了不同。朱熹坚持"理本论"的立场，提出："太极只是一个理字。"①"无极而太极，只是说无形而有理。所谓太极者，只二气五行之理，非别有物为太极也。"② 而张栻坚持"性本论"的立场，提出了"太极即性"理论。张栻说：

  天可言配，指形体也。太极不可言合，太极性也。惟圣人能尽其性，太极之所以立也。人虽具太极，然沦胥陷溺之，则谓太极不立，可也。③

在张栻看来，太极本就是性，落实到人就是人性，落实到物就是物性。人与物之所禀虽有不同，但人与物之生莫不由于太极，其性莫不归于太极。太极与性不是二元对立的两物，实为一体。圣人尽其性，即是践行天道，太极由此而立。因此，不可说"夫子与太极合其德"。若说"合"，即将"太极"与"性"分割为两物。张栻提出"太极即性"理论，则是从"性本论"的角度强调"太极"的本体论地位。其论证的逻辑思路与朱熹以"理"解"太极"相同。

其次，张栻提出"太极即性"的理论，是看到了胡宏"性本论"的缺陷。在胡宏的著述中，胡宏所论之性不仅具有宇宙本体论的特征，而且也具有人性论的特征。由此，人们不容易分辨出宇宙本体论之性，从而也很难理解胡宏"性本论"学说。因此，张栻提出"太极即性"

---

① 《元公周先生濂溪集》，第18页。
② 《元公周先生濂溪集》，第20页。
③ 《张栻全集》，第1234页。

理论，以"太极"解"性"，则可突出"性"的宇宙本体论特征。张栻在《答吴晦叔书》中说：

> 太极所以形性之妙也，性不能不动，太极所以明动静之蕴也。极乃枢极之义，圣人于《易》特名太极二字，盖示人以根抵，其义微矣。若只曰性而不曰太极，则只去未发上认之，不见功用，曰太极则性之妙都见矣。体用一源，显微无间，其太极之蕴欤！①

在张栻看来，"太极"可以形"性"之妙，具体体现为两个方面：一是作为宇宙本体之性，即存有即活动。若只说"性"而不说"太极"则不能彰显宇宙本体即存有即活动的状态。而根据《易传》所言"易有太极，是生两仪"可以见出"太极"的宇宙本体特征。若说"太极即性"则可彰显出"性"的宇宙本体特征。二是作为宇宙本体之性应贯乎"未发""已发"。然而根据胡宏所说"性为未发，心为已发"，人们只会从未发上去体认"性"，对宇宙本体之性的理解会发生偏差。而太极贯动静、该体用。若说"太极即性"则可以彰显出宇宙本体之性贯乎未发、已发以及体用一源的本体论特征。综上可知，经过张栻"太极即性"理论的改造，胡宏所论之性的宇宙本体论特征更为突出。胡宏的"性本论"也更容易让人们所理解。

然而，无论是以"性"解"太极"还是以"太极"解"性"，张栻提出的"太极即性"理论，都可以见出张栻对胡宏"性本论"的继承和发展。与此同时，张栻这一发明，极大地彰显了湖湘学特色。这也为湖湘学派"性本论"思想在宋明理学中占有一席之地奠定了基础。

（二）性至善论

张栻虽然在其师胡宏"性本论"的基础上提出了"太极即性"理

---

① 《张栻全集》，第 1054 页。

论，但并不赞同其师胡宏"性无善恶"的主张。如张栻在《知言疑义》中提出："论性而曰'善不足以名之'，诚为未当，……夫其精微纯粹，正当以至善名之。"① 在张栻看来，其师胡宏所谓"性也者，天地鬼神之奥也，善不足以名之，况恶乎"实为不当。性不但可以以"善"名之，而且精微纯粹，更应以"至善"名之。换句话说，张栻在反对胡宏"性无善恶"的基础上，提出了性"纯粹至善"的理论主张。此性不是气禀（质）之性，而是本体之性、本然之性或天命之性。张栻从宇宙论和本体论的角度规定了性之"纯粹至善"性，如张栻所说："夫专善而无恶者，性也。"②

然而，有人问张栻说："《遗书》中所谓'善固性也，恶亦不可不谓之性也'，则如之何？"③ 张栻回答说："譬之水澄清者，其本然者也。其或浑然，则以夫泥滓之杂也。方其浑也，亦不可不谓之水也。"④ 在这里，张栻运用了水的譬喻来解释说，水本澄清，因泥滓之杂而变浑浊，水仍然是水，无改其本然之性。换句话说就是，本然之性纯粹至善，至其已发，人、物因所禀之气不同则有恶。有恶之后并非不是性，而是气禀之性。所谓气禀之性就是后天气化流行、发用过程中所形成的性。此性因所禀气之清浊不同，而表现出善恶的差别。因此，《遗书》中所言"恶亦不可不谓之性"中的性乃气禀之性而非本然之性。张栻进一步解释说：

> 若以为有性善、有性不善乎？不知其善者乃为不失其性，而其不善者因气禀而汩于有生之后也。盖有生而钟其纯粹之最者，亦有偏驳者，亦有偏驳之甚者。其最粹者固存其本然之常性，不待复而

---

① 朱熹等：《知言疑义》，载《胡宏集》，第331页。
② 朱熹等：《知言疑义》，载《胡宏集》，第331页。
③ 朱熹等：《知言疑义》，载《胡宏集》，第331页。
④ 朱熹等：《知言疑义》，载《胡宏集》，第331页。

诚，此所谓生知圣人也；若其偏驳者，其为不善，必先就其所偏而发，此固可得而反也，若偏驳之甚，则有于其生也，而察其声音颜色而知其必为不善……盖所禀昏明在人各异，而其不善者终非性之本然者也。①

由此可见，张栻始终认为不善乃因气禀所致，非性之本然。在此，张栻将恶归之于气禀之性，从而也就保证了本然之性的"纯粹至善"性。

不仅如此，张栻还认为至善之善与善恶相对之善为同一善，只是有体用的差别而已。张栻在《答胡广仲》中说道：

夫善恶相对之辞，专善则无恶也；犹是非相对之辞，曰是则无非矣。性善云者，言性纯是善，此"善"字乃有所指。若如彼善于此之善，则为无所指，而体不明矣。而云如彼善于此之善，非止于至善之善，不亦异乎？且至善之外，更有何善？而云恐人将理低看了，故特地提省人，使见至善之渊源，无乃头上安头，使人想象描貌而愈迷其真乎？②

在张栻看来，本然之性纯粹至善，并非在至善之外另有一个善，至其发用乃为善恶相对之善。"至善"是从体而言；善恶相对之善即"彼善于此之善"，则是从用而言的。胡大原认为若不将本然之性"至善"单独挺立，恐人将理（性）低看。张栻认为如此反而对人们理解性之"至善"有害。因为若将"至善"凌驾于"善恶相对之善"之上，乃是头上安头，让人们捉摸不透，反而不容易理解性之"至善"。因此，

---

① 《张栻全集》，第545页。
② 《张栻全集》，第1175—1176页。

张栻主张"至善"与"善恶相对之善"乃为同一善。善恶相对之善只是"至善"的发用状态而已。或者说,"至善"从本然之性而言,"善恶相对之善"则从气禀之性而言,两者即体即用,显微无间。

另外,张栻还强调性"纯粹至善"的普遍性。性作为宇宙本体,其"纯粹至善",固无可疑。但性由天道落实到天地万物,其"纯粹至善"该如何体现呢?以往儒家学者往往只强调人之性善。而张栻为了体现本然之性"纯粹至善",还将物纳入了"性至善论"的范畴。张栻强调说:

> 原人之生,天命之性,纯粹至善而无恶之可萌者也。孩提之童,莫不知爱其亲,及其长,莫不知敬其兄,以至于饥食渴饮,其始亦莫非善也。推此则可见矣,何独人尔?物之始生,亦无有不善。①

又说:

> 太极动而二气形,二气形而万物化生,人与物俱本此者也,原物之始,亦岂有不善哉?②

在张栻看来,不仅人的本性是善的,物的本性也都是善的。人与物都禀天地之气而生,其初所禀之性均为天命之性,未受到恶的气禀熏染,因此都是善的。既然如此,那么人们为什么将性善独归之于人呢?张栻认为只因人得二气之精、五行之秀,又有虚明知觉之心推导,故而人们将性善独归之于人。换句话说就是,相对于物而言,人具有认识世

---

① 《张栻全集》,第 538 页。
② 《张栻全集》,第 931 页。

界和改造世界的能力。将性善归之于人，对于人认识世界和改造世界具有实际意义。而对于物而言，其善与不善并不具备实际意义。因此人们不说物之性善。虽然人们不说，但并不代表物之性不善。从本体论的角度看，物之性亦善。由此可见，张栻所论本然之性"纯粹至善"具有普遍性。张栻本人也是一个纯粹的性至善论者。

综上可知，张栻此论，相对于传统儒家性善论来说又进了一步，即从宇宙论和本体论的角度对性做出了"纯粹至善"的规定和论证。

（三）知行互发论

知行问题一直是中国思想史上的重要问题，历代思想家对此都有精辟的论述。迄及南宋，学者们片面强调知，而不重视行，不仅造成知与行的严重脱节，而且导致游谈相夸、贪高慕远之风盛行。基于此，张栻对"重知轻行"思想提出批评。张栻说："近岁以来，学者又失其旨，曰吾惟求所谓知而已，而于躬行则忽焉。故其所知特出于臆度之见，而无以有诸其躬，识者盖忧之。"[1] 张栻认为如果学者片面强调知，而忽视躬行，其所知也不过出于"臆度之见"，非真知；而其为学"慕高远而屑卑近"，最终的结果"将终身无所进益"。与此同时，张栻也不赞同"贵行轻知"的思想。在张栻看来，若志于力行而轻知，则其知不明，其行亦无所依。为了平衡知与行的关系，张栻提出"知行互发"的理论。张栻说："历考圣贤之意，盖欲使学者于此二端兼致其力。"[2] 又说："盖致知力行，此两者工夫互相发也。"[3] 在张栻看来，知与行应兼致其力。为什么要如此呢？张栻解释说："行之力则知愈进，知之深则行愈达。"[4] 也就是说知与行两者相互促进，相须并发。这也就是张栻提倡的"知行互发"理论。

---

[1] 《张栻全集》，第970页。
[2] 《张栻全集》，第970页。
[3] 《张栻全集》，第1048页。
[4] 《张栻全集》，第1048页。

具体来说，张栻提倡"知行互发"理论，包含以下几层含义。

第一，知常在先。张栻说："始条理，即《易》所谓'知至至之'；终条理，即《易》所谓'知终终之'。此未及乎圣智也。学者从事于此，固所以为圣智之道也，故曰智之事、圣之事。条理云者，言有序而不紊也。夫所谓终条理者，即终其始条理者也。此非先致其知而后为其终也，致知力行，盖互相发。然知常在前，故有始终之异。"① 张栻利用《易传》所谓"知至至之"和"知终终之"来解释知行，并强调"知常在先"的观点。事实上，张栻"知常在先"的观点是基于"知行互发"的观点提出来的，是对前人"知之在先"观点的修正。为什么如此说呢？这是因为，"知之在先"的观点，强调的是"知"而对于"行"有所忽略；而"知常在先"不仅重视"知"也重视"行"。张栻强调说："是知常在先，而行未尝不随之也。""知常在先"相对于"行"而言，常在先而已。相比之下，"知常在先"较"知之在先"，其"知"与"行"的地位更为平等。

事实上，在提出"知行互发"理论之前，张栻早年也提倡"知之在先"。"知之在先"是其师胡宏的观点。胡宏曾在《知言》中说："大哉知乎！天下万事，莫先乎知矣。是以君子必先致其知。"② 又《题张敬夫希颜录》说："然夫子必博之以文，使颜子求知所生而至之，约之以礼，使颜子既知所终，力进而终之，致颜子进德修业，与天同大，不止了其一生。"③ 张栻在问学的过程中继承了其师胡宏"知之在先"的观点。不仅如此，乾道三年（1167）张栻还将这一观点告知了朱熹，对朱熹知行观产生了重大影响。据《朱子语类》记载，朱熹说："旧在湖南理会乾坤，乾是先知，坤是践履，上是'知至'，下是'终之'，却不思今只理会个知，未审到何年月方理会'终之'也。是时觉得无

---

① 《张栻全集》，第521页。
② 《胡宏集》，第43页。
③ 《胡宏集》，第192—193页。

安居处，常恁地忙。"① 朱熹所谓"旧在湖南理会乾坤"，指的就是乾道三年（1167）到长沙拜访张栻，从张栻处获知"知之在先"的观点。

尽管之后张栻主张"知行互发"理论，但也并不反对"知之在先"。乾道八年（1172）张栻还曾与朱熹、吴翌、周奭、周必大等讨论知行问题，其核心问题就是对"知之在先"的理解。根据张栻的书信，朱熹与吴翌先有辩论，后朱熹又与范伯崇等讨论。同时朱、吴两人又都把辩论的内容与观点函告张栻，征求他的意见。在给吴翌的信中，张栻说："前蒙录寄所答元晦书，得详读，甚幸。所谓知之在先，此固不可易之论。"② 在给朱熹的信中，张栻写道："知之而行，则譬如皎日当空，脚踏实地，步步相应；未知而行者，如暗中摸索，虽或中，而不中者亦多矣。"③ 由此可见，张栻此时虽提倡"知行互发"理论，但并不反对"知之在先"的观点。而且基于"知行互发"的理论，张栻对"知之在先"做出了新的阐释和说明。他说："所谓'知之在先'，此固不可易之论。但只一个'知'字，用处不同，盖有轻重也。如云'知有是事'则用得轻，'匹夫匹妇可以与知'之类是也；如说'知底事'则用得重，'知至至之'之知是也。在未识大体者且当据所与知者为之，则渐有进步处。工夫若到，则知至矣。知至矣，当至之，知终矣，当终之，则工夫愈有所施而无穷矣。所示有云'譬如行路，须识路头'，诚是也；然要识路头，亲去路口寻求方得，若只端坐于室，想象跂而曰'吾识之矣'，则无是理也。元晦所论'知'字，乃是谓知至之知。要之，此非躬行实践则莫由至。但所谓躬行实践者，先须随所见端确为之，此谓之知常在先则可也。"④ 在此，张栻将"知"进行了划分，即分为德性之知（即知至之知）和闻见之知（即张栻所谓"'匹夫匹妇

---

① 《朱子语类》，第 2618 页。
② 《张栻全集》，第 1056 页。
③ 《张栻全集》，第 1217 页。
④ 《张栻全集》，第 1056—1057 页。

可以与知'之类")。就此看，张栻对"知"的认知较前人更进了一步。因为南宋以来，学者们普遍认为《大学》所谓致知不包括闻见之知。张栻为了说明"知之在先"这个问题，还特意指出朱熹所谓"知"乃是"知至之知"，即通过躬行实践才能达到之"知"。然而对于躬行实践而言，"先须随所见端确为之"，即必须先有闻见之知而后才能行。因此，张栻认为从这个角度看"此谓之知常在先可也"。由此也可见，张栻提倡的"知行互发"理论是以"知常在先"为前提的，即"始则据其所知而行之"。而其"知常在先"的观点是对"知之在先"观点的修正。

第二，下学上达。为了说明"知行互发"理论，张栻强调知行有一个下学上达的过程，即从感性阶段向理性阶段发展的过程。张栻说："知有精粗，必由粗以及精；行有始终，必自始以及终。……然则声气容色之间，洒扫应对进退之事，乃致知力行之原也，其可舍是而它求乎！"① 张栻认为"知"有精粗。所谓知之"精"即德性之知；所谓知之"粗"即闻见之知；知必由粗以及精，也就是说通过实践反思，由闻见之知可以上升为德性之知。同样"行"有始终，行之始即据闻见之知而行，做洒扫应对进退之事；行之终即践行德性之知。相比于知行的理性阶段，张栻更强调知行的感性阶段，即下学。张栻认为"声气容色之间，洒扫应对进退之事"乃致知力行之原，属于知行的感性阶段。此阶段不可忽略。近世学者多贪慕高远，对此"洒扫应对进退之事"多有轻蔑。张栻则强调说："为孝必自冬温夏清，昏定晨省，为弟必自徐行后长者始，故善学者必以洒扫应对进退为先焉。"② 又说："圣人教人以下学之事，下学工夫浸密，则所为上达者愈深，非下学之外又别为上达之功也。致知力行，皆是下学，此其意味深长而无穷，非惊怪

---

① 《张栻全集》，第 970 页。
② 《张栻全集》，第 933 页。

恍惚者比也。"① 在此，张栻对"洒扫应对进退之事"的强调，其意就在于让学者不贪慕高远，脚踏实地作下学工夫。由此，由下学以进于上达，由感性发展为理性。在发展过程中，"知行互发"，以至于知与行的统一。为了进一步说明下学上达，张栻还特别强调为学当循序渐进，不可急迫。张栻说："盖圣门实学，循循有序，有始有卒者，其惟圣人乎！非若异端警夸笼罩，自谓一超径旨，而卒为穷大而无所据也。近世一种学者之弊，渺茫臆度，更无讲学之功，其意见只类异端一超径旨之说，非惟自误，亦且误人，不可不察也。五峰所谓'此事是终身事，天地日月长久，断之以勇猛精进，持之以渐渍熏陶，故能有常而日新'，诚至言哉！"② 张栻反对学者作"简约"工夫，认为此"简约"工夫与异端相类。他认为圣门实学当由下学而上达，循序渐进。即"知之进，则行愈有所施；行之力，则知愈有所进，以至于圣人"。如此，"盖致知力行，此两者工夫互相发也"③。也就是说，在下学上达循序渐进的过程中，知与行相互促进，以至于达到知与行的统一。由此可知，张栻"知行互发"理论蕴含着循序渐进的"发展"观念。

第三，知与行相互促进。这是张栻"知行互发"理论的核心。张栻《寄周子充尚书》说："垂谕或谓人患不知道，知则无不能行。此语诚未完。知有精粗，行有浅深。然知常在先，固有知之而不能行者矣，未有不知而能行者也。《语》所谓'知及之，仁不能守之'，是知而不能行者也。所谓'知之者不如好之者，好之者不如乐之者'，是不知则无由能好而乐也。且就孝于亲一事论之，自其粗者知有冬温夏清、昏定晨省，则当行温清定省。行之而又知其有进于此者，则又从而行之。知之进，则行愈有所施；行之力，则知愈有所进，以至于圣人。……盖致

---

① 《张栻全集》，第1155页。
② 《张栻全集》，第1154页。
③ 《张栻全集》，第1048页。

知力行，此两者工夫互相发也。"① "知行互发"是以"知常在先"和"下学上达"为前提和基础的。始据其知，在下学上达的过程中，才有"知之进，则行愈有所施；行之力，则知愈有所进，以至于圣人"。也就是说，知与行相互促进，是在下学上达的过程中实现的。知与行相互促进的过程也就是下学上达的过程。与此同时，知与行相互促进并没有严格的阶段划分，而是一个循序渐进、循环往复的过程。

综上可知，张栻"知行互发"理论是针对当时"重知轻行"思想而发的，其包含三层含义：一是知常在先；二是下学上达；三是知与行相互促进。纵观中国思想史对知行问题的讨论，张栻在此问题上的发明，不仅为后世王阳明"知行合一"、王船山"知行相资"提供了思想助缘，而且也为中国古代知行关系问题的理论发展做出了重要贡献。

（四）义利之辨

自孟子开始，义利之辨就是学者们探讨的重要问题。张栻在其父亲张浚以及胡安国、胡宏的影响之下，对此问题早就"默契于心"。以至于张栻后来在城南书院和岳麓书院给学生讲课，也常常从"义""利"两端阐发。如朱熹《述行状后》说："公（张栻——引者注）之教人，必使之先有以察乎义利之间，而后明理居敬以造其极。其剖析精明，倾倒切至，必竭两端而后已。"② 可见，张栻平时就以"义利之辨"教学生。张栻自己也说："学者潜心孔、孟，必得其门而入，愚以为莫先于义利之辨。"③ 即张栻认为儒学入门必先弄清楚"义利之辨"的问题。张栻在教学过程中给学生讲"义利之辨"，还造成了很大的影响，使得"四方学者争向往之"④。也就是说四面八方的学者都向往到张栻门下听教"义利之辨"。这足可见张栻阐发"义利之辨"的影响力。

---

① 《张栻全集》，第1048页。
② 《宋元学案》卷五十《南轩学案》，第1634页。
③ 《张栻全集》，第971页。
④ 《张栻全集》，第1623页。

张栻"义利之辨"之所以有如此的影响力，主要在于其对"义利之辨"标准问题的阐发。乾道四年（1168），张栻作《孟子讲义序》。他在此序言中说："盖圣学无所为而然也。无所为而然者，命之所以不已，性之所以不偏，而教之所以无穷也。凡有所为而然者，皆人欲之私，而非天理之所存，此义利之分也。自未尝省察者言之，终日之间鲜不为利矣，非特名位货殖而后为利也。斯须之顷，意之所向，一涉于有所为，虽有浅深之不同，而其徇己之私则一而已。"① 在此，张栻提出非只是"名位货殖"为利，则"凡有所为而然者"皆为利。判断义与利的标准就在于是"无所为而然"还是"有所为而然"。"无所为而然者"，顺天应命，纯乎天理，则为义；而"有所为而然者"，皆是人欲之私，非天理之所存，则为利。学者若不省察于此，只要一涉于"有所为"即是为利。虽然"有所为"的程度可能不同，但是其徇己之私则是一样的。因此，学者为学必须先省察"义利之辨"。与以往学者相比，张栻论"义利之辨"的特色在于，没有将"义利之辨"的标准停留在"名位货殖"的表面现象，而是通过"有所为"和"无所为"，进一步将"义利之辨"与天理人欲联系起来，即透过现象抓住了"义利之辨"的本质特征。义即天理，利即私欲，以此区分"义"与"利"甚是简洁明白。

除此之外，张栻还进一步以"义利之辨"阐析了孔子所说"古之学者为己，今之学者为人"这句话。张栻说："为人者无适而非利，为己者无适而非义。曰利，虽在己之事，皆为人；曰义，则施诸人者，亦莫非为己也。嗟乎！义利之辨大矣。岂特学者治己所当先，施之天下国家，一也。王者所以建立邦本，垂裕无疆，以义故也；而霸者所以陷溺人心，贻毒后世，以利故也。"② 在张栻看来，古之学者顺乎天理，虽

---

① 《张栻全集》，第 971 页。
② 《张栻全集》，第 312 页。

说"为己"亦"无适而非义";今之学者溺于私欲,虽说"为人"亦"无适而非利"。反过来说,为利者,虽然是为了自己的事,也会说成是"为人";而为义者,即使是帮助了别人,也会认为是"为己"。明确"义利之辨"不仅可以明天理、人欲之辨,也可以揭露假道学的真面目。与此同时,张栻还强调"义利之辨"的运用不仅在于"治己",而且还在于"施治天下国家"。自古至今,与"义利之辨"相对应的就是"王霸之说"。在张栻看来,王者以"义"治天下,则本固邦宁,垂裕无疆;而霸者以"利"治天下,则陷溺人心,贻毒后世。两者所秉持的治国理念不同,其结果亦有霄壤之别。基于此,张栻主张以"仁义"治理天下国家。张栻说:"盖行仁义,非欲其利之;而仁义之行,固无不利者也。"[①] 也就是说,以"仁义"治理天下国家,虽非想要它对国家有利,但实际上仁义之行,没有对国家不利的。因此,张栻借用孟子告梁惠王的话说:"亦有仁义而已矣,何必曰利!"[②] 这一观点,张栻与以往学者基本相同。

综上可知,张栻在前人论"义利之辨"的基础上,提出了自己独特的理论见解:一是以"无所为而然"和"有所为而然"作为判定"义""利"的标准;二是将"义利之辨"与天理人欲联系起来,义即天理,利即私欲;三是注重"义利之辨"的实际运用。在张栻看来,明辨于此不仅可以"治己",还可"施治天下国家"。由此可见,张栻在前人的基础上,对"义利之辨"问题做了进一步的推进,对"义利之辨"的理论发展做出了重要贡献。

[①] 《张栻全集》,第314页。
[②] 《张栻全集》,第314页。

第四章　湖湘学派在南宋时期的传承与影响

第一节　胡氏子弟和门人

湖湘学派在南宋时期影响很大，学者阵容也蔚为壮观。在当时的学术界，湖湘学术薪火相传，人才辈出，所以真德秀说："方今学术源流之盛，未有出湖湘之右者。"① 黄宗羲也认为："湖南一派，在当时为最盛。"② 湖湘学派时期的人才群体，被视为湖南人才群体涌现的第一个高峰，具有很强的历史示范作用。

湖湘学派的开创者胡安国，他的三个儿子胡寅（致堂）、胡宏（五峰）、胡宁（茅堂）以及胡安国的侄子胡宪（籍溪），都是学养深厚的著名学者，全祖望说："致堂、籍溪、五峰、茅堂四先生并以大儒树节南宋之初，盖当时伊洛世適，莫有过于文定一门者。"③ 由于胡安国坚持著书讲学，广收门徒，除了他的子弟跟从学习而且成就卓著外，他又招收了很多弟子。《宋元学案·武夷学案》列胡安国弟子26人，而实际上他一生招收的弟子何止此数？这26人只是其中的佼佼者而已。胡寅、胡宁、胡宏、胡宪等人，兼有胡安国子侄和门人双重身份，也像胡安国一样，培养子侄，招收门徒，从而使湖湘学派人才济济，影响颇

---

① 《真西山集》卷七，商务印书馆1936年版，第106页。
② 《宋元学案》卷五十《南轩学案》，第1611页。
③ 《宋元学案》卷三十四《武夷学案》，第1182页。

大。以下选取胡氏子弟和门人影响较大者略作介绍（胡寅与胡宏上章已有论述，兹不赘）。

一　胡安国子弟和门人

胡宁（1101—1157），字和仲，胡安国次子，学者称茅堂先生。胡宁与胡宏同出于王氏，王氏是胡安国的第二个妻子。胡宁与胡宏幼闻"过庭之训"，受到良好的家庭教育，后又与胡宏一起从学于二程弟子杨时和侯师圣，从而成为二程的再传弟子。

建炎三年（1129），为躲避战乱，胡宁随父移居湘潭碧泉。《宋元学案·武夷学案》曰："胡宁……学者称为茅堂先生。文定作《春秋传》，修纂检讨尽出先生手。又自著《春秋通旨》，总贯条例、证据史传之文二百余章，辅传而行。"① 胡安国写作《春秋传》，胡宁担负"修纂检讨"协助之任。同时，胡宁又自著《春秋通旨》二百余条，与胡安国《春秋传》相辅而行，可惜今已失传。由此可见，胡宁在学术上有深厚功底，他对《春秋》的研究相当精深。

绍兴十四年（1144），胡宁赴京为官。秦桧问他："令兄有何言？"胡宁直截了当地回答："家兄致意丞相，善类久废，民力久困。"秦桧听了，已有愠意。又问："柳下惠降志辱身，如何？"胡宁答道："总不若夷、齐之不降不辱也。"② 秦桧本想用柳下惠降志辱身的故事来博取胡宁对他议和主张的理解，不料胡宁却用伯夷、叔齐义不食周粟的典故回应他，这让秦桧愈加不快。胡宁却不依不饶，又劝说秦桧自解相印，归隐田园，秦桧非常恼怒。

绍兴十九年（1149）四月，胡宁任尚书祠部员外郎，五月，任太常丞。闰八月，以太常丞身份轮对奏事，宋高宗对他说："乃父既解释

---

① 《宋元学案》卷三十四《武夷学案》，第1182页。
② 《宋元学案》卷三十四《武夷学案》，第1182页。

《春秋》，尚当有他论著，其具以进者。"胡宁立即写信告知长兄胡寅，胡寅便整理胡安国遗著，成书十五卷以献。

绍兴十九年（1149）十二月，胡宁被逐出京城，外任夔州路安抚司参议官。后又被任命为澧州知州，他没有赴任，而请求奉祠。绍兴二十七年（1157）十二月卒，享年57岁。

胡宪（1086—1162），字原仲，崇安（今福建武夷山）人，胡安国从子，学者称籍溪先生。

朱熹《籍溪先生胡公行状》曰："先生生而沉静端悫，不妄言笑。稍长，从文定公学。"① 可知胡宪是湖湘学派的正宗传人。胡宪是朱熹早年的老师，朱熹自称在早年的三位老师（胡宪、刘勉之、刘子翚，称"武夷三先生"）中，跟从胡宪学习的时间最久。② 全祖望说："南渡昌明洛学之功，文定几侔于龟山，盖晦翁、南轩、东莱，皆其再传也。"③ 朱熹（晦翁）和吕祖谦（东莱）都是胡宪的弟子，而张栻（南轩）则是胡宏的弟子，朱、张、吕三人在当时被称为"东南三贤"，朱熹更是被誉为"致广大，尽精微，综罗百代"④ 的理学集大成者，他们都是胡安国的再传弟子，都是湖湘学派的传人，有湖湘学统。这也从一个侧面显示出湖湘学派影响之大。

胡宪跟从叔父胡安国学习，"始闻河南程氏之说"⑤，即通过胡安国接触到二程学说。不久，以乡贡入太学，正碰上"元祐学禁"，胡宪与同乡刘勉之偷读程氏著作并私下讲论。后来，又赴洛阳跟从谯定学《易》。学成后归隐故乡，力田卖药，以奉其亲。同时，讲学授徒，闻

---

① 朱熹：《籍溪先生胡公行状》，《朱熹集》，第4968页。
② 朱熹说："熹于三君子之门，皆尝得供洒扫之役，而其事先生（胡宪——引者注）为最久。"语出《籍溪先生胡公行状》，《朱熹集》，第4971页。
③ 《宋元学案》卷三十四《武夷学案》，第1170页。
④ 《宋元学案》卷四十八《晦翁学案》，第1495页。
⑤ 朱熹：《籍溪先生胡公行状》，《朱熹集》，第4968页。

名遐迩,"一时贤士大夫闻其名者,亦皆注心高仰之"①。朝臣折彦质等人向朝廷推荐胡宪,宋高宗下令征召,胡宪以母亲年老为由推辞不就。不久,折彦质"入西府",再次推荐胡宪,朝廷复召,胡宪"辞益固"。后来胡宪被赐同进士出身,授左迪功郎,添差建州州学教授。胡宪本来连这个州学教授都不想当,后经人反复劝说,遂拜谢受命。在州学教授任上,胡宪常常以古人"为己之学"教导学生。

秦桧死了之后,胡宪被推荐为大理司直,未行,改秘书省正字。这时,胡宪已经年逾七旬,一般人都认为他不会再接受官职了,没想到他"一辞即受",众人都感到不解。胡宪到任后数月,竟默默无一言,人们更加疑怪。后来要到殿中奏事,胡宪又生病不能上朝,只能上疏进言,推荐张浚、刘锜二人,随后张浚被复用为相。

胡宪上疏之后,即辞官请去。高宗颇受感动,任命胡宪为左宣教郎、主管台州崇道观,让他归乡而食俸禄。宋高宗绍兴三十二年(1162)四月十二日,胡宪卒,享年77岁。

黎明,字才翁,生卒年不详。师事胡安国,并在建炎三年(1129)和胡安国的另外一名弟子杨训一起引导胡安国一家来湘潭碧泉定居。黄宗羲、全祖望《宋元学案·五夷学案》曰:"黎明,字才翁,长沙人。以孝友信义著称。师事胡文定公。建炎之乱,文定避地荆门,先生为卜室庐,具器币,往迎之。胡氏之居南岳,实昉于此……湖湘学派之盛,则先生(黎明——引者注)最有功焉。"② 湘潭当时属于长沙府辖,所以称黎明是长沙人,实则黎明是湘潭县人。黎明在胡氏一家落籍湘潭碧泉并开创湖湘学派的过程中起了很大的促进作用(参见本书第一章)。

杨训,字子川,出生年月不详,约卒于宋绍兴二十五年(1155),③湘潭县人。建炎三年胡安国一家来湘潭碧泉定居,杨训是给胡安国引路

---

① 朱熹:《籍溪先生胡公行状》,《朱熹集》,第4969页。
② 《宋元学案》卷三十四,第1190—1191页。
③ 据胡宏《祭杨子川文》推出。

的两名弟子之一。朱熹谈到当时这一事件时说："向见籍溪说，文定当建炎间，兵戈扰攘，寓荆门，拟迁居。适湘中有两士人协力具舟楫，往迎文定，其一人乃黎才翁。文定始亦有迟疑之意，及至湘中，则舍宇动用，便利如归，处之极安。又闻范丈说，文定得碧泉，甚爱之。《有本亭记》所谓'命门弟子往问津焉'，即才翁也。"① 朱熹在这里谈到湘中有两士人协力具舟楫，往迎文定，其中一人是黎明（才翁），而另外一人朱熹没有说出是谁。实际上，此人就是杨训。② 因此，与黎明一样，杨训在胡氏一家落籍湘潭碧泉并开创湖湘学派的过程中也发挥了很大的作用。

彪虎臣（1078—1152），字汉明，湘潭人。胡安国来湖南，彪虎臣一见而有得于心，遂从胡安国学。

彪虎臣祖籍山东，其七世祖因躲避战乱从山东迁来潭州湘潭县。彪虎臣幼年家贫，有志于学，十一岁游郡庠，俊伟不群。年逾四十受到举荐，因顾念亲老而未出仕。以经术教授乡里，教人以诚实不欺为本，以孝悌为先，以文艺为后。生二子：居厚、居正。居厚早夭。居正后来跟从胡宏学习，是胡宏的著名弟子。

薛徽言（1093—1139），字德老，浙江永嘉人。从胡安国学。高宗即位，以布衣上书论国势、边防、刑赏、巡幸、财用、官吏六事。中建炎二年（1128）进士。曾以书拜谒御史中丞赵鼎，大受称赏。当时朝中吕颐浩柄权，赵鼎连章弹劾吕颐浩，受到高宗肯定，赵鼎坦言："是皆温士薛徽言为臣发之。"不久，薛徽言蒙召见，首以"强志勤政，君子小人"为对，深合高宗心意，授枢密院计议官。

绍兴二年（1132），薛徽言以权监察御史身份宣谕湖南，劾去贪腐官吏，推荐宪司吕祉等五人以及隐士黎明，请令岳飞绥定湖南。后来，

---

① 《朱子语类》卷一百一，第2581页。
② 参见何歌劲《碧泉胡氏迁湘史事考》，见《湘学》第七辑，第99—100页。

薛徽言又相继担任兴国军知军、起居舍人等官职。宋金和议起,薛徽言与秦桧争于庭中,薛徽言慷慨激昂地说:"偷安固位,于相公私计则良便,然忍君父之辱,忘宗庙之耻,于心安乎?"① 当天薛徽言与秦桧争辩了很长时间,不欢而散。薛徽言深夜未归,心情郁闷,遂感寒疾,几天后病逝,享年47岁。

薛徽言生有二子,长子季随,次子季宣。薛季宣后成著名学者,是浙东永嘉学派的代表人物。

二 胡宏子弟与门人

胡宏当时在湖湘地区有很大的影响,招收了很多弟子。跟从他学习的既有他的同姓子弟,也有慕名而来的青年学子。

张栻:见本书第三章第四节。

胡实(1135—1173),字广仲,胡宏从弟。张栻《钦州灵山主簿胡君墓表》云:"惟建州崇安胡氏至文定公而始大……绍兴初,因徙家衡岳之下。于是二弟实从。仲曰安止,仕为朝奉郎,生子实,字广仲。"② 据此可知胡实是胡安国仲弟、胡宏二叔胡安止之子。张栻在墓表中接着说,胡实因出生较晚,未及亲受胡安国之教。15岁时在家塾学习辞艺之学,其从兄胡宏"察其质之美",对他说:"文章一小技,于道未为尊。所谓道者,人之所以生而圣贤得之所以为圣贤也。"③ 于是从学胡宏,立志圣学,不乐仕进。曾以门荫补将仕郎,不就铨选,而以讲道为事;后又得钦州灵山主簿,亦未上。胡实体弱多病,乾道九年(1173)秋天,因事至湘阴,得病不治而卒,享年38岁。胡实坚守胡宏之学,同朱熹、张栻都有辩论。

胡大原,字伯逢,胡宏的从子,胡寅的长子。生平事迹不详。黄宗

---

① 《宋元学案》卷三十四《武夷学案》,第1187页。
② 《张栻全集》,第1094页。
③ 《张栻全集》,第1094页。

羲说他"与广仲、澄斋守其师说甚固,与朱子、南轩皆有辩论,不以《知言疑义》为然"①。

吴翌(1129—1177),字晦叔,福建建阳人。朱熹跟他是好友,学术上则是论辩的对手。朱熹为其撰有《南岳处士吴君行状》。吴翌师事胡宏,闻其所论学问之方,一以明理修身为要,遂捐弃科举之学。胡宏去世后,又与胡实、胡大原、张栻等人交游。为学不专主于一家,大要则以其师所传为宗。当年胡宏曾请求修复岳麓书院,并自求为山长而未得。乾道元年(1165)刘珙修复书院后,在山长虚而不置的情况下,曾考虑礼聘吴翌担任山长之职,但吴翌却以"此吾先师之所不得为者"②为由拒绝。筑室衡山之下,讲道读书,有时亦作诗以咏歌其志。淳熙四年(1177)八月卒,享年49岁。

彪居正(生卒年不详),字德美,湘潭人。其父彪虎臣从学胡安国,彪居正则从学胡宏。在胡宏门人之中,张栻之下,即数彪居正,当时有"彪夫子"之称。据《南岳志》记载,朱熹亦"敬其年德,以前辈推之"。乾道元年(1165),刘珙(字共父)为"荆湖南路安抚使",知潭州,全面修复了岳麓书院,礼聘彪居正主管书院,而请张栻主其教事。

第二节 张栻门人

全祖望说:"宣公身后,湖湘弟子有从止斋(陈傅良)、岷隐(戴溪)游者;然如彭忠肃(彭龟年)之节概,吴文定公(吴猎)之勋名,二游文清、庄简公(游九言、游九功)之德器,以至胡盘谷(胡大时)辈,岳麓巨子也。再传而得漫塘(刘宰)、实斋(王遂)。谁谓张氏之

---

① 《宋元学案》卷四十二《五峰学案》,第1386页。
② 朱熹:《南岳处士吴君行状》,《朱熹集》,第5008页。

后弱于朱乎?"① 又说:"宣公居长沙之二水,而蜀中反疏。然自宇文挺臣(宇文绍节)、范文叔(范仲黼)、陈平甫(陈概)传之入蜀,二江之讲舍不下长沙。黄兼山(黄裳)、杨浩斋(杨子谟)、程沧州(程公许)砥柱岷峨,蜀学之盛,终出于宣公之绪。"② 从全祖望的记述来看,张栻门人主要分布在湖南和四川地区。他们一方面兼容并蓄,继续发展湖湘学,另一方面又将湖湘学融入蜀学之中,进一步发展了蜀学。

一 胡大时

胡大时(?—1210),字季随,胡宏季子,学者称盘谷先生,福建崇安人。胡大时早年曾于碧泉书院跟从其父亲胡宏学习,为岳麓诸儒中的"碧泉遗老"。后其父胡宏病危,将其托付于张栻,遂又跟从张栻学习,而成就为"岳麓巨子"。黄宗羲在《宋元学案》中写道:"南轩从学于五峰,先生(胡大时——引者注)从学于南轩,南轩以女妻之。湖湘学者以先生与吴畏斋为第一。"③ 由此可见胡大时的学术渊源以及其在湖湘学派中的学术地位。在张栻逝世之后,胡大时尽管也如张栻大部分门人弟子一样转换门庭,先后师从陈傅良、朱熹、陆九渊,但是作为张栻的高足、岳麓巨子,胡大时在湖湘学派后期的传承与发展中做出了重要贡献。

(一)谨守家学,主张"性无善恶"

胡大时谨守家学,主张"性无善恶",曾就"性无善恶"问题与朱熹发生过论辩。胡大时认为:

> 性不可以善言。本然之善,本自无对;才说善时,便与那恶对矣。才说善恶,便非本然之性矣。本然之性是上面一个,其尊无

---

① 《宋元学案》卷七十一《岳麓诸儒学案》,第2368页。
② 《宋元学案》卷七十一《岳麓诸儒学案》,第2407页。
③ 《宋元学案》卷七十一《岳麓诸儒学案》,第2368页。

比。善是下面底,才说善时,便与恶对,非本然之性矣。"孟子道性善",非是说性之善,只是赞叹之辞,说"好个性"!如佛言"善哉"!①

胡大时谨守其父胡宏的观点,即认为性体心用,未发为性,已发为心,本然之性无善恶可言,说善恶乃是就心上说。因此,他提出"才说善恶,便非本然之性"。在他看来,本然之性是体,善(心)乃是用,心乃性之发用。才说善时,已经是心,而不是本然之性。朱熹对此批驳说:

> 本然之性,固浑然至善,不与恶对,此天之赋予我者然也。然行之在人,则有善有恶:做得是者为善,做得不是者为恶。岂可谓善者非本然之性?只是行于人者,有二者之异,然行得善者,便是那本然之性也。若如其言,有本然之善,又有善恶相对之善,则是有二性矣。方其得于天者,此性也;及其行得善者,亦此性也。只是才有个善底,便有个不善底,所以善恶须著对说。不是元有个恶在那里,等得他来与之为对。只是行得错底,便流入于恶矣。此文定之说,故其子孙皆主其说,而致堂、五峰以来,其说益差,遂成有两性:本然者是一性,善恶相对者又是一性。②

朱熹认为,本然之性纯粹至善,流于气禀才有善恶。本然之性与气质之性本为一性而非两性。如此,性从根本上来说则是纯粹至善,不可说"性不可以善言"。胡大时强调"性不可以善言",只是承继了其家学传统。因为胡大时祖父胡安国曾说:"孟子道性善云者,叹美之辞

---

① 《朱子语类》,第 2585 页。
② 《朱子语类》,第 2585 页。

也,不与恶对。"① 胡大时父亲胡宏则认为:"好恶,性也。小人好恶以己,君子好恶以道。察乎此,则天理人欲可知。"② 在朱熹看来,胡安国所说"孟子道性善"之性指的还是本然之性,而经过胡寅、胡宏的论说,则本然之性与善恶相对之性截然两分,成为两性。胡大时在这里提出"才说善恶,便非本然之性",亦是将本然之性与善恶相对之性看成两性。因此朱熹怒斥:"只说本然者是性,善恶相对者不是性,岂有此理!"③ 可见,朱熹以长者或严师的姿态批驳了胡大时的观点。但从现有资料来看,胡大时并未因朱熹的批驳而改变"性无善恶"的观点。这明显可以见出胡大时思想中的湖湘学特色。

(二)维护湖湘学统,主张"先察识后涵养"

胡大时在答湖湘弟子问以及在与朱熹问辩的过程中,极力维护湖湘学统,主张"先察识后涵养"的观点。如他在回答湖湘弟子提问时说:

> 必先培其根本,然后审其趋向,犹作室焉,亦必先有基址,然后可定所向也。④

又说:

> 今于下工夫时不痛自警策,而遽栽培涵泳,不知何所栽培涵泳?恐或近于放倒也。⑤

胡大时在此主张必先培其根本(即先识仁之体),然后才能栽培涵

---

① 《胡宏集》,第333页。
② 《胡宏集》,第330页。
③ 《朱子语类》,第2585页。
④ 《宋元学案》卷七十一《岳麓诸儒学案》,第2371页。
⑤ 《张栻全集》,第1364页。

养,即是主张"先察识后涵养"。并且,他还对朱熹主张察识之前的"涵养"提出质疑。胡大时认为:"(涵养)纯熟未易言也。"① 也就是说,要达到朱熹所谓的"涵养纯熟"之境地是不容易的,因此主张先察识。而朱熹认为,胡大时此语有病。在朱熹看来,胡大时平时论为学工夫乃就其极至之地论之,具有穷高极远之病。如今,胡大时所谓的"(涵养)纯熟未易言也",亦是此意。朱熹说:

> 以为人不可做到,则是己亦甘自处于不能也。如此,则凡讲论皆是且做好话说过,其与自谓"吾身不能居仁由义"者虽若有间,然其实不亦无以大相远矣。②

由此,朱熹认为胡大时此病不除,则百事放倒,最终都到不了头。事实上,朱熹在此没有真正理解胡大时说此话的用意,只是以胡大时平时论工夫极其高远推测其意。胡大时指出"纯熟未易言也",其意是要说明"先察识"。这可结合胡大时后面说的一句话来看。胡大时后面又说:"方其未至纯熟,天理何尝不可见乎?"由此可知,胡大时并非要极其高远论涵养,而是主张涵养未纯熟之前亦可识见天理。然而,朱熹将两句话分开进行批驳。对于胡大时后一句话,朱熹批驳说:

> 此又不看本文本意,而逞快斗高、随语生说之过。夫《中庸》本意欲人戒谨恐惧,以存天理之实而已,非是教人揣摩想象,以求见此理之影也。……季随又更节上生枝,更不复以纯熟自期,只要就此未纯熟处便见天理,不知见得要做何用?③

---

① 《晦庵先生朱文公文集》卷五十三《答胡季随》,《朱子全书》,第2508页。
② 《晦庵先生朱文公文集》卷五十三《答胡季随》,《朱子全书》,第2508页。
③ 《晦庵先生朱文公文集》卷五十三《答胡季随》,《朱子全书》,第2508页。

"戒谨恐惧"指的是涵养工夫。朱熹根据"道不可离,可离非道,是故君子戒慎乎其所不睹,恐惧乎其所不闻",认为,此涵养工夫彻头彻尾,贯穿始终。《中庸》说"戒谨恐惧",就是要从涵养处存得天理之实。实际上,朱熹这里强调的是"识见天理"之后的涵养。这与胡大时质疑察识之前的涵养是有差异的。而朱熹将两者视为同一涵养。因此朱熹批评胡大时说:"只要就此未纯熟处便见天理,不知见得要做何用?"由此可知,朱熹对胡大时的质疑并没有很好地去理解,只是站在自己的立场上予以批驳罢了。尽管遭到朱熹的批驳,胡大时为维护湖湘学统,并没有放弃"先察识后涵养"的看法。

(三) 为湖湘弟子答疑解惑,维系湖湘学派后期发展

张栻逝世之后,胡大时成为当时湖湘学派中的领袖人物,常常为湖湘弟子答疑解惑。如《湘潭县志》卷三记载:"张栻既殁,门人数十聚处湖外,论说常不合,咸就大时质正,大时各为剖析分别。"[①] 而在为湖湘弟子答疑解惑的过程中,胡大时常常运用湖湘学的观点。如关于主敬的问题,胡大时认为:"敬是除病之大药,矜持是病之旁证,药力既到,病势既退,则旁证亦除矣。"[②] 而"主敬"是湖湘学一贯的主张。另如关于"识心见性"的问题,胡大时亦运用湖湘学的观点,指出儒学与佛学关于"识心见性"的不同。胡大时答湖湘弟子说:"释氏云识心见性,与孟子之尽心知性固是不同,彼所谓识心见性之云,盖亦就其学而言之尔,若存心养性一段则无矣之云,所以甚言吾学与释氏之不同。"[③] 再如关于"尊德性"与"道问学"的关系问题,胡大时则遵从张栻的折中论思想,主张两者不能偏废。他说:"所谓学者所贵闻道,若执经而问,但广闻见而已。盖为寻行数默而无所发明者设。而来谕云

---

① 陈嘉榆、王闿运等修纂:(光绪)《湘潭县志》卷八,第 249 页。
② 《宋元学案》卷七十一《岳麓诸儒学案》,第 2370 页。
③ 《宋元学案》卷七十一《岳麓诸儒学案》,第 2370—2371 页。

云，谓必深究乎此，然后可以闻道，则亦俱堕于一偏矣。"① 除此之外，他还为湖湘弟子阐释其父亲胡宏的思想，如"昧天性感物而动者，凡愚也"。诸如此类的答疑解惑不胜枚举。由此也可见，胡大时作为湖湘学派的正宗和中坚力量，支撑了湖湘学派后期的发展。

二 彭龟年

彭龟年（1142—1206），字子寿，号止堂，谥忠肃，南宋清江人（今江西樟树市）人。自幼聪颖，读书能解大义。及长，读《伊川易传》，废寝忘食。乾道初年，求学岳麓书院，拜张栻为师。从学张栻之后，其学益明。后无论事功还是学问，皆为岳麓诸儒中的佼佼者。全祖望将其与胡大时、吴猎、游九言、游九功等人并称为"岳麓巨子"。著有《止堂训蒙》《经解》《祭仪》《五致录》等。宋人曾编有《忠肃文集》，但已失传。清人又搜集其散见于其他书中的文章编成《止堂集》传世。

彭龟年坚守湖湘学派"经世致用"的传统，对湖湘学派的传承与发展亦做出了重要贡献。

（一）强调经世实学

首先，彭龟年将"实"作为万事万物的根本。他在解《易经》的"需爻辞"中说："卦本以需待为义，然必曰有孚者。孚，实也，谓实有诸此而后可待诸彼也，犹之万物必有根本而后可需雨露之发生。使无其本焉，何需之云？"② 彭龟年以"实"训"孚"。也就是说万事万物必实有，才有所待。"实"乃万事万物的根本。彭龟年这一实学思想其实根源于张栻。他曾在《为敖国辅书南轩虚舟铭跋》中写道："心本虚，理则实。"③ 这六个字体现的正是张栻的思想。这也可以看出彭龟年对张栻实学思想的理解。

---

① 《宋元学案》卷七十一《岳麓诸儒学案》，第 2371 页。
② 彭龟年：《止堂集》卷八《经解》，中华书局 1985 年版，第 99 页。
③ 彭龟年：《止堂集》卷十五《为敖国辅书南轩虚舟铭跋》，第 178 页。

其次，彭龟年要求将"实"落实到治国理政。他曾劝谏皇帝说："臣闻君道尚实。君道实则天下安矣，君道不实则天下危矣。"① 又说："欲望陛下自兹以往，出一言必求其信，行一事必责其效，毋使人谓徒事虚文，以欺天下，不胜宗社之幸。"② 在彭龟年看来，皇帝作为天下的君主，必须在求言问学以及言行方面"务实"，即"出一言必求其信，行一事必责其效"，以此治理国家，乃为宗社之幸。

再次，彭龟年认为"心性修养"亦离不开"实"。作为一个理学家，彭龟年也大谈心性修养，如提出"故人君必先治己之情性，而后能知人之情性"③。然而，彭龟年所谈的"心性修养"，不是扬眉瞬目或离群索居的修身养性，而是经邦济世的现实政治活动。彭龟年说：

> 臣闻人主莫大于理性情，理性情而王道毕，天下可得而治矣。昔汉元帝即位之初，匡衡首以此为言，曰："治性之道，必审己之所有余而强其所不足。"盖聪明疏通者，戒于太察；寡闻少见者，戒于壅蔽；勇猛刚强者，戒于太暴；仁爱温良者，戒于无断；湛静安舒者，戒于后时；广心浩大者，戒于遗忘。必审己之所当戒而齐之以义，然后中和之化应，而巧伪之徒不敢比周而望进。夫治性系于人主而衡，乃及巧伪之徒者，盖正直之人知君性之偏则以为惧，从而救正之；巧伪之人知君性之偏则以为喜，从而逢迎之。故欲治性者必知天，欲知天者必知人，若能知巧伪之人而不为其所惑，则性可得而治矣。④

在彭龟年看来，君主应该"治性"，也就是进行心性修养。心性修

---

① 彭龟年：《止堂集》卷四《论人主求言问学当务实疏》，第57页。
② 彭龟年：《止堂集》卷四《论人主求言问学当务实疏》，第57页。
③ 彭龟年：《止堂集》卷四《论人主用心立德用人听言四事疏》，第55页。
④ 彭龟年：《止堂集》卷四《论人主当理性情疏》，第56页。

养的目的就是要行使王道,使天下大治。而"治性"的前提和基础不是"知天",而是"知人",也就是要先能够识别巧伪之人,不为巧伪之人所惑,才能达到"知人—知天—治性"的目的。可以看出,彭龟年不是空谈心性修养,而是把心性修养落实到"识人知人"的政治实践活动之中。

最后,彭龟年还强调以"实"立德。他说:

> 何谓"立德有诚伪"?诚者,实理也。凡事从实而为之,则为诚,不从实而为之,则为伪。《书》曰:"作德心逸日休,作伪心劳日拙。"夫作德之所以日休者,以其实也。作伪之所以日拙者,以其不实也。惟其实,故患难中为好事,逸乐中亦为好事。为之初步待勉强,不为亦不必遮护,此所以日休。惟其不实,故时暂为好事,久则忘之矣!见人则为好事,无人则忘之矣!虽勉强而终废,虽遮护而终败,此所以日拙。不特如此而已也,实则常自处以不足,故听言纳谏,惟恐不及;不实则好示人以有余,故文过饰非,无所不至。①

在彭龟年看来,以诚立德就是以"实"立德。凡事从实而为之,则为诚,否则为伪。作实则心安,作伪则心劳,因此应在"作实"上下功夫,以"实"立德。

(二)投身经世实务

彭龟年不仅强调经世实学,也积极投身经世实务。彭龟年于乾道五年(1169)登进士第,授宜春尉;绍熙元年(1190)二月,在郑侨、张枃的举荐之下,除太学博士;绍熙四年(1193)三月,除秘书郎,十二月,除起居舍人;宋宁宗时,又立迁中书舍人,不久又升为吏部侍

---

① 彭龟年:《止堂集》卷四《论人主用心立德用人听言四事疏》,第54页。

郎兼侍读；庆元二年（1196）因"庆元党禁"落职；嘉泰三年（1203）官复原职；开禧二年（1206），除宝制阁待制。彭龟年一生除因"庆元党禁"落职七年外，其他时间均在做官，时间达三十年之久。做官期间，彭龟年以敢于直言规谏著称。他曾规劝宋光宗近君子、远小人。他说："人主无职事，惟以辨君子小人为职，于君子小人不能辨，则人主之职废矣。"① 之后，对于宋宁宗贪图享乐，欲不顾民力准备重建泰安宫，彭龟年亦犯颜谏止。对于彭龟年这种刚直不阿、直言力谏的举动，连宋宁宗本人也由衷赞叹："彭龟年忠鲠可喜，宜得谥。使人人如此，必能纳君于无过之地。"② 除敢于直谏之外，彭龟年在实务方面亦做出不少功绩，如惩治牙侩，整顿沙市，废除鱼湖摊派，奏请皇帝修长堤、练民兵、巩固边防，等等。

（三）阐明义利之辨

"义利之辨"是张栻学术思想的一大特色。他在书院讲学时就提出："学者潜心孔孟，必得其门而入，愚以为莫先于义利之辨。"作为张栻弟子，彭龟年继承了这一思想，并做了进一步阐明。彭龟年说：

> 平居暇日，试察其一念所以起，如哭死而哀，见亲而妣，感孺子之入井而怵惕，初无为而然者，无非善也。而其所谓利者，非特殖货财贪名位而已。凡哭死而为生，沈颡而为人见，孺子之入井而欲内交而要誉，有一毫计获之心者，无非利也。③

在此，彭龟年沿袭了张栻之说，将"有所为而然"和"无所为而然"作为区分"义""利"的标准。然而，彭龟年的义利之辨也不是张栻之说的简单重复，而是包含一些具体的变化。

---

① 彭龟年：《止堂集》卷四《论人主用心立德用人听言四事疏》，第54页。
② 《宋史》卷三百九十三《彭龟年传》，第3056页。
③ 彭龟年：《止堂集》卷八《宜春讲义发辞》，第107页。

首先，以具体的真情实感替代了高深的本体探寻。张栻阐述义利之辨，将"无所为而然"和"有所为而然"与天理（天命）人欲结合起来，要求在日用伦常的道德生活中探寻形而上的道德本体，显得高深而富于思辨性。而彭龟年一般不把"无所为而然"同形而上的"性命"等同起来。在彭龟年看来，"无所为而然者"主要指道德情感的不虚伪，是发自内心的真情实感，即所谓"如哭死而哀，见亲而妣，感孺子之入井而怵惕"。这种哀、妣、怵惕均是"形而下"的感性心理。与其师张栻相比，彭龟年所阐述的"义利之辨"显得更平易而富有人情味。

其次，以经世运用为主代替了思辨讨论。张栻阐述义利之辨，乃"发先圣所未发"，主要解决的是理论问题，富于思辨性。而彭龟年在其师张栻的基础上进一步阐发"义利之辨"，则主要侧重于经世运用。彭龟年阐发"义利之辨"，针对的对象主要是皇帝，如《论人主用心立德用人听言四事疏》：

> 臣所谓用心有义利者，《大学》推明明德天下，要其极不过于正心，而心之正不正，则系乎所存义利之间耳。何谓义，曰，出于吾心之诚然而不能自已者，是已。何谓利，曰，不出于吾心之诚然而有为为之者，是已。且如孝于父母，是吾心不能已者也；义也，若以不孝于父母，为父母之所谴责，为天下之所议，议而后为之，则是有为而然，非义矣。……臣之所陈，虽曰四事，其实一原，愿陛下傥能立此心以义，则养德必诚，用人必正，所听之言，必无不是，故臣谓陛下今日，所最要者，在于以义立心而已。①

又如《潜邸讲堂王霸辨释义》：

---

① 彭龟年：《止堂集》卷四《论人主用心立德用人听言四事疏》，第53—54页。

古今辨王霸无如孟子，孟子曰"以德行仁者王，以力假仁者霸"，以德行仁者，无所为而然也；以力假仁者，有所为而然也。且举眼前事看，今人乍见孺子将入于井，皆有怵惕恻隐之心，若是自家心中，真的见得孺子入井，实是可惜，即是元来恻隐之真心，无所为而然，故谓之以德行仁。若是心中欲救此孺子以纳交于其父母，欲要誉于乡党朋友，即是有所为而然，故谓之以力假仁者。此便是天理人欲之分，须是日用间仔细点检。若是此心无所为，从而充养，不要间断，如此即入王道；若是此心发于有所为，能自警觉，不远而复，即不陷于霸道。①

从以上两篇文章看，彭龟年阐发"义利之辨"，意在要求皇帝能够明辨"义""利"，以"义"立心，以实行王道而不陷于霸道，从而达到振兴国家的目的。可以说彭龟年是在现实的政治生活中践行其师张栻之说。

三 游九言

游九言（1142—1206），字诚之，初名九思，号默斋，谥文清，建阳（今属福建）人。从小沉静有谋，慷慨善议论。当时秦桧当权摧抑忠臣，他年方十岁，就写文章诋骂秦桧的行径。"乡先生见而异之。"及长，"锐志当世"，好结交西北豪杰之士。从事功方面来说，游九言早年承祖荫入仕，举江西漕司进士第一，授古田尉，入监文思院，后又担任光化知州、淮西安抚机宜，荆鄂宣抚参谋官等职。做官深得民心，人称其"律己严、莅事敏，抚民仁，邑人爱之"。此外，他在组织抗金上也多有建树。从学术方面来讲，游九言与其弟游九功求学于岳麓书院，师从张栻。张栻教之"求放心"。游九言经过一段时间学习，则有

---

① 彭龟年：《止堂集》卷八《潜邸讲堂王霸辨释义》，第106页。

所得。后游九言在张栻"心学"观点的基础上，提出"心为太极""主敬存心"的观点，由此使得湖湘学派的心学倾向更为明显。全祖望将其与胡大时、彭龟年、吴猎、游九功等人并称为"岳麓巨子"。

（一）心为太极

作为湖湘学派的主要代表人物，张栻在思想上表现出明显的"心学"倾向。如他说："人为天地之心，盖万事具万理，万理在万物，而其妙著于人心……心也者，贯万事，统万理，而为万物之主宰者也。"① 又说："心与理一。"② 在张栻看来，心不仅是知觉运动之心，还是本体之心。此本体之心为宇宙万物的主宰，可贯万事、统万理，与理相同。张栻虽然没有将"心"直接论述为宇宙本体，但已强调心是宇宙万物的主宰，具有明显的"心"本体论倾向。而游九言在张栻"心学"观点的基础上，直接提出"心为太极"的观点，则进一步凸显了"心"的宇宙本体地位。如游九言在序周敦颐《太极图》时说："周子以无极加太极，何也？方其寂然无思，万善未发，是无极也。虽云未发，而此心昭然，灵源不昧，是太极也。欲知太极，先识吾心。"③ 在此，游九言认定周敦颐所说的"太极"乃宇宙本体。与此同时，他认为太极贯乎未发、已发。未发状态称为"无极"，已发状态称为"心"。而此心昭然，灵源不昧，是太极也。若欲知太极，则先识吾心。游九言直接提出"此心是太极"的观点。这跟陆九渊所强调的"心即理""宇宙便是吾心，吾心即是宇宙"的心本论观点相似。由此，也反映出湖湘学派的心学倾向。

（二）主敬存心

与"心为太极"的本体论观点相对应，游九言又提出了"主敬存心"的工夫论观点。他说：

---

① 《张栻全集》，第 938 页。
② 《张栻全集》，第 153 页。
③ 《宋元学案》卷七十一《岳麓诸儒学案》，第 2380 页。

第四章　湖湘学派在南宋时期的传承与影响

　　是以先儒教人寡其物欲，澄其思虑，号为主敬。主敬者，此心常存不驰骛于外是也。虽不驰骛而防闲抑遏，复不可过，过则心中多事不得其正，久亦失之。来书言勿防勿助长之说是也。既不驰骛而至于防，又不遏抑而至于助长，则此心常在，一日私妄消散则清明之体自见矣，不必于勿忘勿助长之外别求实见也。①

　　游九言主张，主敬就是存心。具体而言，主敬存心就是"寡其物欲""澄其思虑""勿忘勿助长"，即通过反躬内省的方式，使本然之心不为"利欲"所染，以成其"清明洁净"之体。实际上，这也是游九言所领悟的"求放心"之旨。而"求放心"是湖湘学派一贯的主张。游九言通过张栻继承了湖湘学派这一思想，并做了具体的阐发运用，也就是"主敬存心"。除此之外，游九言还继承了张栻"义利之辨"的思想主张，将"无所为而然"和"有所为而然"作为区分本然之心和利欲之心的标准。游九言说："余闻之，人之一心明彻精粹，纤翳不留，其好善恶恶，无所为而然者，良心也。及长而交于外物，则诱而昏之，利心一萌，虽为善亦人欲耳，其去道益远。"② 在游九言看来，本然之心，明彻精粹，好善恶恶，无所为而然；而一旦有所为，则会被外物所诱致使昏丧，并且即使所"为"是善的，也都是人欲，与道相去甚远。因此，如何保持本然之心不变呢？即通过"主敬存心"保持心"无所为而然"的状态。如游九言说："存之既久，一日脱然私意消散，本体昭融，斯知道矣。"③ 也就是说，通过"主敬存心"的修养工夫，可以使人心私欲消散，本体之心彰显。而游九言又

---

① 《默斋遗稿》卷下《答滁州范楷秀才书》，文渊阁《四库全书》第1178册，上海古籍出版社1987年版，第378页。
② 《默斋遗稿》卷下《答滁州范楷秀才书》，文渊阁《四库全书》第1178册，第378页。
③ 《默斋遗稿》卷下《再答范秀才书》，文渊阁《四库全书》第1178册，第379页。

141

说:"识心之体,是谓知道。"① 实际上,游九言前后所提及的"本体之心"即道,即无所为而然。这也说明游九言的"主敬存心"之修养论乃是基于"心为太极"的本体论提出的。由此也表明了湖湘学派在工夫论上的心学倾向。

四 吴猎

吴猎(1142—1213),字德夫,号畏斋,谥文定,湖南醴陵人。自幼好学,15岁补郡学博士弟子员。南宋乾道初,游学岳麓书院,师从张栻。张栻见其学问纯正,才气过人,有感而发说:"吾道知其不孤矣。"之后,吴猎果然不负张栻所望,无论在学问方面还是事功方面都表现得十分出色,成为湖湘学派后期的重要传人。在张栻的门人弟子中,黄宗羲称其与胡大时为湖湘学者第一。全祖望则将其与胡大时、游九言、游九功、彭龟年等人并称为"岳麓巨子"。可见,吴猎在湖湘学派中的地位及其取得的各方面功绩都得到了学者们的认可。他对湖湘学派后期传承与发展的贡献,主要体现在两个方面:第一,强调"求仁""行孝""明义"的经世理学;第二,积极投身经世实务,在抗金斗争中多有建树。

(一)强调经世理学

与胡宏、张栻等湖湘学派前辈相比,湖湘学派后期的门人弟子在学理方面缺少一定的思辨性,但更强调经世运用。吴猎亦不例外。吴猎主要从三个方面强调经世理学。

第一,求仁。在湖湘学派中,各学者一直有论"仁"的传统。如张栻当年拜师胡宏之时,胡宏就教他"圣门论仁亲切之旨"。张栻回去思考之后,若有所得,写信向胡宏继续质疑求益。经过一段时间的思考

---

① 《默斋遗稿》卷下《答滁州范楷秀才书》,文渊阁《四库全书》第1178册,第379页。

和讨论，张栻编写了《洙泗言仁录》。与此同时，张栻还与朱熹往复讨论"仁"的问题，并最终写了《仁说》一文。可见，胡宏、张栻都非常重视"仁"的问题。然而朱熹认为像张栻《洙泗言仁录》这样的文本，只是"类聚孔孟言仁处"。此举只是从"知"上求仁，不如"力行"近之。而吴猎恰恰继承了张栻这一点。吴猎认为圣贤教人莫不以"求仁"为先。因此他也类集梳理上自孔子，下至周敦颐、二程以来诸儒论"仁"的言论，向张栻求正，得到了张栻的肯定。可见，吴猎主张"求仁"，与湖湘学派其他学者一样，也主要倾向于从"知"上求"仁"。

第二，行孝。吴猎非常重视"行孝"。在他看来，孝乃仁之本。为仁必先行孝。他曾多次上书劝谏皇帝恪行孝道。如他说：

> 寿皇破汉魏以来薄俗，为高宗服三年之丧，陛下轻弃丧次，无以慰在天之灵。况大母春秋高，寿成又当大变之后，皆悲切而不自聊，今陛下在行宫，瞻前顾后，犹有凭恃，一旦舍之以去，两宫何以为怀？陛下即位以来，未见上皇，其间必有几微曲折，非外庭小臣所能尽言者。陛下宜笃勤精神，俟上皇和豫，徐为只见之谋，何苦为是趣迫之举。而况行殿之次，三年之丧，所以祈天永命之意，实肇基立本乎此。①

吴猎恪尽臣子本分，劝谏皇帝"行孝"。这也可见他在具体实践中对"孝道"的重视。

第三，明义。吴猎传世著作中几乎不见思辨性地论述"义"之具体含义的文字。但是，从具体的事件中，我们可以看到吴猎对"明义"的重视。吴猎说：

---

① 《宋元学案》卷七十一《岳麓诸儒学案》，第 2375 页。

大义不明，而委兵民于交病之地，此今日所患也。靖康之祸，天地之大变，而古今之所无。使南渡以来，君臣上下，朝思夕勉，如勾践之报吴，田单之复齐，则将必其将，兵必其兵，上无贿取倖得之门，下无虚籍冗费之弊，民力庶其有瘳。而绍兴以来，厄于权臣之和议，乾道以来，格于机会之未集，驯至于今，又非前比，以偷安为和平，以不事事为安静，天经地义，陷溺而不知，竭州县之力，以养不耕不战之军，不惟不可用于外，亦未保其恬然于内也。①

在吴猎看来，治军必须赏罚分明。"赏罚不明"就是大义不明。大义不明，则兵民羸弱，以有病的状态去与金兵交战，由此必败。因此，治军必先"明义"。吴猎明确了这一治军思想，后在担任秘书少监时，也以此进谏皇帝。他说：

臣所闻于师友者，唯大义是究，未尝舍是而进言他。今纵未能一举以快神人之愤，亦宜简收人才，蒐练军实，使一日有一日之积，一岁有一岁之功。其次招勇敢，葺险要，广招募，明间谍。光、鄂当经理，江、黄当增戍，于良家子中增爵赏，以募间探，择近臣授之节制，视前请加瞻。恢复之计，必先内后外，日积月累，使规模先全，异论不摇，佞冑方锐意勉期用兵，弗善也。②

吴猎认为，师友之间况且"惟大义是究"，更何况治军。因此，治军必须选择勇义之士，加强练兵备战，日积月累，增强军队作战能力。他甚至向皇帝举张浚的例子。他称："艰难以来，首倡大义，不与贼俱

---

① 《宋元学案》卷七十一《岳麓诸儒学案》，第 2374 页。
② 《宋元学案》卷七十一《岳麓诸儒学案》，第 2376 页。

生，不以成败利钝异其心者，张浚一人而已。"① 然而，宁宗皇帝并没有听取吴猎的建议。因此，全祖望感叹说："而其（吴猎）好用善人，则宰相材也。惜乎！宋不能大受之，以极其施焉。"②

（二）投身经世实务

全祖望称："南轩弟子多留心经济之学，其最显者，为吴畏斋（猎）。"③ 又称："如先生者（吴猎），有得于宣公求仁之学，而施之于经纶之大者，非区区迂儒章句之陋。"④ 由此可知，南宋后期，一些迂儒多尚空谈，注重章句训诂之学。而吴猎与大部分湖湘子弟一样，继承了湖湘学派"经世致用"的传统，留心经济之学，投身经世实践，并且取得了显著的成绩。如淳熙六年（1179）春，吴猎迁从事郎。五月，陆川、李接叛乱，攻陷六州八县。久久不能平定。吴猎对主将刘焞说："有罪不诛，有劳不赏，师所以久不克也！"⑤ 刘焞接受了吴猎的建议，大会将士，很快平定了叛乱。绍熙元年（1190），改奉议郎知常州无锡县，推行保甲制度，使无锡县得到了有效治理。绍熙三年（1192），任吏部贡院点校试卷官，封承议郎，多有奏议言事，劝谏宁宗。嘉泰三年（1203），任广西转运判官，改知鄂州。开禧元年（1205）四月，授户部员外郎，总领湖广、江西、京西财赋。十二月，改秘阁修撰，知江陵，管理赈贷事宜。开禧二年（1206），吴猎复恐金人南下袭击襄阳，夺荆州而虎视朝廷，于是复修茸城关，整顿军务，以备金人来犯。开禧三年（1207）春，拜京湖宣抚使，组织抗金斗争，最终击败金人，取得了中路西部战区的胜利。十二月，再迁敷文阁学士，授四川安抚制置使兼知成都。未到任，即上书减免蜀地赋税、徭役。后又改革由于发行

---

① 《宋元学案》卷七十一《岳麓诸儒学案》，第 2376 页。
② 《宋元学案》卷七十一《岳麓诸儒学案》，第 2379 页。
③ 《宋元学案》卷七十一《岳麓诸儒学案》，第 2383 页。
④ 《宋元学案》卷七十一《岳麓诸儒学案》，第 2379 页。
⑤ 《宋元学案》卷七十一《岳麓诸儒学案》，第 2374 页。

无度而几乎不能流通的四川"交子"。吴猎为官三十多年,恪尽职守,竭心尽力,做出了不少的成绩,也得到了百姓的拥戴。如他归湖北时,当地百姓夹道迎拜。由此可见吴猎投身经世实务所做的贡献。

除以上两个方面以外,吴猎在嘉定元年(1208)到达成都后,与学子讲学,并且祭祀周敦颐、二程于学宫,配以朱熹、张栻,此举扩大了朱熹、张栻理学在蜀地的影响,也进一步促进湖湘学与蜀学的交流、交融,为湖湘学派后期的传承与发展做出了重要贡献。

五 陈概

陈概,字平甫,四川普城人。南宋乾道年间进士。他是蜀士中最早从学张栻的学者之一。他在科举考试的策论中慷慨陈词,受到魏掞之的注意。经魏掞之介绍,陈概写信向张栻问学,立志于圣贤之道。《南轩先生文集》收录有张栻答他的书信十三篇。从这些书信中可见,陈概主要向张栻请教了有关仁、天理、心等重大学术问题。通过请教张栻,陈概继承了张栻之学说,并且把张栻之学传到四川,带动了蜀中学士求学于张栻之风,使得张栻之学在四川盛行。《宋元学案》记载:"淳熙、嘉定而后,蜀士宵续灯、雨聚笠以从事于南轩之书,湖、湘间反不如也。然则平甫之功大矣。"[①] 这说明淳熙、嘉定之后,张栻之学在四川广为流传。相比之下,当时湖南一带张栻之学的流传反不如四川。这其中,陈概的倡导之功不可没。陈概曾言于张栻,打算收集自汉唐以来诸儒之嘉言懿行编为一书,目的是明道统。可惜其著述没有保存下来,我们无法进一步了解他的道统思想。在此,根据其与张栻的讨论,梳理其思想如下。

(一)仁道不息

湖湘学派哲学有一个突出的特色,就是认为宇宙本体存在于生生不

[①] 《宋元学案》卷七十二《二江诸儒学案》,第2409页。

息的自然之中,存在于饥食渴饮、昼作夜息的日常生活之中。如湖湘学派的开创者胡安国就曾提出儒家之"道"就存在于"冬裘夏葛、饥食渴饮、昼作人息"①的日用生活之中,存在于"天行""地势""雷雨""山泉"的生生不息的大自然中。这种观念为后来的湖湘学者所继承和发展。陈概从学张栻,也继承了湖湘学派这一思想。他提出:"不可息者,非仁之谓欤?"所谓"不可息者",有两层含义:一是指仁"生生不息";二是指仁"运动不息"。从"生生不息"之义看,仁不仅是人的内在本性,而且是自然的本质,即"仁者,天地生物之心"。从运动不息之义看,仁具有运动不息的特征。他强调说:"太极不动,不动则不见其所以为仁。心则与物接矣,与物接则是心应之矣,此古人所以指心要曰:仁,人心也。"② 针对陈概此种观点,张栻回复说:"仁固不息,只以不息说仁,未尽。程子曰'仁道'难名,惟公近之,不可便以公为仁。须于此深体之。"③ 张栻肯定了陈概仁道不息的观点,但与此同时也提醒陈概"仁道"难名,不可只以"不息"说仁。这也可见张栻做学问和教学的严谨。

(二) 天理自然

陈概请教张栻说:"吾心纯乎天理,则身在六经中矣。或曰:何谓天理?曰:饥而食,渴而饮,天理也;昼而作,夜而息,天理也。自是而上,秋毫加焉,即为人欲矣。人欲萌而六经万古矣。"④ 在陈概看来,天理是自然而然的客观规律。天理不仅存于六经之中,而且还存于自然之中。天理不容许夹杂一丝一毫的人为因素,若夹杂人为因素,即为人欲。人欲萌则六经毫无作用。而相对于六经,自然之中的天理则不以人的意志为转移,具有相对客观性。因此,陈概认为"饥而食","渴而

---

① 《宋元学案》卷三十四《武夷学案》,第1178页。
② 《张栻全集》,第1226页。
③ 《张栻全集》,第1226页。
④ 《张栻全集》,第1227页。

饮"，"昼而作"，"夜而息"就是天理。而张栻回答："此意虽好，然饥食、渴饮、昼作、夜息，异教中亦有拈出此意者，而其与吾儒异者，何哉？此又不可不深察也。孟子只常拈出爱亲敬长之端，最为亲切，于此体认，即不差也。"① 张栻肯定了陈概的天理自然观点，但与此同时指出，陈概将饥食、渴饮、昼作、夜息等客观规律认作天理，尚不能将儒家学说与"异教"区别开来。因此，张栻提出要从爱亲敬长的伦理道德中体认天理，这才是最重要的。

（三）心无内外

陈概继承了张栻的"心学"思想，主张"心无内外"。他说："心无内外。心有内外，是私心也，非天理也。故爱吾亲，而人之亲亦所当爱；敬吾长，而人之长亦所当敬。今吾有亲则爱焉，而人之亲不爱；有长则敬焉，而人之长不敬。是心有两也，是二本也。且天之生物，使之一本，而二本可乎？"② 在陈概看来，心乃本体之心，无内外之别。然而，推之爱亲敬长的伦理道德，则有爱吾之亲而不爱人之亲，敬己之长而不敬人之长的现象。因此，陈概产生疑惑，向张栻请教"是心有两也，是二本也。且天之生物，使之一本，而二本可乎？"张栻解释说："此紧要处不可毫厘差也。盖爱敬之心由一本，而施有差等，此仁义之道所以未尝相离也。《易》所谓'称物平施'，称物之轻重，而吾施无不平焉，此吾儒所谓理一分殊也。若墨氏爱无差等，即是二本。"③ 张栻按照"理一分殊"的原理，将心区分为道心、人心。人心本于道心，实为一本。道心发用，体现为人心，而人心施用则有差等，这就表现为爱亲敬长的差序格局。然而，这种爱亲敬长的差序格局，正是儒家伦理观的表现，与墨家伦理观不同。

---

① 《张栻全集》，第 1227 页。
② 《张栻全集》，第 1226 页。
③ 《张栻全集》，第 1226—1227 页。

六 其他

张栻门人众多，较为著名者还有以下十人。

赵方，字彦直，湖南衡山人。淳熙八年（1181）举进士，起自儒生，帅边十年，诸名士如陈晐、游九功辈皆拔为大吏，诸多名将多在其麾下。张栻年轻时以"晓畅军务"著称，也十分强调学习军事，吴猎和赵方两名弟子能以战功在《宋史》立传，受张栻重军事思想影响是其很重要的一个原因。

陈琦，字择之，号克斋，临江人（江西人）。乾道元年（1165）进士，主衡阳簿，后迁赣县丞，知兴国县。陈琦通晓民事，负用世才，遇事皆能迎刃而解。乾道三年（1167），张孝祥接替刘珙出知潭州，六月到任，乾道四年（1168）七月徙知荆南，陈琦大概于此时被招入幕，始从张栻游。张栻帅桂林时，复招陈琦入幕，陈琦具干才，建议举措见之实行，多有助益。陈琦工于诗，《南轩集》中和陈琦诗达6首之多，是弟子和诗中较多的一位。

潘友端，字端叔，婺州金华人。甲辰年进士，太学博士，礼部尚书，参知政事，兼枢密院事，著有《雁湖集》《消尘录》《中兴战功录》。《宋元学案》卷七一入张栻门人，卷四九又列朱子门人。《儒林宗派》仅列入朱门。

游九功，字勉之，号受斋，谥庄简，九言弟。知金州、鄂州、泉州，兼枢密副都承旨，出知庆元府，以循吏著称。与其兄前后相从于张栻之门。

曾撙，字节夫，建昌人（江西人），隆兴元年进士，前荆湖南路安抚司准备差遣。淳熙二年（1175），张栻为其母作墓志铭，提及"撙在湖南时从予游"。张栻曾派曾撙为信使，携书往见陆九渊，并嘱托务必带回陆氏答言。《南轩集》有答曾节夫书八通，是集中答弟子书最多的。

周奭，字允升，号敛斋，湖南湘乡人。累官知泰州、常德府、赣

149

州。潜心于《易》，编有《鬼神说》，据朱彝尊《经义考》载，周奭著有《皇极经世节要》。《宋元学案》《儒林宗派》均列张栻门人。张栻甚为称许周奭，为嘉其所编《鬼神说》，特作《题周奭所编鬼神说后》，又题其亭曰"敛斋"，题其藏修之所曰"涟溪书室"。

钟炤之，字彦昭，乐平（今属江西省）人。绍兴进士，为善化尉，司教宜阳，迁宿松县令，从游于张栻。张栻手书《淇澳》一章勉励他学习，钟炤之服膺终身。钟炤之所到之处，士民都非常爱戴敬仰他。

范仲黼，字文叔，成都华阳（今四川）人，又称月舟先生，张栻门人"四范"之首。知彭州，官至通直郎，国子博士。范仲黼从学张栻在宇文绍节之后，范荪之前，大约在乾道末年或淳熙初年。

宇文绍节，字挺臣，号顾斋，谥忠惠，成都华阳（今四川）人，张栻外弟。淳熙九年（1182）进士，历官宝谟阁待制，知庐州、江陵府，升宝文阁学士，试吏部尚书，签书枢密院事。《宋史》有传，弟子魏了翁著有《哭宇文枢密绍节文》。《宋元学案》列为二江诸儒之首，是张栻之学由湘返蜀之第一人。

第三节 湖湘学派与南宋其他地域学派的关系

宋代的文化发展有一个明显的特点，就是地域性特色非常突出。

作为传统社会官方核心文化的儒家文化，在宋代出现了众多的地域性学派，如濂学、洛学、关学、闽学、婺学、蜀学、临川学、湖湘学、永康学、永嘉学、象山学等。儒学自汉唐以来，唯有宋代出现了如此多的地域学派，此后也没有出现过类似景象。"宋、元儒异于明儒。明儒诸家，派别尚少；宋、元儒则自安定、泰山诸先生，以及濂、洛、关、闽，相继而起者，子目不知凡几。"[①] 全祖望在谈到北宋庆历之际的学

---

① 《校刊宋元学案条例》，《宋元学案·考略》，中华书局1986年版，第22页。

术界状况时，也记述了当时的地域学派之盛：

> 庆历之际，学统四起。齐、鲁则有士建中、刘颜夹辅泰山而兴。浙东则有明州杨、杜五子，永嘉之儒志、经行二子，浙西则有杭之吴存仁，皆与安定湖学相应。闽中又有章望之、黄晞、亦古灵一辈人也。关中之申、侯二子，实开横渠之先。蜀有宇文止止，实开范正献公之先。①

宋代学术界这种繁星密布式的地域学派林立景象，的确是中国学术文化史上的奇观。出现这种景象的原因有三：一是儒家学说在汉代被定为统治思想后，长期居于官方一体的地位，使其自身丧失了自我更新和自我发展的动力，从而日益僵化，难以适应社会的变化，亟待一次自由释放的思想解放运动；二是佛教等"异端"学术文化强劲冲击中国本土文化，儒学受到了极大的挑战，从唐代的韩愈等人开始，儒家学者重续"道统"的愿望非常强烈；三是宋朝是一个非常特殊的朝代，尽管在军事力量上不强大，但在文化学术上却非常繁荣。剧烈变动的社会加之宽松的文化政策，使得宋代的文人学士得到了相当大的精神和学术自由，各地自由讲学的风气非常浓厚。各个地域的学术领头人都希望能够继"不传之圣学"，开派立宗，重振儒学。

如此多的地域学派相互交流时，势必就会引起冲突、争鸣和融合。湖湘学派在其产生和发展的过程中，也有过与其他学派在思想观念上的冲突，学术交往中的争论以及理论成果上的融通。正是在这种冲突、争鸣和融合的过程中，湖湘学派的思想理论融入宋代思想大潮中，对许多学派的成熟和完善产生了很大的影响，尤其是对中国传统社会后半期的官方哲学思想——朱子学，更是产生了"抽关启键"（朱熹语）的

---

① 《宋元学案》卷六《士刘诸儒学案》，第251—252页。

作用。

一 湖湘学派与朱子学派的冲突与融合

"湖湘学"或称"湖南学",是朱熹提出来的对以胡安国、胡宏、张栻等人为代表的理学学派学说的特称,有时朱熹又称这一派为"湖南一派""湖南学者"或"湘中学者"。后来黄宗羲在论述这一学派时,沿用朱熹"湖南一派"的称谓,而且明确提出了"湖湘学派"这一概念。[①] 朱子学则是朱熹及其门人所创立的学说,朱熹的原创性贡献最大,他的门人后学在传播、完善、发展朱子学的过程中也做出了很大的贡献。朱熹是宋代理学的集大成者,他的学说"致广大,尽精微,综罗百代"[②]。影响力非常大,可与孔子相媲美。朱熹的思想有一个发展成熟的过程,在他获得"晚年定论"之前,他与当时的很多学派进行了思想的交锋和辩驳,正是在这个过程中他吸取了各家之长,成就超迈万世的理论学说。在这些与朱熹产生冲突和融合的地域学派中,朱熹最重视湖湘学派,湖湘学者与朱熹进行了最为深入持久的辩论。最后,湖湘学派使朱熹的思想产生了跌宕起伏的变化,也促使朱熹思想最后定型。在这个过程中,湖湘学派则被朱熹所压服,张栻之后的众多湖湘学者,由于才力不够,无人能敌朱熹,再加之湖湘学派思想本身具有一定程度的矛盾性,导致湖湘学派在南宋之后作为学派而失传,这也是学术思想史上一段让人唏嘘不已的历史。

(一)湖湘学派与朱熹的思想冲突

朱熹的思想经历了一个发展和成熟的过程,在此过程中,湖湘学派产生的作用非常大。牟宗三说,要谈朱子的学问,就必须了解他思考的过程,要从"中和"问题开始。朱熹思考中和问题有旧说和新说的区

[①] 《宋元学案·武夷学案》云:"湖湘学派之盛,则先生(指黎明——引者注)最有功焉。"《宋元学案》卷三十四,第1191页。

[②] 《宋元学案》卷四十八《晦翁学案》,第1495页。

别，中和新说定了之后，他的系统就大体上定了。[①] 中和问题又叫作未发已发问题，出自《中庸》"喜怒哀乐之未发谓之中，发而皆中节谓之和"一语。这是宋明理学家反复讨论的问题之一。朱熹中和学说的成熟是他哲学思想发展和完成的关键。朱熹研究中和问题经过了一个曲折的发展过程，他的中和思想有过两次演变。乾道八年（1172），43岁的朱熹作《中和旧说序》，叙述了他的思想演变过程：

> 余蚤从延平李先生学，受《中庸》之书，求喜怒哀乐未发之旨，未达而先生没。余窃自悼其不敏，若穷人之无归。闻张钦夫得衡山胡氏学，则往从而问焉。钦夫告予以所闻，余亦未之省也。退而沉思，殆忘寝食。一日喟然叹曰："人自婴儿以至老死，虽语默动静之不同，然其大体莫非已发，特其未发者为未尝发耳。"自此不复有疑，以为中庸之旨果不外乎此矣。后得胡氏书，有与曾吉父论未发之旨者，其论又适与余意合，用是益自信。虽程子之言，有不合者，亦直以为少作失传而不之信也。然间以语人，则未见有能深领会者。乾道己丑之春，为友人蔡季通言之，问辨之际，予忽自疑斯理也，虽吾之所默识，然亦未有不可以告人者。今析之如此，其纷纠而难明也，听之如此，其冥迷而难喻也，意者乾坤易简之理，人心所同然者，殆不如是。而程子之言，出其门人高弟之手，亦不应一切谬误，以至于此。然则予之所自信者，其无乃反自误乎？则复取程氏书虚心平气而徐读之，未及数行，冻解冰释，然后知情性之本然，圣贤之微旨，其平正明白乃如此。而前日读之不详，妄生穿穴，凡所辛苦而仅得之者，适足以自误而已。至于推类究极，反求诸身，则又见其为害之大，盖不但名言之失而已也。于是又窃自惧，亟以书报钦夫及尝同为此论者。惟钦夫复书深以为

[①] 参见牟宗三《中国哲学十九讲》，上海古籍出版社1997年版，第380—381页。

然，其余则或信或疑，或至于今累年而未定也。①

序中所说的"一日喟然叹曰"，就是朱熹中和思想的第一次演变，当时朱熹立刻把他的想法写信告诉了张栻，一共写了四封，这就是朱子文集中答张钦夫（敬夫）第三、第四、第三十四、第三十五书。因为第三书首句有"人自有生"一语，所以将此四书称为"人自有生四书"，从清代王懋竑以来，学术界一致认为此四书就是朱子中和旧说最重要的文献。由于中和旧说悟于乾道二年（1166）丙戌，当时朱熹37岁，所以叫"丙戌之悟"。中和旧说不久又被朱熹自己推翻了。在《中和旧说序》中，所谓"己丑之春"的"冻解冰释"，即为学术界熟知的"己丑之悟"，又叫中和新说，朱熹当年40岁。朱熹得新悟后，马上又写信给张栻等湖湘学者，张栻很快就回信认同了朱熹的中和新悟。

朱熹先把自己的中和新说写成《已发未发说》，然后又改成《与湖南诸公论中和第一书》，寄给张栻以及其他湖湘学者。接着，朱熹又跟张栻、吕祖谦一道质疑胡宏《知言》，写作《知言疑义》，激起了与湖湘学派的全面理论冲突。朱熹对湖湘学派的"圣经"《知言》进行批判，当然就引起胡宏子弟和门人的反对，胡宏门人和子弟们捍卫师说，坚决反击朱熹。辩论进行得十分激烈，尽管张栻在很多思想观点上渐渐倾向朱熹，但朱熹还是感觉到了非常大的压力，他写信给胡宏的从子兼门人胡大原（伯逢），说："《知言》之书，用意深远，析理精微，岂末学所敢轻议？向辄疑义，自知已犯不韪之罪矣。兹承诲喻，尤切愧悚。但鄙意终有未释然者……"② 朱熹怀疑《知言》，冒犯了湖湘学者，受到的反击十分强烈。后来的几年，朱熹独力跟众多的湖湘学者进行了艰苦的论战。在论战的过程中，张栻慢慢地转向朱熹，真正坚守师说，不

---

① 朱熹：《中和旧说序》，《朱熹集》卷七十五，第3949—3950页。
② 朱熹：《答胡伯逢》，《朱熹集》卷四十六，第2248页。

跟朱熹调停的是胡宏的从弟胡实（广仲）、从子胡大原（伯逢），弟子吴翌（晦叔）、彪居正（德美）等人。朱熹与湖湘学者的激烈论战，是由朱熹对胡宏思想的怀疑和批判而引发的，因此，我们首先分析朱熹与胡宏的学术思想有何差别。

1. 朱熹与胡宏的思想冲突

朱熹比胡宏小 25 岁，胡宏去世时朱熹 32 岁，二人从未见过面。但是，二人的思想联系却相当复杂。

首先，朱熹与胡宏有复杂的学术渊源关系。

朱熹是宋代理学的集大成者和理本论的代表，胡宏则是南宋初年最著名的理学家和性本论的代表。① 这两位理学大师虽然未曾谋面，但却有着十分复杂的学术渊源关系。

第一，道南二派的复杂学术传承。朱熹和胡宏都是二程理学的继承者，他们继承二程理学，都是通过二程的弟子或再传、三传弟子转手。南宋后期理学家真德秀曾经描述朱子学派和湖湘学派与二程洛学的传承关系说：

> 二程之学，龟山（杨时）得之而南，传之豫章罗氏（罗从彦），罗氏传之延平李氏（李侗），李氏传之朱氏（朱熹），此其一派也。上蔡（谢良佐）传之武夷胡氏（胡安国），胡氏传其子五峰（胡宏），五峰传之南轩张氏（张栻），此又一派也。②

真德秀描述了二程洛学南传的两条线索，即：①杨时→罗从彦→李侗→朱熹；②谢良佐→胡安国→胡宏→张栻。这两条线索大体上是不错

---

① 全祖望："绍兴诸儒，所造莫出五峰之上。"《宋元学案》卷四十二《五峰学案》，第 1366 页。
② 真德秀：《西山读书记》卷三十一，文渊阁《四库全书》第 706 册，上海古籍出版社 1987 年版，第 106 页。

的。杨时和谢良佐均为二程高弟,经此二人传承而后形成的朱子学派和湖湘学派,是南宋理学两大主要学派。当年杨时学成南归,程颢目送之说:"吾道南矣!"可谓先知之言。二程弟子们也确实没有辜负老师的期望,把二程洛学传到南方发扬光大。真德秀描述的两条线索也只是笼统而言,实际上两派在同出一源的同时,在传承的过程中也不完全彼此隔离,而是相互融会的。胡安国与谢良佐、杨时、游酢等程门高弟"义兼师友",有广泛的学术交往。而胡宏也曾师事杨时和程门另一弟子侯师圣。至于朱熹,也有得于谢良佐,所以黄宗羲说"上蔡固朱子之先河也"①。

第二,朱熹早年的老师胡宪与胡宏之父胡安国亦有师承关系。绍兴十三年(1143),朱熹14岁,其父朱松去世。朱松临终前,以家事托付刘子羽,而把朱熹的教育托付给刘子翚、刘勉之、胡宪三人(号为"武夷三先生"),刘子翚是刘子羽的弟弟。朱松死后,刘子羽在崇安五夫里他自己的宅第旁为朱熹母子盖了一座房子,绍兴十四年(1144)朱熹与其母迁至崇安,同时受学于武夷三先生。胡安国本也是崇安五夫里人,后来才移居湖南湘潭碧泉。在崇安,胡、刘二族世代同里相好,子弟间相互授业问学。朱熹在师事武夷三先生期间,从学时间最长的老师是胡宪(籍溪)。胡宪是胡安国兄子,胡宏的堂兄。当时胡氏家族人才颇盛,在学术界颇有声望,全祖望说:"致堂、籍溪、五峰、茅堂四先生并以大儒树节南宋之初,盖当时伊洛世适,莫有过于文定一门者。"② 朱熹曾明确提到胡宪师事胡安国:"初师屏山、籍溪。籍溪学于文定,又好佛老。"③ 因此,朱熹是胡安国地地道道的再传弟子④,胡宏

---

① 《宋元学案》卷二十四《上蔡学案》,第917页。
② 《宋元学案》卷三十四《武夷学案》,第1182页。
③ 《朱子语类》卷一百四,第2619页。
④ 全祖望说:"南渡昌明洛学之功,文定几侔于龟山,盖晦翁、南轩、东莱皆其再传也。"《宋元学案》卷三十四《武夷学案》,第1170页。

则是朱熹的正宗师叔。如果朱熹创新能力差点,影响小点,我们完全可以把他归入湖湘学派之中。只不过,朱熹的创新意识和创新能力太强了,其所开创的朱子学派规模宏大,盖过了所有别的学派。但无论如何,朱熹的思想中有湖湘学的学脉。

其次,朱熹与胡宏相互间都有评价,尤其是作为晚辈的朱熹,对胡宏的思想理论进行了深入的研究和广泛的辩驳。

胡宏对朱熹有过一次正面评价。《胡宏集》载:

> 朱元晦寄诗刘贡父,有风籍溪先生之意,词甚妙而意未圆,因作三绝。
> 云出青山得自由,西郊未解如薰忧。欲识青山最青处,云物万古生无休。
> 幽人偏爱青山好,为是青山青不老。山中云出雨乾坤,洗过一番山更好。
> 天生风月散人间,人间不止山中好。若也清明满怀抱,到处氛埃任除扫。①

这里所说的朱熹寄诗之事,是指绍兴三十年(1160)庚辰,朱熹早年的老师胡宪(籍溪)除秘书省正字赴馆供职,其时朱熹少年同窗好友刘珙也刚好自秘书丞除监察御史,二人一起以书招朱熹入都,希望他在政治上有所作为。而朱熹此时已对高宗朝政感到失望,因而作诗戏讽,且自抒高卧空谷的怀抱。朱熹的戏诗被传到胡宏处,胡宏就一连做了上引三首诗来箴警朱熹。这件事朱熹自己有详细的记录:

> 初,绍兴庚辰,熹卧病山间,亲友仕于朝者以书见招,熹戏以

---

① 《胡宏集》,第77页。

两诗代书报之曰:"先生去上芸香阁,阁老新峨豸角冠。留取幽人卧空谷,一川风月要人看。""瓮牖前头列画屏,晚来相对静仪刑。浮云一任闲舒卷,万古青山只么青。"或传以语胡子,子谓其学者张钦夫曰:"吾未识此人,然观此诗,知其庶几能有进矣。特其言有体而无用,故吾为是诗以箴警之,庶其闻之而有发也。"明年,胡子卒。又四年,熹始见钦夫而后获闻之,恨不及见胡子而卒请其目也。①

朱熹写此诗时刚刚31岁,尚在学习探索阶段,其"致广大,尽精微,综罗百代"的宏大学术规模尚未形成,而这时作为长辈的胡宏学问已经成熟。只不过,当时因胡宏偏处湖南一隅,其影响似乎尚仅限于湖湘地区,连好学广问的朱熹当时对他都不甚了解。胡宏的影响,实是因朱熹与张栻等人的交往和对胡宏著作的研读讨论而扩大开来的。

胡宏自言不认识朱熹,但认为朱熹的诗写得不错,只不过诗中透露出"有体而无用"的毛病。他们都在诗中借青山云雨喻道体和对道体的体认。在胡宏看来,朱熹只知道青山(体)好,却不知云雨的变化把青山变得更好,只知超世的山中好,不知现实人间"不止山中好"。胡宏强调"道"在人间,须从日用处下工夫,特别注重体用合一,认为如果有体而无用,就同异端没有区别②,这与朱熹此时问学的老师李侗不谋而合。李侗得朱熹问学,盛赞朱熹"极颖悟","进学甚力","吾党鲜有",但同时也在写给友人的书信中警策朱熹道:"若于此渐熟,则体用合矣。此道理全在日用处熟,若静处有而动处无,即非矣。"③

---

① 朱熹:《跋胡五峰诗》,《朱熹集》卷八十一,第4163—4164页。
② 胡宏《与张敬夫》云:"学圣人之道,得其体,必得其用。有体而无用,与异端何辨?"《胡宏集》,第131页。
③ 王懋竑:《朱子年谱》卷一,绍兴三十年庚辰条,见《朱熹年谱》,中华书局1998年版,第18页。

胡宏可谓独具慧眼，一针见血地指出了朱熹当时的毛病。作为长辈和师叔，胡宏也用一种指导晚辈后学的口气评价朱熹："知其庶几能有进矣。"朱熹此时思想正在彷徨冲突阶段，所以对胡宏的评价深以为然，且只恨没有机会向这位极具眼力的师叔当面请教。不过，也就是在这时，朱熹从张栻处得到胡宏《知言》一书①，开始认真研读。朱熹在研读胡宏著作时，曾一度接受了胡宏的观点，但后来又否定了。这个过程朱熹在《中和旧说序》中说得非常清楚。

朱熹在丙戌之悟持中和旧说时，信守胡宏"性为未发，心为已发"之说，对胡宏理学是肯定的。但在己丑之悟后，朱熹就开始批判胡宏。朱熹对胡宏的批判是辩证的，既有肯定，也有否定，既有赞赏，也有不满。朱熹对胡宏的批评意见，要点全在《知言疑义》中。朱熹在己丑之悟后，致信"湖南诸公"而取得张栻支持，然后就联合张栻、吕祖谦而共为《知言疑义》。后来，他自己又对《知言疑义》进行了总结。他说："《知言》疑义，大端有八：性无善恶，心为已发，仁以用言，心以用尽，不事涵养，先务知识，气象迫狭，语论过高。"②

在另外一些地方，他也谈到对胡宏的总的看法，如："微细处，五峰尤精，大纲却有病。"③ 认为胡宏在一些具体细微的地方说得精密，但大纲却有问题。朱熹对《知言》的八端致疑，大都是针对胡宏"有病"之大端而发。不过，虽说"大端有八"，但归纳后并没有这么多。

---

① 朱熹得到《知言》的时间，据张栻《胡子知言序》云："逮其疾革，犹时有所更定，盖未及脱稿而已启手足矣。"知胡宏卒时《知言》尚在修改。胡宏卒于绍兴三十一年（1161），因此，《知言》刊刻当在绍兴三十一年后。又据朱熹文集《续集》卷五《答罗参议》书四："胡仁仲所著《知言》一册内呈。"书七："《知言》后来必已熟看。"知朱熹在写作此二书时手头已有《知言》多本，且寄送罗博文。此二书年在乾道元年（见陈来《朱子书信编年考证》1165年宋孝宗乾道元年条），则知朱熹得《知言》乃在绍兴三十一年（1161）与乾道元年（1165）之间，最有可能是隆兴二年（1164）朱熹往豫章登舟哭祭张浚亡灵而与张栻相见时，《知言》已刻就，张栻以数本相赠。
② 《朱子语类》卷一百一，第2582页。
③ 《朱子语类》卷一百一，第2579页。

黄宗羲认为实际上只有三个方面。他说："朱子谓《知言》可疑者，大端有八：性无善恶，心为已发，仁以用言，心以用尽，不事涵养，先务知识，气象迫狭，语论过高。然会而言之，三端而已：性无善恶，一也。心为已发，故不得不从用处求尽；'仁，人心也'；已发言心，故不得不从用处言仁；三者同条，二也。察识此心，而后操存，三也。其下二句，则不过辞气之间。"①

黄宗羲把朱熹对胡宏的"八端致疑"归纳为三个大的方面，是精当的总结。这三个方面是：第一，性无善恶；第二，性为未发，心为已发；第三，先察识后操存。这三个方面是朱熹己丑之悟后跟胡宏理论的根本差别所在。朱熹指斥胡宏是性无善恶论者，偏离了儒家正统轨道，类同于告子"湍水"之说。朱熹指出，程颐曾经主张心为已发，但后来已放弃前说，而主张心分体用②。但胡宏却固守程颐前说。朱熹也曾认同胡宏之说（亦即程颐前说），但后来朱熹也跟程颐一样放弃了性为未发，心为已发之论，而主张心分体用，未发为性，已发为情，心贯未发已发，心统性情。

在修养工夫论上，朱熹批判胡宏"不事涵养，先务知识"。胡宏主张于利欲之间察识本心或良心发见之苗裔而后操存之，朱熹则主张未发已发皆须涵养。朱熹倒也并不是完全否定胡宏的这种方法，只是担心这种方法不能普遍有效。正是出于对胡宏这种方法的普遍有效性的怀疑，朱熹才对他进行批评。朱熹的方法是未发已发皆须涵养，而且未发时的涵养工夫更为根本，因为这样可以常护持此心，从根本上杜绝本心的陷溺放失，因此，他强调此心"知放即在"，又说："夫必欲因苗裔而识本根，孰若培其本根，而听其枝叶之自茂耶！"③ "培其本根"，就是指未发时的涵养。未发时涵养此心本根，已发时自然中节合度，即所谓

---

① 《宋元学案》卷四十二《五峰学案》，第1377页。
② 见程颐《与吕大临论中书》，《二程集》，中华书局2004年版，第608—609页。
③ 朱熹等：《知言疑义》，载《胡宏集》，第337页。

"枝叶之自茂"。

2. 朱熹与张栻的思想冲突

张栻是胡宏最得意的弟子。胡宏在写给孙正孺的信中表达得张栻问学的喜悦之情曰:"河南之门,有人继起,幸甚!幸甚!"① 俨然把张栻看成是自己的衣钵传人。黄宗羲对张栻在湖湘学派传承过程中的地位做了高度评价:第一,"南轩之学,得之五峰,论其所造,大要比五峰更纯粹,盖由其见处高,践履又实也"。第二,"湖南一派,在当时为最盛,然大端发露,无从容不迫气象。自南轩出,而与考亭相讲究,去短集长,其言语之过者裁之归于平正"。第三,"五峰之门,得南轩而有耀。从游南轩者甚众,乃无一人得其传"。② 黄宗羲认为张栻继承胡宏思想,所造比胡宏更纯粹精微,在湖湘学派中空前绝后。朱熹说:"胡氏之说,惟敬夫独得之,其余门人皆不晓。"③ 认为张栻独得胡宏之学。可以看出,自宋代以来,张栻继承和发展了胡宏的学术思想,已是定论。但近人牟宗三却认为张栻是胡宏的不肖弟子,说张栻随同朱子而疑《知言》,"蠢然随朱子脚跟转"④,因"禀性清弱""力弱才短"而被朱子吞没,从而导致其学无传,愧对其师。在牟氏看来,湖湘学派后来无传的责任,要归咎于张栻。而张栻之所以难辞其咎,就是因为他最后完全倒向了朱熹,被朱熹所"吞没"。对于这个问题,我们应作具体分析。牟氏所论,并非全无所据,但说张栻完全被朱熹"吞没",也不准确。张栻自朱熹中和新悟后确实在有些问题上转从朱熹,但也不是在所有问题上混同于朱熹。张栻接收和吸纳了朱熹的一些观点,但也保持着自己的独立思考和师门传授宗旨,在某些原则性问题上,张栻却还是能够坚守师门之说,显出与朱熹的思想差异。

---

① 胡宏:《与孙正孺书》,《胡宏集》,第147页。
② 以上均见《宋元学案》卷五十《南轩学案》,第1611、1635页。
③ 《朱子语类》卷一百三,第2606页。
④ 牟宗三:《心体与性体》(中册),第400页。

第一，太极即性与太极即理。胡宏哲学的核心和基石是以性为宇宙万物的本体，在这一点上，张栻是毫不含糊地坚守师门之说，并加以发展，而与朱熹截然不同的。朱熹继承和发展二程"理"学，又吸收周敦颐"太极"理论，提出太极即理，而张栻则坚守胡宏"性"学，融会周敦颐"太极"学说，提出太极即性。

"太极"这一范畴始见于《周易·系辞上传》。朱熹的弟子陈淳认为，自秦汉以来，对于太极问题"百家诸子都说差了，都说属气形去……直至濂溪作《太极图》，方始说得明白"①。这就是说，周敦颐之前人们都把太极说成形而下（"气形"）的范畴，而周敦颐之所以说得明白，乃因他将太极做了形而上的宇宙本体论的提升。尽管由于他处在开创阶段，本体论和生成论缠夹在一起，但却为朱熹和张栻以太极为宇宙本体铺平了道路。在以太极为最高本体这一点上，朱、张二人的思想是一致的，都是受到周敦颐的影响，其差异就在于"太极"是"理"还是"性"。

朱熹说："太极是理，形而上者。"② 又说："总天地万物之理，便是太极。"③ 在朱熹看来，太极是理，而且是总天地万物之理，是理之全。太极和理都是形而上的本体，是宇宙万物的本原和最高法则。从宇宙本体这个角度来说，朱熹所说的"太极"和"理"处在同等地位，但二者也有细微的差别，最主要的就是，太极是天地万物之总理，是指全体的理而言，而与太极相对应的理，则是指物物之中较为具体的理。当然，这种区分也不是绝对的严格，朱熹也讲"一理"与"万理"，他说："物物各有理，总只是一个理。"④ 从这个意义上说，此"一理"实即"太极"。而当他讲"万理"时，有时也用太极的概念，所谓"人

---

① 陈淳：《北溪字义》，中华书局1983年版，第43—44页。
② 《朱子语类》卷五，第84页。
③ 《朱子语类》卷九十四，第2375页。
④ 《朱子语类》卷九十四，第2374页。

人有一太极","物物有一太极"。总之,朱熹哲学的核心是"理","太极"是用来表示理之全体和理之"极至"的范畴。

张栻跟朱熹一样,因推尊周敦颐而重视"太极"这一范畴。但张栻不像朱熹以太极说理,而是以太极说性,这就表明张栻没有脱离胡宏之学以性为宇宙本体的根本原则,也表明张栻是胡宏性本论的传人,而没有被朱熹的理本论所"吞没"。

张栻说:"天可言配,指形体也。太极不可言合,太极性也。"① 又说:"太极所以形性之妙也,性不能不动,太极所以明动静之蕴也……若只曰性而不曰太极,则只去未发上认之,不见功用,曰太极则性之妙都见矣。体用一源,显微无间,其太极之蕴欤!"② 张栻提出太极即性的命题,从宇宙本体的角度看,太极和性是处于同一地位的两个范畴,但二者又不能完全等同。张栻说太极所以形性之妙、动静之蕴,若只曰性而不曰太极,则只去未发上认之,不见功用,是对胡宏性学的发展。胡宏讲性为宇宙本体,讲心以成性,讲性体心用、未发为性已发为心,张栻则特别强调太极的作用,太极一方面等同于性之本体,另一方面又从已发之功用上"形性之妙",从而使"体用一源,显微无间",这就是太极之蕴。因此,张栻的太极具有"体"和"用"两个方面的意思,用胡宏的概念来说,具有"性"和"心"两方面的意蕴。朱熹讲太极是理,不讲太极是心,张栻则既讲太极是性,又讲太极是心,太极要实现对宇宙世界的支配和主宰,必须通过"心"。

第二,朱熹与张栻关于心的主宰性的看法不同。朱熹对于心的主宰性的论述一般只限于性、情,故而着重阐发"心统性情"之说;张栻虽也提出与心统性情意思相类的"心主性情",但却把心的主宰性放大成为宇宙万物的主宰。他说:"人为天地之心,盖万事具万理,万理在

---

① 张栻:《答周允升》,《张栻全集》,第976页。
② 张栻:《答吴晦叔》,《张栻全集》,第822页。

万物，而其妙着于人心……心也者，贯万事，统万理，而为万物之主宰者也。"① 张栻在这里把心看成是"贯万事，统万理"的"主宰者"，这是跟朱熹截然不同的。朱熹虽然有时也讲心对性、情以外事物的主宰作用，但主宰者是理，而不是心，他说："心固是主宰底意，然所谓主宰者，即是理也。"② 朱熹主张主宰者是理，而张栻则主张主宰者是心，这个理论差异是非常巨大的。张栻的这种思想倾向，与心学有相通之处。朱熹曾经指出了这一点："陆子静之学，只管说一个心……南轩初年说，却有些似他。"③ 朱熹认为在讲到心的作用时，张栻和陆九渊有相似之处。陆九渊心学与朱熹理学在本体论上的根本区别就在于是否承认心即理。陆九渊提出"心即理"的命题，视"心"为宇宙本体和万物之宰，张栻"心为主宰者"这一论断，与陆氏意思是一样的，而且张栻也曾经直接谈到"心与理一"④ 的问题。朱熹虽然也讲心的重要和主宰作用，却始终反对把心看作最高本体，他只讲"心具众理"，而不讲心即理，如"心者，人之神明，所以具众理而应万事者也"⑤。朱熹所讲的心是认识主体，而不是万物本体，本体是理而不是心。张栻在这一点上与朱熹相异，而与陆九渊相通。

3. 朱熹与张栻以外其他湖湘学者的思想冲突

朱熹在持中和旧说时期，对张栻以外的湖湘学者的印象就不好。当时朱熹大体上认同胡宏之学，且与湖湘学者们"同为此论"，理论上没有根本分歧。朱熹乾道三年（1167）往长沙访张栻的时候，中和旧说刚刚建立，同张栻共讲湖湘胡氏之学，对张栻相当钦服，但同时就指出："岳麓学者渐多，其间亦有气质醇粹，志趣确实者，只是未知向

---

① 张栻：《敬斋记》，《张栻全集》，第724页。
② 《朱子语类》卷一，第4页。
③ 《朱子语类》卷一百二十四，第2981—2982页。
④ 张栻：《论语解》卷三，《张栻全集》，第114页。
⑤ 朱熹：《孟子集注·尽心上》，《四书章句集注》，第413页。

方，往往骋空言而远实理。"① 此书开头说："熹此月八日抵长沙，今半月矣。荷敬夫爱予甚笃。"说明此书是朱熹到达长沙半个月后写给曹晋叔的，当时朱熹说张栻"学问愈高，所见卓然"，但对其余湖湘学者评价却不高，而且一针见血地指出他们"骋空言而远实理"的毛病。第二年，朱熹又谈到湘中学子及胡氏子弟门人之病曰："熹自去秋之中走长沙，阅月而后至，留两月而后归……钦夫见处卓然不可及，从游之久，反复开益为多。但其天资明敏，从初不历阶级而得之，故今日语人亦多失之太高。湘中学子从之游者遂一例学为虚谈，其流弊亦将有害……胡氏子弟及他门人亦有语此者，然皆无实得，拈槌竖拂，几如说禅矣。"② 这次指斥胡氏子弟及张栻以外的其他门人"皆无实得，拈槌竖拂，几如说禅"，就连"见处卓然不可及"的张栻也受到"失之太高"，缺乏"下学"工夫的数落。这说明朱熹当初虽然服膺湖湘胡氏之学，但对除张栻外的胡氏门人及子弟印象并不好。朱熹中和新悟后，张栻渐渐转向朱熹，其余胡氏子弟门人却不肯改变立场，不仅同朱熹辩论，而且也对张栻不满。乾道八年（1172）五月，彪居正赴省顺访朱熹，在朱熹面前指责张栻"见大本未明，所以被人转却"③。这如同指责张栻是师门叛逆，因此，张栻也成为胡氏子弟门人辩驳的对象，黄宗羲说："先生（胡伯逢）与广仲、澄斋守其师说甚固，与朱子、南轩皆有辩论，不以《知言疑义》为然。"④ 湖湘学者与朱熹的辩论以《知言疑义》为起点和总纲，围绕着性之善恶、以觉训仁、涵养与察识、观过知仁等问题而进行。

第一，性之善恶问题。

"性无善恶"是朱熹对胡宏《知言》八端致疑之首，朱熹坚持认为

---

① 朱熹：《与曹晋叔书》，《朱熹集》卷二十四，第1027页。
② 朱熹：《答石子重》，《朱熹集》卷四十二，第1980页。
③ 朱熹：《答林择之》，《朱熹集》别集卷六，第5476页。
④ 《宋元学案》卷四十二《五峰学案》，第1386页。

胡宏论性时"善不足以言之，况恶乎"的说法是"不知善之所自来"，"与告子、扬子、释氏、苏氏之言几无以异"①。朱熹又指出，本然之性不与恶对的说法来自庐山东林浮屠常总。

为了坚守胡宏不与恶对之性论，胡实以静说性，以静为"性之妙"，并提出："动静之外别有不与动对之静，不与静对之动。"② 朱熹提出反驳意见，而主张"动静"二字相为对待，若不与动对，则不名为静；不与静对，亦不名为动。朱熹在给胡实的另外一封信中又进而提出天下事物之理无无对者的观点："大抵天下事物之理亭当均平，无无对者。唯道为无对，然以形而上下论之，则亦未尝不有对也。"③ 朱熹认为万物皆有对，这是直承二程思想而来。无论是程颢还是程颐，都主张天地万物莫不有对，有阴则有阳，有善则有恶，有是则有非，对立是普遍的。胡宏说性"善不足以言之，况恶乎？"胡实提出的不与动对之静以及不与静对之动，都是主张"别有一物之无对"，否定了对立的普遍性。

朱熹继承二程思想，主张万物之理皆有对，这一点没有问题。不过，他把形上形下之对和左右、上下、前后之对混为一谈，却不能让人无疑。形上形下之对是体用之对，是异质异层的纵向之对；而左右、上下、前后之对是现象界事物之对，是同质同层的横向之对。

万物皆有对，宇宙间没有无对之事物，事物总是在对立中存在和发展。胡宏说"善不足以言之，况恶乎"，是主张善恶皆不可言性，实即性无善恶，性不在善恶上言对，但性作为宇宙万物的形上本体，与形下现象亦是对。

朱熹的辩论在当时似乎并未说服胡氏子弟门人。坚守家学的胡大原更是寸步不让。朱熹在乾道八年（1172）给胡大原的最后一封信中表

---

① 朱熹：《答胡广仲》，《朱熹集》卷四十二，第1950页。
② 见朱熹《答胡广仲》所引，《朱熹集》卷四十二，第1947页。
③ 朱熹：《答胡广仲》，《朱熹集》卷四十二，第1957页。

示已不愿再辩,各存其说。

第二,以觉训仁问题。

以觉训仁的观点源自二程高弟谢良佐(上蔡)。谢良佐是二程洛学南传发展出湖湘学的重要中介人物,其思想对湖湘学派影响极大。谢氏主张"心有知觉之谓仁",胡实、胡大原等湖湘学者把这句话推尊为"谢先生传道端的之语",可以"救拔千余年陷溺固滞之病"①。朱熹却不以为然,而直斥以觉训仁是禅说。朱熹的观点包含三个方面的内容:其一,谢良佐所言之知觉,谓识痛痒,能酬酢者,乃心之用而知之端,是智之事,或曰人的认识和感知之事;其二,以爱名仁固不可,但仁乃爱之理、生之道,兼包义、礼、智,作为智之用的知觉亦为仁所兼;其三,只能说仁者必有知觉,而不以知觉名仁,以知觉为仁是仁、知不分。

张栻在这个问题上与朱熹意见一致。尽管张栻指责朱熹在给胡实的信中有"过当"之言辞,但张栻却也同朱熹一样,反对以觉训仁:"然知觉终不可以训仁。"② 近人牟宗三对张栻十分不满,认为张栻此一语即示其"于明道,上蔡无所知也,于以见其软罢无深思矣"③。牟氏又将张栻反对以觉训仁列为背叛师门,为胡宏不肖弟子的三大"罪状"之一(另两条"罪状"是放弃广仲辈之观过知仁说以及赞同朱子《知言疑义》)。④ 牟氏此论颇为乖谬。以觉训仁出自谢良佐,胡宏的正式老师是杨时和侯师圣,杨、侯俱为程门高徒,程颐和侯师圣皆不主张以觉训仁⑤。遍查胡宏著作,胡宏也没有提到以觉训仁。既然胡宏也没有主张以觉训仁,那么张栻不同意以觉训仁,怎么就成了胡宏不肖弟子的

---

① 见张栻《答胡伯逢》以及《答胡广仲》,《张栻全集》,第957、968页。
② 张栻:《答胡广仲》,《张栻全集》,第968页。
③ 牟宗三:《心体与性体》(下册),第256页。
④ 牟宗三:《心体与性体》(下册),第295页。
⑤ 张栻:《答胡伯逢》,《张栻全集》,第958页。

"罪状"了呢？

牟宗三赞赏"以觉训仁",并对朱熹之论进行了反驳,在牟氏看来,朱熹之所以反对以觉训仁,除了"一种禅之忌讳之心理",最主要的原因就是"误认本体的觉情为认知的知觉"。牟宗三认为朱熹把知觉看成智之事是认知的知觉,而谢良佐所谓的知觉却不是从认知意义上来说,而是从本体意义上来说,是所谓的"觉体"①,此觉体的特性就是一种不安不忍之恻隐感,不用看这不安之对象,这不安不忍之感之自身就是仁。

牟氏之论有一个根本的问题不能让人无疑。谢良佐所谓"知觉",相当于我们今天所说的意识活动,无论是指理性的思维活动,还是指感性的感知活动,其本身并不包含道德的意味,不能等同于道德范畴"仁",自然亦不能视为"本体的觉情"。朱熹正是看到这一点,才坚持认为谢氏之"知觉"是智之事。在朱熹看来,仁必以爱言之,仁是爱之理,爱是仁之情,仁之性发于爱之情,而爱之情亦本于仁之性。以爱言仁而不以觉言仁,所以他认为只能说仁者必有知觉,而不能说知觉就是仁。朱熹的观点影响到张栻。张栻在答胡大原问时说："伊川先生所谓觉不可训仁者,正谓仁者必觉,而觉不可以训仁。"② 张栻同朱熹一样都主张仁者必有觉,而觉则不可训仁。

胡实在辩论中又引《孟子》先知先觉来说明谢良佐的心有知觉之论,遭到朱熹和张栻的批驳。朱熹说："广仲引《孟子》'先知先觉'以明上蔡'心有知觉'之说,已自不伦,其谓'知此觉此',亦未知指何为说。"③ 张栻则说得更明白,他认为："知者知此者也,觉者觉此者也。"④ 所谓"此",就是"仁",知觉是知觉此仁,不能以知觉为

---

① 牟宗三：《心体与性体》（下册），第252页。
② 张栻：《答胡伯逢》，《张栻全集》，第958页。
③ 朱熹：《答张钦夫又论仁说》，《朱熹集》卷三十二，第1396页。
④ 张栻：《答胡广仲》，《张栻全集》，第968页。

"此",故而不可以知觉训仁。张栻直接以"知此觉此"为知仁觉仁,这一点朱熹却不赞成。他说:"今观所示,乃直以此为仁,则是以'知此觉此'为知仁觉仁也。仁本吾心之德,又将谁使知之而觉之耶?"① 在他看来,《孟子》所言"知觉",谓"知此事,觉此理",并不直谓知仁觉仁;而谢良佐所言"知觉",则是"识痛痒,能酬酢"。孟、谢二人言知觉意旨不同。由此可见,朱熹和张栻二人在反对以觉训仁这一点上是一致的,但在一些具体的说法上仍有区别。

胡大原在辩论中则提出"知觉有深浅"的问题,他说:"夫知觉亦有深浅,常人莫不知寒识暖,知饥识饱,若认此知觉为极至,则岂特有病而已?……谢子之意自有精神,若得其精神,则天地之用即我之用也,何病之有?"②胡大原把"知觉"分为深浅两个层次,浅者是知寒暖饥饱,而深者乃知觉之极至。此知觉之极至到底是什么,胡大原语焉不详。牟宗三认为此"极至"就是指仁心觉情之怵惕之感。但牟氏又认为胡大原的深浅说"不甚恰",因为"说深浅亦如说小大,犹有认为是同质之嫌,实则于生理机体说知寒暖识饥饱与就仁心觉情说知觉根本为不同类也"③。牟氏认为知觉的两个层次是不同质的,而胡大原的深浅说则有同质之嫌。朱熹则将谢氏之"知觉"一概视为"智之发用",故而驳斥胡大原得谢子知觉说精神则天地之用即我之用的说法"既未尝识其名义,又不论其实下功处,而欲骤语其精神,此所以立意愈高,为说愈妙,而反之于身愈无根本可据之地也"④。

第三,察识与涵养问题。

察识与涵养孰先孰后的问题,朱熹跟张栻亦有辩论。张栻起初坚持师门先察识后涵养之意旨,但后来受朱熹影响,转而主张涵养和察识并

---

① 朱熹:《答张钦夫又论仁说》,《朱熹集》,第1396页。
② 张栻:《答胡伯逢》,《张栻全集》,第957页。
③ 牟宗三:《心体与性体》(下册),第256页。
④ 朱熹:《又论仁说》,《朱熹集》卷三十二,第1397页。

进，而以涵养为本。吴翌、胡大原、胡实等人则守师说甚固，不愿迁从朱熹，而同朱熹及张栻展开辩论。

朱熹在《知言疑义》中批驳胡宏答彪居正问为仁一段后，从正面提出自己的主张。他说："二者（指持养和体察——引者注）诚不可偏废，然圣门之教详于持养而略于体察……夫必欲因苗裔而识本根，孰若培其本根，而听其枝叶之自茂耶！"[1] 朱熹的意思是，持养（涵养）和体察（察识）二者不可偏废，而以持养为本。张栻在《知言疑义》中未对朱熹的观点作正面的回应，但张栻说："必待识仁之体而后可以为仁，不知如何而可以识也。"[2] 又说："答为仁之问，宜莫若敬而已。"[3] 其看法实与朱熹无异。后来，张栻更是明确提出与朱熹相同的主张，显然是受到朱熹的影响而转从之。

胡宏的另一名弟子吴翌（晦叔）对朱熹的观点却不以为然，且斥其为禅。吴翌说："若不令省察苗裔，便令培壅根本，夫苗裔之萌且未能知，而遽将孰为根本而培壅哉？此亦何异闭目坐禅，未见良心之发，便敢自谓我已见性者？"[4] 吴翌坚守胡宏的工夫论，强调因良心发现之苗裔而体证道德本体。有意思的是，朱熹曾指责湖湘学者"几如说禅"，而在这里吴翌却也反过来讥斥朱熹培壅根本之说有如闭目坐禅。张栻因与朱熹持相同之论，故而为朱熹辩护道："不知苗裔，固未易培壅根本，然根本不培，则苗裔恐愈濯濯也。此话须兼看。大抵涵养之厚，则发见必多；体察之精，则本根益固……元晦亦不是略于省察，令人不知有仁字，正欲发明仁字。如说爱字，亦是要人去所以爱上体究，但其语不容无偏，却非闭目坐禅之病也。"[5] 从这里可以看出张栻力图

---

[1] 朱熹等：《知言疑义》，载《胡宏集》，第336页。
[2] 朱熹等：《知言疑义》，载《胡宏集》，第335页。
[3] 朱熹等：《知言疑义》，载《胡宏集》，第335页。
[4] 张栻：《答吴晦叔》，《张栻全集》，第953页。
[5] 张栻：《答吴晦叔》，《张栻全集》，第953—954页。

在吴翌和朱熹之间调停，实即力图在胡氏湖湘学和朱子学之间调停。张栻既是胡宏门人，而又倾向于朱熹的思想，对其师胡宏的一些观点也有怀疑，所以力图调和胡氏湖湘学和朱子学之间的矛盾。实际上，朱熹也主张涵养与体察并进，只不过更注重涵养。张栻是用朱熹的思想来改造和完善胡宏的学说。张栻说朱熹的言语不容无偏，但却绝非闭目坐禅之类。张栻的辩解最得朱熹之情，真可谓"凡熹之所欲言者，（张栻——引者注）盖皆已先得之矣"①。

朱熹在给吴翌的信中谈到他跟湖湘学者修养方法之不同时说："大抵向来之说皆是苦心极力要识'仁'字……究观圣门垂教之意，却是要人躬行实践……用功着力，随人浅深，各有次第。要之须是力行久熟，实到此地，方能知此意味。"② 朱熹把自己同湖湘学者修养方法的区别看成是"力行"与"识仁"的分歧。湖湘学派主张先察识后涵养，先识得仁之体然后再操存扩充，这是一条重"知"的修养路线，其知也是指德性之知，本心之知。朱熹主张的却是一条"知行并重"的路线，主张涵养察识并进，注重敬知双修，主敬致知交相为助，力行致知相辅相成。这就关涉到"知行"问题了。

朱熹在给吴翌的信中论到他同湖湘学派知行观的区别。他们在辩论时所谓的知行，都是指"事亲从兄"这一类的道德体证和践行。湖湘学者主张先知后行，识得仁体之后方可为仁，这是朱熹所不赞同的。朱熹从"知之浅深，行之大小"③ 来说知行。由于事亲从兄这类道德之事不可一日废，不能说我的知未至就暂时停辍，而等到知至之后再来行。湖湘学的先知后行说的危险就在这里，识得仁体是一种很高的境界，这种境界不是人人都可瞬间直悟到的，但未识仁体之前还是要躬行践履，不能坐待识仁之后再践履。如果硬要等待识仁之后，那么道德践履就会

---

① 朱熹：《答吴晦叔》，《朱熹集》卷四十二，第1970页。
② 朱熹：《答吴晦叔》，《朱熹集》卷四十二，第1968页。
③ 朱熹：《答吴晦叔》，《朱熹集》卷四十二，第1970页。

出现未识仁而不践行的空缺时段。因此，朱熹指出，古人之教，幼孩时教以孝悌诚敬，及其少长，则博以诗书礼乐之文，使人在一事一物之间知有义理之所在而致涵养践履之功。也就是说，此时虽然未识仁体，未达最高境界，但也有所浅知，就具体的生活小事而知道一点仁的道理，就抓住这点浅知而从事涵养践履，这就是所谓"知之浅而行之小"。虽然知之浅而行之小，但却是非常必要的阶段。通过这样的稳扎稳打，步步为营，最终将会达到深知透悟之境。

朱熹的主张无疑是现实主义的。硬要等待先识仁体然后为仁，陈义太高，不是人人都能做到的，缺乏现实的普适性。朱熹之所以不遗余力反对胡湘学先察识后涵养的观点，就是出于这种担忧。朱熹说得很明白："此说之行，于学者日用工夫大有所害，恐将有谈玄说妙以终其身而不及用力于敬者。"① 后来，在知行问题上朱熹又进行了更加深入的思考，构建了一套更为精致完备的知行理论，其知先行后，知轻行重，知行相须互发等思想，无论在当时还是对后世（如对王船山"知行相资为用"）都产生了重要影响。

第四，观过知仁问题。

"观过知仁"典出《论语·里仁》："子曰：'人之过也，各于其党。观过，斯知仁矣。'"意思是要通过察识人所发之个性偏失，不安于此，进而逆觉体证本心仁体并转化所发之偏失。

湖湘学者非常重视"观过知仁"说，因为"观过知仁"实际上跟他们先察识仁体然后操存涵养的修养工夫论是一致的。胡大原说："苟能自省其偏，则善端已萌。此圣人指示其方，使人自得，必有所觉知，然后有地可以施功而为仁。"② 胡大原这段话把湖湘学派观过说同先察识后涵养、知觉说融在一起，言简意赅。"自省其偏，则善端已萌"，

---

① 朱熹：《答胡广仲》，《朱熹集》卷四十二，第 1948 页。
② 朱熹：《答胡伯逢》，《朱熹集》卷四十六，第 2246—2247 页。

是指人能自观其过，自省其偏，心有警醒，即是本心善端的萌发。"必有所觉知，然后有地可以施功而为仁"，此一语即涵湖湘学派知觉说和先察识后涵养的修养工夫理论，有所觉知是指对仁体有所觉知，即先识仁之体。必先察识觉知仁之体，然后才有施功之地，才有为仁践履的前提。胡大原真可谓"守其师说甚固"，对胡宏的修养工夫论有准确的把握，而且在同朱熹的辩论中寸步不让。张栻一开始与胡大原观点相类，所以朱熹在给林用中的信中惊讶道："敬夫得书，竟主观过之说。因复细思，此说大害事。"① 后来张栻受朱熹影响，放弃了观过知仁说，这一点张栻自己供认不讳："示及元晦、伯逢观过知仁说，正所欲见。某顷时之说，正与伯逢相似，后来见解经义处……若如旧日所说，恐伤快了，圣人论仁不如是耳。"②

在观过知仁问题上，朱熹不仅同湖湘学者进行书信论辩，而且也有面论。乾道八年（1172）彪居正顺访朱熹时当面论辩的主要问题就是观过知仁，彪居正指责张栻"见大本未明，所以被人转却"。朱熹在给吴翌的信中提道："所论观过之说，时彪丈行速，匆遽草率，不能尽所怀，然其大者亦可见。"③ 从彪居正不满张栻"见大本未明"而被人转却以及朱熹说同彪居正论观过知仁问题时"大者亦可见"，则可推知彪居正在此问题上亦是跟胡大原等人一样，坚守师门意旨，与朱熹、张栻意见不同。

朱熹除了同彪居正面论以及在书信中驳斥胡大原等人的观过知仁说，又专门写了一篇《观过说》，批判湖湘学派的观点。《观过说》有云："'观过斯知仁矣'，盖言因人之过而观所偏，则亦可以知仁，非以为必如此而后可以知仁也……盖必俟有过而后观，则过恶已形，观之无

---

① 朱熹：《答林择之》，《朱熹集》卷四十三，第 2027 页。
② 张栻：《与吴晦叔》，《张栻全集》，第 949 页。
③ 朱熹：《答吴晦叔》，《朱熹集》卷四十二，第 1967 页。

及，久自悔咎，乃是反为心害而非所以养心。"① 看来，朱熹并不是一味反对观过可以知仁，只是认为观过是知仁的一条途径，而非唯一的途径。他反对湖湘学者的观过知仁说，乃是由于湖湘学者主张观过或察良心发见之苗裔为知仁或识仁体的唯一途径。在朱熹看来，除了这一条途径，还有另一条更重要的途径，那就是平时的居敬涵养，随人浅深步步为营，也会达到识仁之境。要是必待有过然后再观，那么过恶已经形成，有可能观改不及，酿成大祸，从而悔咎终身。实际上，双方的争论还是回到那个基本的分歧上，即朱熹主张涵养和察识并进，而以涵养为本；湖湘学者则只主张先察识后涵养。

（二）朱子学与湖湘学的融合

朱熹对胡宏的思想理论进行了深入的批判，并且与胡宏的门人子弟们进行了持久的论战，显示了他们思想观念的差别和冲突。然而，在这个过程中，朱熹又获得巨大的益处，对于他思想体系的贞定和成熟，起了巨大的作用。

1. 胡宏对朱熹的影响

胡宏是朱熹长辈中最有名的理学家。朱熹的老师李侗虽然自我修养工夫也十分精纯了得，对朱熹的影响也很大，但李侗不著书，胡宏则有《知言》之作，吕祖谦甚至以为《知言》超过张载的《正蒙》。从张栻处获闻胡宏之学并得到胡宏的著作之后，朱熹潜心研读，胡宏的思想对他产生了深刻的影响。可以说，没有胡宏，就没有朱熹那综罗百代的博大体系。

胡宏对朱熹的影响是通过两条途径实现的。一是胡宏思想对朱熹的直接影响，朱熹认可并继承胡宏的学术观点；二是朱熹在反复研讨胡宏著作时，通过批判胡宏而获得新的认识，从而构建自己的思想体系。下面概括为三个主要的方面。

---

① 朱熹：《观过说》，《朱熹集》卷六十七，第3533页。

第一，朱熹的"性为万物之源"、性一理殊以及万物皆有性等观点受到胡宏的影响。

胡宏是性本论的代表，提出性为宇宙本体，性为天下大本，性立天下之有，万物皆性所有的观点。朱熹虽然是理本论的代表，但他有时也认为性就是宇宙本体和万物本原。他说："性者万物之原。"[①] 一般来说，朱熹认为理或太极为宇宙本体，而且，在他看来，理也有"总理"和"分理"的区分，宇宙万物的"总理"是太极[②]，而万事万物又各有其分理，即所谓"人人有一太极，物物有一太极"。朱熹接受程颐"性即理"的思想，性和理是相通的，又受胡宏影响，故把与理相通的性也提升到了宇宙本体的高度。在性和理的关系上，朱熹又受到胡宏"性一理殊"的影响。胡宏认为性是"天命之全体"，理只是天命的局部，所以他说："大哉性乎！万理具焉，天地由此而立矣。世儒之言性者，类指一理而言之尔，未有见天命之全体者也。"[③] 胡宏反对"世儒"把性看成是一理，而认为性包含众理，性为一，理为多，是为"性一理殊"。朱熹也说："性是理之总名，仁义礼智皆性中一理之名。"[④] 在这里，朱熹明确表达了性中包含众理的意思，仁义礼智是人伦道德中的理，就存在于性之中。这就是非常典型的"性一理殊"思想，显然来自胡宏。

胡宏论性又区分不同范围，既论一切事物之性，又论人之性。一切事物之性即作为宇宙本体的性，不可以善恶言，或曰无善恶，而人之性乃天命于人，人禀之于天。这种思想也影响到了朱熹。朱熹论性，也区分这两个范围。一方面，他认为万物皆有性，天下无性外之物："问：'枯槁之物亦有性，是如何？'曰：'是他合下有此理，故云天下无性外

---

① 《朱子语类》卷四，第76页。
② 《朱子语类》卷九十四："总天地万物之理，便是太极。"第2375页。
③ 《胡宏集》，第28页。
④ 《朱子语类》卷五，第92页。

之物.'"① 枯槁之物也有性，这就是说，宇宙间一切事物皆有性。此时的性，实即万物之理。同胡宏一样，朱熹又认为人所受之天命乃为人性。朱熹又进一步指出，人之性与物之性本是一源，只是因气禀不同而出现差异："人、物性本同，只气禀异。"②

第二，朱熹在心性论上得益于胡宏。

朱熹心性论的发展和完成是从研究中和问题开始的。朱熹在研究中和问题时有中和旧说与中和新说的思想演变，其演变的思想线索，根据钱穆先生的考释，大致如下：

朱熹受业于延平（李侗）时，对禅学已经颇有体会，但延平却以为未是，教他去日用处用工和圣经中求义，并且以从杨时一派所得的"于静中看喜怒哀乐未发时作何气象"修养宗旨引导他。但是，朱熹当时认心为活物，为已发，而对于延平求中未发之旨无法理解和接受，延平去世后，朱熹所进益密，所得益细，这才感觉工夫有所疏失，心境未宁，而延平求中未发的遗言，时时于胸中往来，内心非常苦闷彷徨，所以远道访问张栻。张栻继承胡宏之说，主张心为已发，正同朱熹夙见相符。从湖南归来，朱熹抛弃了延平求中未发之教，得出"心为已发，性为未发"的结论，这就是中和旧说。但是，中和旧说在很短的时间内又被朱熹自己推翻了。朱熹《中和旧说序》说："乾道己丑之春，为友人蔡季通言之，问辩之际，予忽自疑斯理也……则复取程氏书，虚心平气而徐读之，未及数行，冻解冰释。"这就是所谓的己丑之悟，朱熹当年四十岁。钱穆认为，朱熹己丑新悟后，对于心之已发未发，能够两面兼顾，而不是专著于一边。而且此后他对于张横渠心统性情之说极其称赞，因为此时朱熹主张性为体，情为用，而心则通贯之，因此称赞横渠心统性情说"精密"。

---

① 《朱子语类》卷四，第61页。
② 《朱子语类》卷四，第58页。

第四章　湖湘学派在南宋时期的传承与影响

　　钱先生所述朱熹中和旧说新说发展演变的过程大体上是不错的。只是朱熹《中和旧说序》提到的"往从而问焉"到底在何时，是理解朱熹建立中和旧说的时间及其发展演变的关键。钱先生认为"往从而问焉"是指乾道三年（1167）朱熹往长沙访张栻，张栻"告予以所闻"即把胡宏关于未发已发的中和思想介绍给朱熹，从而使朱熹有中和旧说之悟，这是个误解。实际情况是，朱熹是在隆兴二年（1164）往豫章问张栻。这一次朱熹往豫章登舟哭祭张浚亡灵而与张栻相见，这次相见后的第二年，即乾道元年（1165），朱熹就已知晓胡宏的中和思想。朱熹《答罗参议》第四书云："大抵衡山之学只就日用处操存辨察，本末一致，尤易见功。"①"日用处"就是指已发。朱熹这时就已知晓胡宏中和学说，不可能等到乾道三年往长沙问张栻而得，而只能是隆兴二年往豫章问张栻而得。也就是说，朱熹"往从而问焉"不是指乾道三年往长沙，而是指隆兴二年往豫章。在豫章与张栻相见时，朱熹得到张栻所赠胡宏《知言》一书，但《五峰集》尚未刊刻，所以朱熹当时没有见到胡宏提出"性为未发，心为已发"的《与曾吉父》书信，只是听张栻介绍了胡宏的观点。这与朱熹所说的"后得胡氏书，有与曾吉父论未发之旨者，其论又适与余意合"之意正合。况且朱熹《中和旧说序》在叙述到己丑新悟后又说"亟以书报钦夫及尝同为此论者"②，说明朱熹往长沙访张栻时，他与张栻及别的湖湘学者在中和问题上意见是一致的，这也证明朱熹中和旧说悟于往长沙访张栻之前。而朱熹在《中和旧说序》中明确说是"往从而问"张栻之后才有旧说之悟，此为隆兴二年往豫章问张栻无疑。

　　朱熹在《与湖南诸公论中和第一书》中称："《中庸》未发已发之义，前此认得此心流行之体，又因程子'凡言心者，皆指已发而言'，

---

① 《朱熹集》续集卷五，四川教育出版社1996年版，第5238页。
② 《朱熹集》卷七十五，第3950页。

遂目心为已发，性为未发。然观程子之书，多所不合。"① 从这里看来，朱熹中和旧说之悟并非得自胡宏。而且《中和旧说序》中说"后得胡氏书，有与曾吉父论未发之旨者，其论又适与余意合"，朱熹自言中和旧说乃为自得。只不过，虽然不是直接得自胡宏，但却得益于胡宏。首先，当朱熹求喜怒哀乐未发之旨未达而"若穷人之无归"时，带着彷徨的心情往豫章向张栻请问"胡氏学"，而且又得到胡宏的著作来研读，应该说胡宏学说对他有一定的"启键"作用。其次，朱熹在获得中和新悟后对胡宏著作的辩驳，与胡宏弟子的反复辩论，贞定和完善了其"心统性情"学说。

第三，朱熹在格物、居敬等问题上亦受益于胡宏。

格物致知问题始自《大学》。《大学》本为《礼记》中的一篇，朱熹对此篇极为推重，反复强调《大学》的重要性和在为学次第上的优先性。《大学》的主旨是所谓"三纲领""八条目"，其中一个突出的观念就是"格物致知"。

朱熹在格物问题上服膺程颐之说。程颐说："若只格一物便通众理，虽颜子亦不敢如此道。须是今日格一件，明日又格一件，积习既多，然后脱然自有贯通处。"② 朱熹评价说："今日格一件，明日格一件，积久自然贯通，此言该内外，宽缓不迫，有涵泳从容之意，所谓'语小天下莫能破，语大天下莫能载'也。"③ 且谓程氏之说"颠扑不破"④。

在朱熹看来，程颐的格物之说虽"颠扑不破"，但程氏门人却无一人能领会师门学旨，都偏向觉悟贯通一面，尹和靖甚至还认为"今日

---

① 《朱熹集》卷六十四，第3383页。
② 《二程集》卷十八，第188页。
③ 《朱子语类》卷十八，第419页。
④ 《朱子语类》卷十八，第421页。

格一件，明日格一件"不是程氏之言①，可见程氏门人对程颐此说误解有多深。唯有胡宏，朱熹认为他在格物问题上虽然亦不免"有病"，却比任何程氏亲炙弟子都说得好，这不能不对朱熹产生影响。朱熹说："程子既没，诸门人说得便差，都说从别处去，与致知、格物都不相干，只不曾精晓得程子之说耳。只有五峰说得精。"② 朱熹认为胡宏在格物问题上比程氏门人都说得精，因为胡宏始终强调"格物致知"为《大学》的精髓："请问《大学》之方可乎？曰：致知。请问致知。曰：致知在格物。物不格，则知不至。知不至，则意不诚。意不诚，则心不正。心不正而身修者，未之有也。是故学为君子者，莫大于致知。彼夫随众人耳目闻见而知者，君子不谓之知也。"③ 胡宏的这段话强调了两层意思，一是"格物致知"的重要性，二是"耳目闻见"之知不是君子心中真正的"知"。重视德性之知，而轻视闻见之知，这是除朱子学派以外绝大部分儒家学者的主张，胡宏也不例外。但胡宏强调格物致知，而且在格物问题上又主张"身亲格之"④，这与朱熹的格物学说是一致的，也是对程颐思想的继承。对于胡宏紧接着所讲的"格之之道"，朱熹也基本认同。胡宏说："格之之道，必立志以定其本，而居敬以持其志。志立于事物之表，敬行乎事物之内，而知乃可精。"⑤ 朱熹评论胡宏的这段话道：

> 其曰"志立于事物之表，敬行乎事物之内"，此语极好。而曰"而知乃可精"，便有局促气象。他便要就这里便精其知。殊不知致知之道不如此急迫，须是宽其程限，大其度量，久久自然通贯。

---

① 《朱子语类》卷十八，第416页。
② 《朱子语类》卷十八，第421页。
③ 《胡宏集》，第32页。
④ 胡宏《复斋记》云："儒者之道，率性保命，与天同功，是以节事取物，不厌不弃，必身亲格之，以致其知焉。"《胡宏集》，第152页。
⑤ 《胡宏集》，第152页。

他言语只说得里面一边极精,遗了外面一边,所以其规模之大不如程子。①

朱熹对胡宏的这一段言论也是一分为二地评价,认为他里面一边说得精,而遗了外面一边,有失于"急迫"。因为在朱熹和程颐看来,格物致知有个"一日一格"的积累过程,积习之久,才会贯通,胡宏之说恰好说少了这积久之功。不过,尽管朱熹认为胡宏之论仍然"有病",但却认为胡论超出所有程子门人。从学术思想的继承来看,朱熹也正是通过胡宏的转手,上接程颐格物之论,而发展了程氏学说。

除了在格物论上受胡宏的影响,朱熹在居敬问题上也得益于胡宏。钱穆认为朱熹在中和新悟后,又从程门拈出一敬字,已发未发,动静交融,至是而昔日师门教诲,于日用处用工,去圣经中求义之两项,亦觉其为完密无亏漏。"敬"是朱熹思想中的一个重要内容。他说:"敬字工夫,乃圣门第一义。""敬之一字,真圣门之纲领,存养之要法。"② 又赞扬程颐道:"程子谓:'涵养须用敬,进学则在致知。'此语最妙。"③ 朱熹认为居敬为圣门第一要义,特别赞同程颐"涵养须用敬,进学则在致知"一句话,而实际上这其中也有胡宏的传承和影响。朱熹在给江元适的书信中第一次论到"敬"时说:"五峰胡先生者,名宏,字仁仲,亦曰'居敬所以精义也',此言尤精切简当,深可玩味。"④ 表明朱熹注意到"敬"并非直接得自程颐,而是受胡宏的影响。

胡宏说:"敬也者,君子之所以终身也。"⑤ 认为"敬"是君子应

---

① 《朱子语类》卷十八,第419页。
② 《朱子语类》卷十二,第210页。
③ 《朱子语类》卷十二,第215页。
④ 朱熹:《答江元适》,《朱熹集》卷三十八,第1732页。
⑤ 《胡宏集》,第28页。

终生坚守之事。他自己说到做到，临终前还强调"敬"的重要性："五峰临终谓彪德美曰：'圣门工夫，要处只在个敬。'"① 朱熹对此大加赞赏，评曰："此为名论！"② 胡宏在另一处又说："敬者，圣门用功之妙道也。"③ 这和朱熹"敬字工夫，乃圣门第一义"等语如出一口。

当然，胡宏论敬与朱熹也是有区别的。胡宏说："苟知不先至，则不知所终，譬如将适一所，而路有多歧，莫知所适，则敬不得施，内无主矣。"④ 胡宏主张先致知，后居敬，知不至，则敬无处施，这是直承程颢"识得此理，以诚敬存之"⑤ 而来。胡宏的这一观点为湖湘学者所坚守。朱熹曾经对这一观点进行批判，他说："今人未尝一日从事于小学，而曰必先致其知然后敬有所施，则未知其以何为主而格物以致其知也。"⑥ 从这里看起来，朱熹是反对胡宏先致知，后居敬的观点的。但在另一些地方，朱熹又说了与胡宏相同的话，如："问致知涵养先后。曰：'须先致知而后涵养。'"⑦ 表面看来，朱熹的说法是矛盾的，实际上，朱熹是两方面都重视。他的主要观点是，居敬涵养与进学致知无分先后，致知前后都须涵养，因此，当他强调致知前的涵养时，就说"未有致知而不在敬"，而当他强调致知后的涵养时，便说"须先致知而后涵养"。

胡宏在这里所谓的致知，主要是指致德性之知。在朱熹看来，致知除了致德性之知外，也注重致闻见之知。朱熹一方面受胡宏影响，主张先致知，后居敬涵养，另一方面又提倡在致知之前亦须居敬涵养。

2. 朱熹与张栻的相互影响及思想融合

朱熹与张栻两人思想的发展和成熟都经历了一个过程，其间，朱熹

---

① 《宋元学案》卷四十二《五峰学案》，第1383页。
② 《宋元学案》卷四十二《五峰学案》，第1383页。
③ 《胡宏集》，第34页。
④ 《胡宏集》，第34页。
⑤ 《河南程氏遗书》卷二上，《二程集》，第16页。
⑥ 朱熹：《答胡广仲》，《朱熹集》卷四十二，第1946页。
⑦ 《朱子语类》卷九，第152页。

经历了中和旧说以及中和新说的曲折反复,而张栻亦有早期和晚期的思想变化。在他们思想发展变化的过程中,两人都给予对方以关键性的影响。从总体上看,朱熹的中和旧说主要是在张栻"启键"和引导下获得的,而到朱熹独立思得中和新说后,张栻又转而认同朱熹观点,张栻晚期思想又受到朱熹的深刻影响。

朱熹早年醉心于佛学,初见其师李侗时,李侗只说不对,朱熹反疑李侗不懂。李侗学问修养很深,但不善表达,只教朱熹读圣贤书。朱熹遵照李侗的意思把圣贤书拿来读,渐渐悟出禅学之非,折而归于儒学正途,但对李侗默坐澄心之教尚不能契,而李侗却遽然而逝,朱熹顿感茫然失向,"若穷人之无归"。这是朱熹 37 岁丙戌之悟前为学的基本情况。此时朱熹喜好文章训诂,为学没有中心,对儒门圣学精神要旨和入道之方没有真切体悟,尤其是对其师李侗涵养未发之义,不能深入领会。故而追念自责道:"李先生教人,大抵令于静中体认大本未发时气象分明,即处事应物,自然中节。此乃龟山门下相传指诀。然当时亲炙之时,贪听讲论,又方窃好章句训诂之习,不得尽心于此,至今若存若亡,无一的实见处,辜负教育之意。每一念此,未尝不愧汗沾衣也。"① 据王懋竑《朱子年谱》,此书作于乾道二年丙戌(1166),朱熹 37 岁。此时李侗已逝。朱熹追忆李侗之教,于静中体认喜怒哀乐未发时气象,本为自杨时而罗从彦而李侗一派相传指诀,但朱熹当时未能契悟师门教旨,没有确实自得之见,想起来羞愧难当,汗出沾衣。这是朱熹自我剖析的真实心理状态。

李侗死后,朱熹虽然"若穷人之无归",却仍然继续对心性问题进行探索。早在隆兴二年(1164),李侗刚刚去世,朱熹就往豫章向张栻请教了湖湘之学。当时张栻并没有把胡宏关于中和的思想完全介绍给朱熹,所以朱熹在《中和旧说序》中说他是在第一次中和之悟后才读到

---

① 朱熹:《答何叔京》,《朱熹集》卷四十,第 1841—1842 页。

胡宏《与曾吉父》书信论未发之旨，与己意合。这说明朱熹中和旧说中"性为未发，心为已发"的观点乃独立思考所得，只不过恰与胡宏在《与曾吉父》书中所说相合。朱熹的中和旧悟虽是独立思考所得，但却受到张栻的引导和启发。张栻在隆兴二年向朱熹介绍的主要是湖湘学派"先察识后涵养"的观点以及张栻本人对未发已发的看法。"先察识后涵养"本就是胡宏学说题中之义。朱熹正是在此基础上，通过自己的思考而得中和旧悟。因此，朱熹老实承认他的第一次中和之悟就是得益于张栻的启发："盖通天下只是一个天机活物，流行发用，无间容息。据其已发者而指其未发者，则已发者人心，而凡未发者皆其性也……向非老兄抽关启键，直发其私，诲谕谆谆，不以愚昧而舍置之，何以得此？"[①] 朱熹在这里明确提到没有张栻的"抽关启键"，他就不可能悟到已发为心、未发为性等与胡宏相合的观点，足见张栻对朱熹中和旧悟的影响是巨大而不容置疑的。

朱熹的中和旧说，实际是他在经过一番痛苦思索后折从张栻。因此，这一时期他对张栻之学由衷地敬佩，自叹不如："钦夫之学所以超脱自在，见得分明，不为言句所桎梏，只为合下入处亲切。今日说话虽未能绝无渗漏，终是本领是当，非吾辈所及。"[②] 张栻虽然比朱熹小三岁，但天资明敏，又受教于胡宏，悟道早成，没有经历朱熹那么多的曲折，而是一开始就抓住了孔门圣学要旨，所以当朱熹在张栻引导下苦苦求索而得中和旧悟后，对张栻倾服不已。此时，朱熹基本上接受了张栻从胡宏处得来的学术观点。因此，二人此时的学术主张大体上是一致的。

朱熹37岁得丙戌中和旧悟，到40岁即得己丑中和新悟，而把旧悟推翻了。朱熹得新悟后，立即写信给张栻等人："亟以书报钦夫及尝同

---

① 朱熹：《答张敬夫》，《朱熹集》卷三十二，第1373—1374页。
② 朱熹：《答何叔京》，《朱熹集》卷四十，第1865页。

为此论者。惟钦夫复书深以为然，其余则或信或疑，或至于今累年而未定也。"① 朱熹写信给张栻等当年同持中和旧说观点的湖湘学者，张栻很快就认同了朱熹的中和新悟，回信"深以为然"。朱熹迫不及待写给张栻等人的这封信，就是现在保存下来的《与湖南诸公论中和第一书》，在写此书前，朱熹已将自己的中和新说写成《已发未发说》一文，《与湖南诸公论中和第一书》就是在《已发未发说》的基础上修改而成。同一年，朱熹又在写给林择之的信中说："近得南轩书，诸说皆相然诺，但先察识后涵养之论执之尚坚。"② 又说："近看南轩文字，大抵都无前面一截工夫也。大抵心体通有无、该动静，故工夫亦通有无、该动静，方无透漏。若必待其发而后察，察而后存，则工夫之所不至多矣。惟涵养于未发之前，则其发处自然中节者多，不中节者少。体察之际，亦甚明审，易为着力。"③ 此二书皆作于乾道五年（1169）己丑，朱子初悟中和旧说之非，写信给张栻等人并得张栻复信后。朱熹在《中和旧说序》中说张栻复书"深以为然"，而在答林择之书中则说"诸说皆相然诺，但先察识后涵养之论执之尚坚"，说明张栻此时在工夫论上仍然坚持湖湘胡氏学"先察识后涵养"的为学宗旨，但数年后，张栻对"先察识后涵养"之说也做了改变，主张涵养与察识并进，且以涵养为主，这就与朱熹完全一致了。乾道八年（1172），张栻在写给吕祖谦的信中说："存养省察之功固当并进，然存养是本，觉向来工夫不进，盖为存养处不深厚。"④ 同年又在《答乔德瞻》书中说："存养体察，固当并进。存养是本，工夫固不越于敬。"⑤

涵养与体察并进，致知前后皆须涵养，这是朱熹中和新悟后的一贯

---

① 朱熹：《中和旧说序》，《朱熹集》卷七十五，第3950页。
② 朱熹：《答林择之》，《朱熹集》卷四十三，第2028页。
③ 朱熹：《答林择之》，《朱熹集》卷四十三，第2049页。
④ 张栻：《寄吕伯恭》，《张栻全集》，第891页。
⑤ 张栻：《答乔德瞻》，《张栻全集》，第930页。

主张。张栻在乾道五年尚坚持"先察识后涵养",而到乾道八年就明确宣称涵养和体察并进,且涵养是本,与朱熹一致了。张栻的这个转变,显然是受到朱熹的影响。朱熹在己丑新悟后马上就写信与"湖南诸公"阐明新悟观点,张栻复信基本赞同(朱谓"深以为然"),只有在涵养与察识的先后问题上有分歧,张栻此时坚持胡氏学的"先察识后涵养"之旨,而朱熹在给张栻的回信中就针对这个问题而强调未发时涵养的重要性。朱熹说:"又如所谓'学者先须察识端倪之发,然后可加存养之功',则熹于此不能无疑。盖发处固当察识,但人自有未发时,此处便合存养,岂可必待发而后察,察而后存耶?且从初不曾存养,便欲随事察识,窃恐浩浩茫茫,无下手处,而毫厘之差,千里之谬,将有不可胜言者。"[①] 在朱熹看来,发处固当察识,而未发时亦须存养。湖湘学派主张先察识后涵养,缺了未发时涵养一截工夫,而张栻此时对"先察识后涵养"之教执之尚坚,所以朱熹在信中详加辩论。朱熹的观点显然对张栻产生了影响,故而在次年作《知言疑义》时,张栻对胡宏的工夫论就发生了怀疑,而到乾道八年,就完全认同朱熹之论了。

张栻的性格有一个很大的特点,即善于吸收别人的意见,兼收并蓄。朱熹谈到张栻这一特性时,说:"钦夫最不可得,听人说话,便肯改。"[②] 又举具体例证曰:"南轩《论语》初成书时,先见后十篇,一切写去与他说。后见前十篇,又写去。后得书来,谓说得是,都改了。"[③] 张栻之所以深得朱熹的喜爱,一个很大的原因就是张栻"肯改",这里朱熹谈到他帮张栻改《论语说》,前文所述张栻在涵养察识、仁说等问题上都"肯改",肯改从朱熹之论。因此,张栻思想与朱熹在很多方面都是一致的。正因如此,牟宗三指斥张栻背离师门,愧对乃师。但我们认为张栻虽然在某些观点上与其师不同,正是他吸收朱熹意

---

① 朱熹:《答张钦夫》,《朱熹集》卷三十二,第 1405 页。
② 《朱子语类》卷一百三,第 2606 页。
③ 《朱子语类》卷一百三,第 2606 页。

见而对其师学说进行了发展。因而，在胡宏的门人子弟中，只有张栻跟朱熹具有相当多的思想一致性，他们思想的融合是南宋时期地域学派冲突和交融的典范。他们思想的相同处主要有如下四处。

第一，关于性之善恶问题。朱熹致疑《知言》的第一个重要问题就是"性无善恶"。朱熹认为《知言》中"世儒乃以善恶言性，邈乎辽哉"、孟子道性善为叹美之辞、"天理人欲同体而异用"以及"好恶，性也"等章皆为性无善恶之意，类同于告子的"湍水"之说。张栻说："论性而曰'善不足以名之'，诚为未当，如元晦之论也。夫其精微纯粹，正当以至善名之。"① 从语意看，张栻否定了胡宏的说法，而同意朱熹的意见，且又自己提出以"至善"名性来反驳其师，显然不认为胡宏是性至善论者。朱熹坚决认为胡宏是性无善恶论者，尽管张栻没有明确指斥其师为性无善恶论者，但他既然同意朱熹的意见，那么对于胡宏为性无善恶论者这一点应无异议。实际上，在《知言疑义》中，朱熹、张栻、吕祖谦三人（"东南三贤"）对这一点皆无异议。

张栻与朱熹一样，否定了胡宏的性无善恶论，而提出性为至善的观点。（朱熹亦提出性为至善的观点，他说："性只是一个至善道理，万善总名，才有一毫不善，自是情之流放处。"②）这是对传统性善论的维护和发扬。传统性善论最大的理论代表是孟子。孟子肯定人性先天之"善"，重视内省直悟，但对"恶"的来源却没有做出很好的解答。宋明理学家对此问题展开了讨论，张载提出"天地之性"和"气质之性"这对范畴来解决性与气以及与此相关的善与恶的问题。二程则以形上之理为性，天地之性原只是善，其中并无两物相对，具体人性的善恶乃是由于"气禀"的差异所致。朱熹对张载和二程的观点大加赞赏，称："张、程之说立，则诸子之说泯矣。"③

---

① 朱熹等：《知言疑义》，载《胡宏集》，第331页。
② 见《朱子语类》卷一百一，第2592页。
③ 《朱子语类》卷四，第70页。

张栻在《知言疑义》中也谈到性善与恶的问题。他在提出性至善论之后，紧接着就讨论到程颢的一段话："善固性出，恶亦不可不谓之性也。"善是性，这是性善论，没有问题，但说恶也是性，又如何理解？张栻用了一大段文字来阐述他的看法："譬之水澄清者，其本然者也。其或浑然，则以夫泥滓之杂也。方其浑也，亦不可不谓之水也。夫专善而无恶者，性也，而其动则为情。情之发，有正有不正焉。其正者，性之常也；而其不正者，物欲乱之也。于是而有恶焉。是岂性之本哉！其曰'恶亦不可不谓之性'者，盖言其流如此，而性之本然者，亦未尝不在也。"[①] 张栻在这里也是把性分为两个层次：本然之性和发用流行之性，实际上跟张、程、朱所谓的天地之性（本然之性）和气质之性（气禀之性）的区分是一样的意思，所以朱熹称赞张栻此段论述"甚善"，并直截了当地指出："明道所谓'恶亦不可不谓之性'，是说气禀之性。"张栻此时已有性分两个层次的思想，但说了一大段话，始终没有点出"气禀之性"的概念。朱熹明确指出后，张栻就完全接受，在他后来的著作中，就明确使用"气禀之性"的概念了。譬如，他在《孟子说》中说："程子谓善固性也，恶亦不可不谓之性也，然则与孟子有二言乎？曰：程子此论，盖为气禀有善恶言也……谓恶亦不可不谓之性者，言气禀之性也。气禀之性可以化而复其初。夫其可以化而复其初者，是乃性之本善者也。"[②] 张栻在这里不仅反复提到"气禀之性"，而且又提到程颢的那段话，这次的解释，完全就是朱熹当年在《知言疑义》中的说法，直接称程颢"恶亦不可不谓之性"就是指"气禀之性。"

第二，关于心性关系。胡宏主张性体心用，未发为性，已发为心，心以成性。朱熹在中和旧悟时信从胡宏，但新悟后则否定了性体心用，

---

① 朱熹等：《知言疑义》，载《胡宏集》，第331页。
② 张栻：《孟子说》卷六，《张栻全集》，第427页。

性为未发，心为已发的观点，而主张心分体用，贯乎未发已发。又强调必须将"情"引入心性关系，从而力主"心统性情"说。在《知言疑义》中，朱熹主张将胡宏"心也者，知天地，宰万物，以成性者也"中的"以成性者也"一语改成"而统性情也"①。朱熹完全是站在自己的理论立场上来评判胡宏之说，两人本属于两条不同的理路，所以吕祖谦说胡宏的"成性"固然可疑，但倘如朱熹所改，是兼性情而言，与胡宏本意不符。朱熹则坚持认为论心必兼性情而言，否则语意就不完备。张栻的观点基本上同朱熹是一样的，只不过不同意下一"统"字，而主张改为"而主性情"。实际上，主性情和统性情，基本意思是相同的，所以朱熹称赞张栻所改"主"字极有功。朱熹后来在解释"心统性情"时，就多次提到心统性情就包含心主性情的意思。他说：

> 性是体，情是用。性情皆出于心，故心能统之。统，如统兵之统，言有以主之也。②
> 性者，心之理也；情者，心之用也；心者，性情之主也。③
> 性，本体也；其用，情也；心，则统性情，该动静而为之主宰也。④

在这里，朱熹反复强调性体情用，心统性情意即心主性情。在另一处，朱熹又谈到心主性情与未发已发："心主性情，理亦晓然……未发而知觉不昧者，岂非心之主乎性者乎？已发而品节不差者，岂非心之主乎情者乎？心字贯幽明，通上下，无所不在，不可以方体论也。"⑤ 在

---

① 《胡宏集》，第328页。
② 《朱子语类》卷九十八，第2513页。
③ 朱熹：《元亨利贞说》，《朱熹集》卷六十七，第3512页。
④ 朱熹：《孟子纲领》，《朱熹集》卷七十四，第3890页。
⑤ 朱熹：《答胡广仲》，《朱熹集》卷四十二，第1954页。

朱熹看来，性为体，情为用，心则通于体用；性为未发，情为已发，心则贯乎未发已发。这都是讲心主性情。在《知言疑义》中，张栻提出"心主性情"，得到朱熹赞赏，其后朱熹就多处运用"心主性情"这一范畴，有时甚至把"心主性情"和"心统性情"互换使用，这一方面说明朱熹接受了张栻所改"心主性情"，另一方面也说明张栻当初提出的"心主性情"和朱熹所称扬的"心统性情"差别只在字词之上，其意蕴是一样的，都是对胡宏性体心用的否定，而将"情"字引入，主张性体情用，心则贯动静，通体用。从相互影响来说，总体上看，张栻受到朱熹的影响，接受朱熹心、性、情三分之格局；在细节上，张栻提出"心之性情"，得到了朱熹的认同。总之，两人在心性关系问题上意见基本是一致的，是对胡宏心性论的否定。

第三，关于先识仁之体与涵养察识先后问题。《知言疑义》引彪居正问为仁一段，胡宏答以"欲为仁，必先识仁之体"，朱熹批评说："此语大可疑。观孔子答门人问为仁者多矣，不过以求仁之方告之，使之从事于此而自得焉尔，初不必使先识仁体也。"张栻则说："必待识仁之体而后可以为仁，不知如何而可以识也。学者致为仁之功，则仁之体可得而见。"① 在这里，朱熹认为胡宏讲"欲为仁，必先识仁之体"，与孔子讲"仁之方"不类。孔子不讲先识"仁之体"，而只告人以求"仁之方"，只要从事于具体的道德践履，自然就会体悟到"仁之体。"张栻也附和朱熹的意见，认为只要学者致为仁之功，亦可自然体悟"仁之体"。

"为仁必先识仁之体"与先察识后涵养是同一个问题的两个方面。先识仁之体即先察识仁体，然后存养扩充，这是胡氏湖湘学的工夫入路，张栻在《知言疑义》中没有表达他对察识涵养先后的看法。他在此前不久写给朱熹的书信中对胡氏之学先察识后涵养之说"执之尚

---

① 以上均见朱熹等《知言疑义》，载《胡宏集》，第335页。

坚"，在《知言疑义》中虽然没有表达对涵养察识问题的看法，但从他怀疑乃师"为仁必先识仁之体"来看，他此时的思想已发生动摇，在工夫论上已开始倾向朱熹。如上节所述，到乾道八年，张栻所讲工夫论就同朱熹完全一致了。只不过，张栻并未完全背弃师门之教，他后来与朱熹一样，未发时涵养和已发时察识兼重并进，并未放弃胡宏察识于已发的观点，只不过觉得朱熹批评胡氏之学缺了平时涵养一截工夫有道理，所以接受了朱熹的批评意见。与此同时，朱熹虽然主张要重视未发时的涵养，却也并未完全否定胡宏已发时察识的观点，而是纠胡氏之偏，在胡氏已发察识的基础上，补上未发涵养这一段工夫。二贤最后同持一论，都是对胡宏工夫论的继承和发展。

第四，仁说。朱熹和张栻都著有《仁说》同名文章，两人在文章定稿之前，以书信形式对仁的问题进行了辩论。两人定稿后的《仁说》，大部分观点均达成一致。

朱熹和张栻关于仁之问题的辩论，始于乾道八年壬辰（1172），朱熹43岁，张栻40岁。是年朱熹作《仁说》，录寄张栻，张即复信对朱之《仁说》进行驳辩。一开始，二人意见颇为相异，张栻对朱熹《仁说》中的一些主要观点进行了质疑。根据朱熹给张栻复信《答张钦夫论仁说》[①]中的引述，张栻的质疑最重要者有以下三点：其一，"'天地以生物为心'此语恐未安"；其二，"不忍之心可以包四者乎"；其三，"程子之所诃，正谓以爱名仁者"。这三点引文，都是张栻的话，针对朱熹《仁说》而发。朱熹《仁说》原文太长，不便全引，下面对以上三点略作解释。

其一，朱熹《仁说》[②]首句即言："天地以生物为心者也，而人物之生，又各得夫天地之心以为心者也。"张栻去信不同意"天地以生物

[①] 见《朱熹集》卷三十二，第1391页。
[②] 见《朱熹集》卷六十七，第3542页。

为心"一语。牟宗三在这一点上倒为朱熹辩护,认为"此语无'未安'处"①。朱熹自己也在信中做了辩护,并不接受张栻的质疑。朱熹此语,有经典依据。《易传》说:"天地之大德曰生。"《中庸》说:"天地之道,可一言而尽也:其为物不贰,则其生物不测。"朱熹"天地以生物为心"一语即是根据《易传》《中庸》而说出,牟宗三这位批判朱子最激烈的人也承认"此语自可说",而张栻却怀疑此语而"未安"。张栻何以未安,牟宗三说"其故不详",而实际上张栻自己在写给朱熹的信中有说明:"《仁说》如'天地以生物为心'之语,平看虽不妨,然恐不若只云'天地生物之心,人得之为人之心'似完全,如何?"② 看来,张栻起初不但质疑朱熹"天地以生物为心"之语,而且强调"人得之为人之心"。但经过辩论,张栻后来又同意朱熹的意见了,所以朱熹在给吴翌的信中说:"'天地以生物为心',此句自无病。昨与南轩论之,近得报云亦已无疑矣。"③

其二,朱熹在《仁说》中提出"心之德"有四,曰仁、义、礼、智,而仁无不包,意即"仁包四德",与仁德相应的恻隐之心(或曰不忍之心)包乎四端之心。张栻对此提出质疑。朱熹提出仁包四德,是根据《论语》而来。在《论语》中仁是全德,地位最为崇高,是万德之源,朱熹说仁包四德,是要肯定仁、义、礼、智四德之中仁德最重要,地位最高。与仁德相应之恻隐之心(不忍之心)也在"四心"中最为重要。对于张栻的质疑,朱熹复信辩说,认为孟子论四端,自首章至孺子入井,皆只是发明不忍之心一端,初无义、礼、智之心,至其下文乃云无四者之心非人也,由此可见不忍之心足以包乎四端。在这一点上,张栻后来完全接受了朱熹的观点,所以张栻在其定文《仁说》中说:"故仁为四德之长,而又可以兼能焉。惟性之中有是四者,故其发

---

① 牟宗三:《心体与性体》(下册),第235页。
② 张栻:《答朱元晦秘书》,《张栻全集》,第847页。
③ 朱熹:《答吴晦叔》,《朱熹集》卷四十二,第1972页。

见于情，则为恻隐、羞恶、是非、辞让之端，而所谓恻隐者亦未尝不贯通焉。"① 至此，张栻已经完全放弃了先前写信给朱熹质疑"不忍之心可以包四者乎"的初意。这里所说的仁为四德之长，恻隐之心贯通四端，就是受到朱熹的影响而说出。至于何以仁能兼包四德，张栻做出了进一步的论述："惟仁者为能推之而得其宜，是义之所存者也；惟仁者为能恭让而有节，是礼之所存者也；惟仁者为能知觉而不昧，是智之所存者也。此可见其兼能而贯通者也。"② 说明只有仁兼有了义、礼、智的属性，使诸伦常通贯为一体。

其三，程颐（伊川）说仁是性，爱是情，朱熹则提出"以爱之理而名仁"的论断，即把仁定义为"爱之理"。当张栻起初对这一点表示怀疑时，朱熹非常自信地说："熹前说以爱之发对爱之理而言，正分别性、情之异处，其意最为精密。而来谕每以爱名仁见病。"③ 在朱熹看来，仁性爱情，性体情用，未发为性，已发为情。仁之性发于爱之情，而爱之情亦本于仁之性，性和情区分得相当精密。而张栻在信中常常以爱名仁，朱熹认为这既不符合程子（颐）之意，也与他自己的"精密"之论不类，所以指斥张栻之论为病。在这一点上，张栻后来也完全接纳了朱熹的观点。张栻《仁说》曰："指爱以名仁则迷其体，而爱之理则仁也。"④ 在这里，张栻已改变了先前以爱名仁的看法，接受了朱熹仁为爱之理的观点。张栻在给朱熹和吕祖谦两人的信中，都对朱熹"爱之理"之说大加赞赏："所谓爱之理发明甚有力。"⑤ "元晦《仁说》后来看得渠说爱之理之意却好，继而再得渠书，只拈此三字，却有精神。"⑥

---

① 《张栻全集》，第 803 页。
② 《张栻全集》，第 803 页。
③ 朱熹：《答张钦夫论仁说》，《朱熹集》卷三十二，第 1393 页。
④ 《张栻全集》，第 803 页。
⑤ 张栻：《答朱元晦秘书》，《张栻全集》，第 840 页。
⑥ 张栻：《寄吕伯恭》，《张栻全集》，第 893 页。

总之，朱、张二人的仁说，起初观点差异很大，后经过反复辩论，在"天地以生物为心"、仁为"爱之理"、仁包四德等问题上皆取得一致。因此，朱熹在写给朋友的信中兴奋地提到张栻在仁之问题上已无疑问。如《答吕伯恭》："仁字之说，钦夫得书云已无疑矣。"①《答胡广仲》："仁之为说，昨两得钦夫书，诘难甚密，皆已报之。近得报云却已皆无疑矣。"② 张栻的《仁说》，就是在吸纳朱熹意见之后修改而定的，所以与朱熹有诸多相同观点。

二 湖湘学派与江西学派的融通与差异

以陆九渊为代表的江西学派是南宋时期与湖湘学派、朱子学派等地域性学派同时并立的著名学派。陆九渊与朱熹曾经进行过激烈的辩论，他们学术思想的差异很大，所以辩论难合。他们分别代表了宋明理学中理学和心学两大派系，朱、陆之争开启了后世理学和心学辩争之序幕。明代王阳明和罗钦顺争辩，再次掀起理学和心学论辩的高潮。直到现代新儒家，尚有现代新理学和现代新心学之分派。

湖湘学派与江西学派，在学术交往上不如朱子学派与江西学派那么密切，但在学派渊源上湖湘学派与江西学派却有很紧密的联系，同时，在学术思想上二者也有较为复杂的关系。

（一）学术交往

湖湘学派与江西学派的直接交往较少，远不如与朱熹交往那么密切。张栻与朱熹、陆九渊是同时之人，而且张栻、朱熹、吕祖谦三人并称"东南三贤"，然而，朱、陆"鹅湖之辩"时，陆九渊和三贤中的朱、吕二贤到会，张栻却未参加，让人颇觉遗憾。设想要是当时张栻也参会，"东南三贤"齐集，加上意气风发的陆氏兄弟，那将是一番怎样

---

① 《朱熹集》卷三十三，第1425页。
② 《朱熹集》卷四十二，第1956页。

的景象？必会让人产生天下学术尽在此的感觉。

张栻没有参加鹅湖之会，是因为鹅湖之会时（淳熙二年，1175）他正担任静江（今广西桂林）知府，公务在身，山高路远，他便不能来参加这次学术盛会。然而，张栻还是很关注朱、陆学术论辩的，他写信给朱熹，问："陆子寿（陆九龄，字子寿，是陆九渊之兄——引者注）兄弟如何？肯相听否？"① 从语气上看，张栻是倾向于朱熹的。

尽管张栻与陆氏兄弟直接交往不多，但他们彼此之间相当了解，而且相互之间也有对对方的评价。张栻曾经在回复陆九龄的信中说：

> 某闻昆仲之贤有年矣，近岁得之为尤详，每怀愿见，以共讲益，渺然相望而未克遂……讲学不可以不精也，毫厘之差，则其弊有不可胜言者。故夫专于考索，则有遗本溺心之患；而骛于高远，则有躐等凭虚之忧，二者皆其弊也。考圣人之教人，固不越乎致知力行之大端，患在人不知所用力耳，莫非致知也。日用之间，事之所遇，物之所触，思之所起，以至于读书考古，苟知所用力，则莫非吾格物之妙也……元晦卓然特立，真金石之友也。②

在此信中，张栻对陆氏"骛于高远""躐等凭虚"等弊病提出批评，又赞赏朱熹卓然特立，显然对江西之学不满，而赞同朱子之学。朱熹平日常指责江西之学"近禅"，张栻受朱熹影响，对陆九渊也是这个印象。在与朱熹的通信中，张栻谈到这个问题：

> 近有澧州教授傅梦泉来相见，乃是陆子静上足。其人亦刚介有立，但所谈学多类扬眉瞬目之机。子静此病曾磨切之否？亦殊

---

① 张栻：《答朱元晦》，《张栻全集》，第866页。
② 张栻：《答陆子寿》，《张栻全集》，第920页。

可惧。①

有澧州教授傅梦泉者，资禀刚介，亦殊有志，但久从陆子静，守其师说甚力。②

傅梦泉是陆九渊的得意门生。上引两段话证明张栻对陆九渊的学术思想持批判态度。在这里，张栻批判陆九渊"扬眉瞬目"之病，实际上就是指类似于佛禅的毛病。"扬眉瞬目"一词，张栻在另一处也提到，直接就是指佛禅："如释氏扬眉瞬目，自以为得运用之妙，而不知其为妄而非真也。"③

由此看来，张栻对江西之学印象不怎么好，主要是认为江西学近禅而"骛于高远"，不肯格物穷理。这也正是朱熹批判陆学的意思。

陆九渊对张栻也有评说，而且对张栻的评价不错："元晦似伊川，钦夫似明道。伊川蔽固深，明道却通疏。"④ 陆九渊赞扬程颢（明道）而不喜程颐（伊川），对于同时代人，陆氏与朱熹争论难合，所以对朱熹也多有批驳，连带对朱熹的理论源头程颐也批判了。但陆九渊却把张栻（钦夫）比作程颢，这是很高的评价。因为程颢是陆九渊心学的理论源头（后详），把张栻比作程颢，一方面是对张栻的赞扬，另一方面也说明陆九渊自觉地认为张栻及湖湘学派与他属于同一个理论阵营。

另外，据《陆九渊集》记载：

有学者曾看南轩文字，继从先生游，自谓有省。及作书陈所

---

① 张栻：《答朱元晦》，《张栻全集》，第889页。
② 张栻：《答朱元晦》，《张栻全集》，第889页。
③ 张栻：《答吴晦叔》，《张栻全集》，第955页。
④ 《陆九渊集》，中华书局1980年版，第413页。

见，有一语云："与太极同体。"先生复书云："此语极似南轩。"①

"太极"是张栻思想的一个重要范畴，他继承周敦颐的太极学说，融合胡宏思想而提出太极即性的命题。张栻在太极问题上的思考是相当深入的，朱熹对周敦颐太极学说的认识，也受到了张栻的影响。乾道三年丁亥（1167），朱熹38岁，专程来长沙拜访张栻。张栻《诗送元晦尊兄》中有"超然会太极，眼底无全牛"②诗句，朱熹答诗则云："昔我抱冰炭，从君识乾坤。始知太极蕴，要眇难名论。"③从朱熹"从君识乾坤"以及"始知太极蕴"二句来看，朱熹从张栻处获得了一种对太极问题的新的认识。陆九渊显然对张栻的学说也相当了解，所以当他这名弟子说出"与太极同体"的话，他便一语道破是受了张栻的影响。

另有一次，陆九渊的弟子詹阜民按照陆九渊"安坐瞑目，用力操存"的方法夜以继日地用了半个月功，一日下楼，忽然觉得"此心已复澄莹"，詹阜民感叹地对陆九渊说："昔者尝以南轩张先生所类洙泗言仁书考察之，终不知仁，今始解矣。"④

陆九渊与湖湘学派学术交往的另外一件事就是陆九渊接收张栻的弟子，进行学术人才的交流。《宋元学案》记载：

> 胡大时，字季随，崇安人，五峰季子。南轩从学于五峰，先生从学于南轩，南轩以女妻之。湖湘学者以先生与吴畏斋为第一。……最后师象山。象山作《荆公祠记》，朱子讥之，先生独以为荆公复生，亦无以自解。先生于象山最称相得。⑤

---

① 《陆九渊集》，第409页。
② 张栻：《诗送元晦尊兄》，《张栻全集》，第533页。
③ 朱熹：《二诗奉酬敬夫赠言并以为别》，《朱熹集》卷五，第211页。
④ 《陆九渊集》，第471页。
⑤ 《宋元学案》卷七十一《岳麓诸儒学案序录》，第2368页。

胡大时是胡宏的儿子，又是张栻的弟子兼女婿，且为张栻之后湖湘学派最重要的学者，身份特殊，最后也师从陆九渊，颇具典范意义，说明湖湘学派与象山学派关系融洽，学术思想有很深的渊源。

（二）学派渊源和学术思想的相通

南宋时期产生的各个理学学派，是二程弟子们向南传播二程学术的结果。而之所以形成了"理学""心学""性学"等不同的学派，又跟二程兄弟学术思想的差异有关。程颢（明道）的学术思想更倾向于心学，而程颐（伊川）的学术思想则更加倾向于理学。所以牟宗三在研究宋明理学时，特标独特的三系说，即：（1）五峰、蕺山系；（2）象山、阳明系；（3）伊川、朱子系。前两系又可合为一大系，可视为"一圆圈之两来往"，他们上承北宋濂溪、横渠、明道三家，是宋明儒学之大宗。并且说伊川是《礼记》所谓"别子"，朱子是继别子为宗者。① 朱子到底是不是"别子为宗"，值得商榷，不属于本书论题，兹不赘述。然牟宗三在这里严格区分程颢和程颐的思想，却是可取的。同时，牟宗三还认为胡宏（五峰）是真正继承消化程颢思想的人，因此对湖湘学派特别推崇，这也是牟宗三的创见，现在已为学术界广泛接受。牟宗三把五峰、蕺山系与象山、阳明系看成一大系，这也是有道理的，说明以胡宏为代表的湖湘学派和以陆九渊为代表的江西学派是有相通之处的。但同时，他们又分属于性学与心学两个学派，他们的学术思想又有相异冲突的地方。

以下先述其学派相通之处。

湖湘学派与江西学派，都是通过二程高足谢良佐而上接于大程子程颢，而朱子闽学则通过杨时而上接于小程子程颐。尽管湖湘学派中的胡宏也曾师事杨时，但自胡安国开始，湖湘学派的理论本质是契合于程颢的。正因为湖湘学派和江西学派都契接于程颢，所以这两派在理论上更

---

① 参阅牟宗三《心体与性体》（上册）第一部绪论。

197

接近，而契接程颐的朱子学派与他们的差异较大。

那么，二程学术到底有怎样的差异？

实际上，对二程思想做区分，不始于牟宗三。现代新儒家的另外一名代表人物——冯友兰，比牟氏更早地揭示了这个问题。牟宗三在《心体与性体》一书中提出上述观点，该书初版于1968年10月。[①] 然而，早在1934年，冯友兰出版《中国哲学史》上、下册，[②] 就提出了这个观点。他说：

> 明道、伊川兄弟二人，俱以濂溪为师，以康节为友，又与横渠为戚属。兄弟二人之学说，旧日多视为一家之学，故《二程遗书》中所载二人语录，有一部分俱未注明为二人何人之语。但二人之学，开此后宋明道学中所谓程朱陆王之二派，亦可称为理学心学之二派。程伊川为程朱，即理学，一派之先驱，而程明道则陆王，即心学一派之先驱也。[③]

冯友兰在这里说得很明白，程颐（伊川）开理学派，程颢（明道）开心学派。但没提到胡宏之性学派，冯友兰没有关注到胡宏一派。胡宏性学一派的价值和地位为后来的牟宗三所提出和确定，这是他的超绝贡献。冯友兰明确提到二程学术的区别，并且做了具体的分析。

在这里有一个问题需说明，在二程遗书中有些地方标明是"明道先生语"，有些地方标明是"伊川先生语"，而有些地方则仅标以"二先生语"。二先生语到底是谁之语？冯友兰也感到迷惑："遗书中'二

[①] 罗义俊：《宋明理学研究的典范——读牟宗三先生〈心体与性体〉》，见《心体与性体》（下册）附录，第506页。

[②] 蔡仲德：《校勘后记》，见冯友兰《中国哲学史》（上下册）之下册附录，华东师范大学出版社2000年版。

[③] 冯友兰：《中国哲学史》（下册），第238页。

先生语'，未知果为二先生中何人所说。"① 牟宗三却鉴别出："凡属二先生语者大体皆是明道语，至少亦当以明道为主。"② 根据二程学术内容甄别，牟说是。

冯友兰从理、气、性、形上形下、阴阳善恶之消长、修养方法等方面论述了程颢和程颐的学术思想。冯友兰认为，在天理和形上形下问题上，明道所说，不言理离物而独存，故对于形上与形下之分不十分注重。后来的心学派，也不甚区分形上形下，与理学派大异，因此理学派是承继程伊川而来，严格区分形上形下。在善恶论上，明道说天下善恶皆天理。就修养方法言，明道说须先"识得此理"，然后以诚敬存之，此即后来心学派"先立乎其大者"的观念。

总之，湖湘学派与心学派（象山、阳明）由于同属宋明理学一大系，他们的学术观念在一些基本问题上是相通而融的，如道不离物，心为天地万物之主宰，性无善恶（有人说超善恶），在修养工夫方面，湖湘学派的"察识此心，而后操存"与心学派"先立乎其大者"，都属于同一种致思方向，皆源自大程子程颢。

程颢的学术思想开南宋性学和心学之先河，而在这个过程中，程门高弟谢良佐功不可没。湖湘学派与江西学派都是通过谢良佐的转手而契接程颢思想的。

谢良佐，字显道，学者称"上蔡先生"，为程门第一高弟。黄宗羲说：

> 程门高弟，予窃以上蔡为第一。③
> 上蔡在程门中英果明决。其论仁，以觉，以生意；论诚，以实理；论敬，以常惺惺；论穷理，以求是。皆其所独得，以发明师说

---

① 冯友兰：《中国哲学史》（下册），第239页。
② 牟宗三：《心体与性体》（中册），第4页。
③ 《宋元学案》卷二十四《上蔡学案》，第917页。

者也。①

黄宗羲对谢良佐的评价很高，认为谢在程门弟子中首屈一指。谢良佐师事二程兄弟，但更喜爱和服膺程颢的学问，所以接纳继承了程颢的学术思想。

朱熹由于学术宗旨上的差异，对谢良佐多有批判，而且指出谢良佐学术思想与陆九渊的联系：

> 上蔡之说，一转而为张子韶，子韶一转而为陆子静。②

当时人朱震（东发）也说"象山之学原于上蔡"③，并得到全祖望的肯认和称引。可见，从陆九渊生前开始，学术界就认为他的学术思想源于谢良佐，实际上是通过谢良佐而上接于程颢。

与陆九渊一样，湖湘学派也是通过谢良佐而上接程颢的。

湖湘学派开创者胡安国与谢良佐关系非常密切，而且二人在生命本质和性格特征上也很相似，因而胡安国在学术上受到谢良佐决定性的影响。朱熹说："上蔡英发，故胡文定喜之，想见与游、杨说话时闷也。"④ 南宋后期的理学家真德秀曾论述二程洛学南传情形：

> 二程之学，龟山（杨时）得之而南，传之预章罗氏（罗从彦），罗氏传之延平李氏（李侗），李氏传之考亭朱氏（朱熹），此一派也。上蔡（谢良佐）传之武夷胡氏（胡安国），胡氏传其弟子

---

① 《宋元学案》卷二十四《上蔡学案》，第925页。
② 《宋元学案》卷二十四《上蔡学案》，第931页。
③ 《宋元学案》卷二十四《上蔡学案》，第917页。
④ 《朱子语类》卷一百一，第2567页。

五峰（胡宏），五峰传之南轩张氏（张栻），此又一派也。①

可见，湖湘学派在学术上与谢良佐有直接的继承关系。胡宏的弟子们除了张栻在某些问题上接受了朱熹的观点，其他人都坚守源自程颢却又得谢氏发扬的学说，与朱熹进行了激烈的争辩。恰如陆九渊与朱熹的激烈争论一样，都是学术宗旨差异使然。

湖湘学派之所以跟江西学派没有什么争论，除了地缘、学者性格（胡宏大弟子张栻性格较宽容，善于接纳别人的思想，似乎不太喜欢跟人争辩，所以牟宗三说他"禀性清弱"）等因素外，二派在学术宗旨上的相近性恐怕是一个重要的原因。相比之下，湖湘、江西二派与朱子学派的学术差异较大，所以二派都与朱子进行了旷日持久的学术论辩。考察了他们的学术渊源，我们就明白其原因了。

（三）学术思想的差异

湖湘学派与江西学派学术渊源和学术思想的相通，只是相对于朱子学派而言。相较于朱子学派，湖湘学派与江西学派更为相近。按牟宗三的说法，他们同属一大系，而朱子学派则是与这一大系相并立的另外一大系。然而，同属一大系的湖湘学派与江西学派，他们的学术思想还是有差异和冲突的，他们是这一大系中的两小系，或者如牟宗三所言，是"一圆圈之两来往"。

湖湘学派与江西学派同宗大程子，同受谢良佐影响，但是，由于他们继承和发挥程、谢思想的侧重点和程度都不一样，故而显出他们思想观念的差别。

1. 本体论上的差别

程颢思想有心学倾向，为后来心学之先声，但由于处在初创时期，

---

① 《真文忠公读书记》卷三十一，文渊阁《四库全书》第706册，上海古籍出版社1987年版，第106页。

他的心学思想并不那么彻底。在本体论上，他既讲理与心一，又讲理的外在客观性。他说：

> 理与心一，而人不能会之为一。①
> 天理云者，这一个道理，更有甚穷已？不为尧存，不为桀亡。人得之者，故大行不加，穷居不损。②

程颢虽然讲理与心一，但却又特别强调理的外在客观性。在他看来，理是客观存在的，是不以任何人的意志为转移的。因此，在修养工夫上，他既讲"尽心"内求，又讲穷理外索：

> 只心便是天，尽之便知性，知性便知天，当处便认取，更不可外求。③
> 学者须先识仁。仁者，浑然与物同体。义、礼、知、信皆仁也。识得此理，以诚敬存之而已……理有未得，故须穷索。④
> 穷理而至于物，则物理尽。⑤
> 理则须穷，性则须尽。⑥

从这些言论可以看出，程颢内、外兼顾，既讲内在的尽心内省工夫，也讲外在的穷理致知工夫。谢良佐继承程颢思想而加以发挥，更加倾向于心学，但也还是没有完全抛弃外在之理："所谓有知识，须是穷

---

① 《河南程氏遗书》卷五，《二程集》，第 76 页。以下引用程颢语，有的已经在程氏遗书中标明为明道语，有的则标明为"二先生语"，未标明为二先生中何人之语，我们接受牟宗三先生的鉴别："凡属二先生语者大体皆是明道语，至少亦当以明道为主。"
② 《河南程氏遗书》卷二上，《二程集》，第 31 页。
③ 《河南程氏遗书》卷二上，《二程集》，第 15 页。
④ 《河南程氏遗书》卷二上，《二程集》，第 16—17 页。
⑤ 《河南程氏遗书》卷二上，《二程集》，第 21 页。
⑥ 《河南程氏遗书》卷二上，《二程集》，第 27 页。

物理……所谓格物穷理，须是认得天理，始得。所谓天理者，自然底道理，无毫发杜撰。"① 谢良佐是程颢到陆九渊的过渡人物，是心学发展的一个重要环节，但谢氏在这里讲格物穷理，而且这个理也是客观自然的道理，不依人的意志为转移。这一点又类似于伊川、朱子理学了。

因此，程颢和谢良佐的学术思想具有强烈的心学倾向，但还没有完成心学的彻底建构。这个工作是陆九渊完成的。陆氏侧重发展了程颢、谢良佐思想中心学的一面，把"心"提高到宇宙本体的高度。陆九渊说：

人皆有是心，心皆具是理，心即理也。②

四方上下曰宇，往古来今曰宙。宇宙便是吾心，吾心即是宇宙。……宇宙内事，是己分内事。己分内事，是宇宙内事。③

陆九渊把心与宇宙等同起来，断言心是永恒的，无所不有，无所不包。陆九渊的本意是要高扬道德主体的自主意义，他所谓的理不是客观世界的规律，而是道德原则。所谓心则是道德意识。他认为，心是世界的根本，宇宙万物都是以这个心为根本原则而存在。当然，他说的这个心，是指本心，最终的源头是孟子所说的"四端"之心（即恻隐之心、羞恶之心、辞让之心、是非之心）。

陆九渊继承程颢、谢良佐的学术思想，直溯源头而至于孟子。陆九渊又将程颢和谢良佐的心学思想发挥到极致，后来直承陆氏而起的王阳明，更是集心学之大成。如果说，程颢、谢良佐在倾向心学的前提下，还注重理的客观性一面，与理学尚有相通之处，那么，陆九渊和后来的王阳明，就完全抛弃了理的外在客观性，而专注于内在主体精神和主体

---

① 《宋元学案》卷二十四《上蔡学案》，第918页。
② 《与李宰》，《陆九渊集》，第149页。
③ 《杂说》，《陆九渊集》，第273页。

意识的阐发和弘扬。这一点恰恰就是心学派与湖湘学派的思想区别。湖湘学派可以说是原汁原味地继承程颢思想，既有心学的倾向，又注重理的外在客观性。胡宏更是发挥"性"这一概念，将其视为宇宙万物的最高本体，这是他的创新。"性"这一范畴，在宋明理学中本身就是具有主观和客观两种属性的一个概念。理学家推崇的经典《中庸》曰："天命之谓性，率性之谓道，修道之谓教。"这个"性"就是连接天人的纽带。胡宏所说："性立天下之有"①，"大哉性乎，万理具焉，天地由此而立矣"② 等语，都是就宇宙万物而言，认为性为宇宙万物的本体和最高标准，性即理，亦即道。胡宏又说："窃谓未发只可言性，已发乃可言心。"③ 未发为性，已发为心，这里的"性"来自天命，胡宏继承《中庸》思想，也称"天命之谓性"④，"性，天命也"⑤。这里的性，也是连接天人的纽带，天命于人，而又处于未发之"中"的阶段，这就是人之性。

2. 工夫论上的差别

工夫论在宋明理学家那里就是指修养方法论。工夫论与本体论密切相关，对本体怎么理解，相应地就有什么样的工夫入路。理学派理解本体为外在之"理"，他们的工夫入路就是向外的格物穷理；而心学派把本体理解成内在的"本心"，因而他们的工夫入路自然就是向内的反省内求，陆九渊把他这种反省内求的修养工夫叫作"易简"工夫。据《陆九渊集》记载，吕祖谦（伯恭）邀约朱熹、陆九渊等人在信州鹅湖寺集会，讨论学术异同（此即著名的"鹅湖之会"），陆九渊写下"易简工夫终久大，支离事业竟浮沉"的诗句，致使"元晦（朱熹）失

---

① 《胡宏集》，第21页。
② 《胡宏集》，第28页。
③ 《胡宏集》，第115页。
④ 《胡宏集》，第328页。
⑤ 《胡宏集》，第6页。

色"①。所谓"易简工夫"就是说的陆九渊自己的修养工夫,而"支离事业"则是讽刺朱熹。这场辩论主要是讨论"为学之方",朱熹教人先"泛观博览",格物穷理,然后达到对理的认识;陆九渊则主张"先发明人之本心"。陆讥朱为"支离",朱讽陆为"禅学",两人讨论数天难合,最后不欢而散。

陆九渊从其心即理的本体论出发,断绝向外的格物穷理,转而向内在的人之本心求索:"人孰无心,道不外索,患在戕贼之耳。"② 有一次,有个学生问陆九渊怎么找到修养的"下手处",陆答:"格物是下手处。"又问:"如何样格物?"答:"研究物理。"学生再问:"天下万物不胜其繁,如何尽研究得?"陆答:"万物皆备于我,只要明理。"③可见,陆九渊即使讲格物,也不是要向外考察穷索万物之理,而是认为万物皆备于我,只要向内穷究本心之理,明得此理便足矣。陆九渊主要是讲道德修养,他认为人的本心中具有先天而就的道德之理,明得本心之理,就可以自觉自愿地行道德之事,所以不强索外求,只要发明本心就够了。

湖湘学派的工夫论,以胡宏的学说为标准。《知言疑义》引胡宏回答彪居正问尽心、为仁的一段对话:

> 彪居正问:"心无穷者也。孟子何以言尽其心?"曰:"惟仁者能尽其心。"居正问为仁。曰:"欲为仁,必先识仁之体。"……他日,某问曰:"人之所以不仁者,以放其良心也。以放心求心可乎?"曰:"齐王见牛而不忍杀,此良心之苗裔,因利欲之间而见者也。一有见焉,操而存之,存而养之,养而充之,以至于大,大

---

① 《陆九渊集》,第 427—428 页。
② 《陆九渊集》,第 64 页。
③ 《陆九渊集》,第 440 页。

而不已，与天地同矣。此心在人，其发见之端不同，要在识之而已。"①

胡宏的工夫论，在这一段对话中得到了集中的体现：第一，说明为仁的首要一点是"先识仁之体"；第二，提出"以放心求心"的方法，牟宗三先生将其概括为"逆觉体证"。

胡宏讲"先识仁之体"，这跟心学派所谓"先立乎其大者"的致思方向是一致的。但是，心学派讲先立乎其大，用的方法是反省内求，不讲读书考察，是靠一种神秘的"悟"，类似于禅宗的修养方法，因而遭到朱熹等人的批判。心学派的这种方法，对某些天资高，即天生道德意识强的人有效，但对于广大资质"平庸"的普通人，却缺乏普遍有效性。

湖湘学派讲先识仁之体，只是在致思方向上与心学派一致。至于如何识仁之体，湖湘学派与心学派是有区别的。湖湘学派基于其性本体论，在重视本心的同时，也强调向外的格物穷理。胡宏说：

> 理不穷，则物情不尽；物情不尽，则释义不精；义不精，则用不妙……故学必以穷极物理为先也。然非亲之，则不能知味。②
> 物不格，则知不至……是故学为君子者，莫大于致知。③

胡宏强调穷理是要尽"物情"，显然是指向外格物，求索万物之"物情"。这一点有类于伊川、朱子理学派的格物穷理说。

湖湘学派在宋明理学各派中的地位比较特殊。宋室南渡后，二程弟子们在南方各省传播理学，出现了各种不同的地域学派。相对于南宋别

---

① 《胡宏集》，第335页。
② 胡宏：《与张敬夫》，《胡宏集》，第131页。
③ 《胡宏集》，第32页。

的学派，湖湘学派出现最早，因而其思想理论就更多地保留了二程尤其是程颢的思想特点。对于南宋其他学派，湖湘学派有非常重要的启迪作用。朱熹理学和陆九渊心学，由于本体论和工夫论等儒家义理本身的差异，对立较大，湖湘学则介于二者之间，既有心学的倾向，又有理学的因素。

三　湖湘学派与南宋浙东学派的学术交流与思想差异

（一）南宋浙东学派名称的由来及其思想特征

现代学者所谓的浙东学派，有两种含义：一是指南宋时期的浙东学派，朱熹称这一派的学术为"浙学"，主要包含以薛季宣（士龙、艮斋）、陈傅良（君举、止斋）、叶适（正则、水心）为代表的永嘉学派，以陈亮（同甫、龙川）为代表的永康学派以及以吕祖谦（伯恭、东莱）为代表的金华学派（又称婺学）；二是指明末清初的浙东学派，代表人物有黄宗羲、万斯大、万斯同、全祖望、章学诚等。

浙东学派与湖湘学派一样，也是一个地域性特征很明显的概念。有意思的是，湖湘学派，或称湖南一派，最早是由朱熹叫起来的，而浙东学派也是一样，作为一个地域性学派概念，也发源于朱熹。朱熹把当时的浙东学术叫作"浙学"，而且用严厉批判的态度来对待"浙学"，与此同时，也揭示了"浙学"的思想特征。

> 浙学尤更丑陋，如潘叔昌、吕之约之徒，皆已深陷其中，不知当时传授师说何故乖讹便至于此？深可痛恨。[①]
> 江西之学只是禅，浙学却专是功利。禅学，后来学者摸索一上，无可摸索，自会转去。若功利，则学者习之，便可见效，此意

[①] 朱熹：《答程正思》，《朱熹集》卷五十，第2456页。

甚可忧。①

　　陆氏之学虽是偏，尚是要去做个人。若永嘉、永康之说，大不成学问，不知何故如此。②

将这三段引文综合起来看，可以有以下四个方面的解读：第一，朱熹明确提出了"浙学"的概念。第二，朱熹对浙学进行了激烈的批判，甚至认为浙学比江西之学（陆氏心学）更"丑陋"。江西之学本来也是朱熹经常批判的对象，但他与江西学的对立还没有与浙学的对立大。第三，朱熹之所以如此激烈地批判浙学，根本原因就是浙学"专是功利"。朱熹理学是性理心性之学，是讲内圣成德的，因此与功利之学格格不入。从朱熹的这个评价，可知浙学最大的特征就是尚事功（功利）。第四，朱熹批判浙学，在这里专门点出了永嘉、永康两个学派，同时也隐隐指责了吕祖谦是"丑陋浙学"的源头，所谓"传授师说"，就是指吕祖谦。朱熹提到的潘叔昌即潘景愈（字叔昌），为吕祖谦弟子。吕子约即吕祖俭（字子约），是吕祖谦的胞弟，亦从吕祖谦学。朱熹认为潘景愈、吕祖俭等人深陷于"专是功利"的"丑陋浙学"中，吕祖谦负有传授师说"乖讹"之责。

朱熹与吕祖谦私交关系极好，而且认为吕是道学中人，所以对吕的批评较为含蓄。不过，在另外一些地方，朱熹还是对吕祖谦有直接批评的。《朱子语类》载：

　　问东莱之学。曰："伯恭于史分外子细，于经却不甚理会。"……义刚曰："他也是相承那江、浙间一种史学，故恁地。"③
　　伯恭、子约宗太史公之学，以为非汉儒所及，某尝痛与之

---

① 《朱子语类》卷一百二十三，第 2967 页。
② 《朱子语类》卷一百二十二，第 2957 页。
③ 《朱子语类》卷一百二十二，第 2951 页。

辩……迁之学，也说仁义，也说诈力，也用权谋，也用功利，然其本意却只在于权谋功利。①

朱熹批判吕祖谦重史轻经，朱熹的学生提到吕祖谦继承了江、浙间的史学传统。朱熹还谈道，吕祖谦特别推崇司马迁的《史记》，这也是朱熹反对的。为什么反对呢？原来，朱熹认为司马迁之学的本意是讲权谋功利，所以为朱熹所不喜。看来，关键还是在于功利。吕祖谦推崇史学，注重通史致用，从史学中推阐出了功利之学，所以朱熹对吕祖谦重史的倾向颇为不满。

在另外一处，吕祖谦表现出了非常强的功利意识，也遭到朱熹的批判：

> 有以《论语》是非问者。伯恭曰："公不会看文字，管他是与非做甚？但有益于我者，切于我者，看之足矣。"且天下须有一个是与不是，是处便是理，不是处便是弗理，如何不理会得？②

在这里，朱熹批判吕祖谦为我所用的思想观念。朱熹是道学家，凡事都要讲个道义是非，是非之心是孟子所说的"四心""四端"之一，吕祖谦却要人不要管是非，只看是否对我有用，这当然是朱熹所要坚决批判的。

对于吕祖谦与浙学中其他学派的内部关系，朱熹也有评说：

> 伯恭之学，大概尊《史记》。不然，则与陈同甫说不合。同甫之学正是如此。③

---

① 《朱子语类》卷一百二十二，第 2951—2952 页。
② 《朱子语类》卷一百二十二，第 2949—2950 页。
③ 《宋元学案》卷五十一《东莱学案》，第 1676 页。

> 其学（指吕祖谦之学——引者注）合陈君举、陈同甫二人之学问而一之。永嘉之学，理会制度，偏考究其小小者。惟君举为有所长，若正则则涣无统纪，同甫则谈论古今，说王说霸，伯恭则兼君举、同甫之所长。①

朱熹的这两段话，包含了南宋浙学的主要代表人物。朱熹认为永嘉之学重视制度，陈傅良是永嘉学派的代表。永康之学代表陈亮则说王说霸，都是讲经制事功的。吕祖谦则兼二陈之长，意思是集永嘉、永康二派之长。这个结论虽具有颠覆性。朱熹在上引第一段话里还说到陈亮与吕祖谦一样，都推尊《史记》，而且朱熹在和弟子们讨论时，都说陈亮和吕祖谦"被史坏了"②。

从以上所述可以看出，浙东学派（浙学）虽然不是一个完全统一的学术流派，但却有着相对一致的学术宗旨，那就是"尚事功"和"重史学"。这是浙学的两个突出的特征。这一点，后世很多学者都谈到了。如全祖望说：

> 乾、淳之际，婺学最盛。东莱兄弟以性命之学起，同甫以事功之学起，而说斋则为经制之学。考当时之为经制者，无若永嘉诸子，其于东莱、同甫，皆互相讨论，臭味契合。东莱尤能并包一切。③

这里提到吕祖谦最能兼收并包，容纳一切。这是吕祖谦学问和性格的一大特点。当然，也正因这一点，论者目其学"杂驳"。就浙东学派而言，吕祖谦实与永嘉、永康同调，俱为南宋浙学的组成部分，其学术

---

① 《宋元学案》卷五十一《东莱学案》，第1676页。
② 《朱子语类》卷一百二十二，第2965页。
③ 《宋元学案》卷六十《说斋学案》，第1954页。

的最大特征为"尚事功""重史学"。这两个特征，与湖湘学派有一定的联系和契合。

（二）湖湘学派与浙东学派的学术交往与观念契合

湖湘学派与浙东学派有着十分密切的学术交往关系，可以从两个方面来看：一是师友问学，二是学术交流。

1. 师友问学

湖湘学派与浙东学派相互间有复杂的师友问学关系。

一方面，浙东学派代表人物曾师从胡安国等湖湘学派大师，并与张栻等人为友。如永嘉学派薛季宣之父薛徽言师从湖湘学派创始人胡安国，从家学这条路径来看，薛季宣是胡安国再传弟子，故《宋元学案·武夷学案》把薛徽言、薛季宣父子列入胡安国门人后学表中。

又如，金华学派代表人物吕祖谦，与湖湘学派有复杂的学术师友关系。可以从四个方面来看：第一，吕祖谦之父吕大器是曾几的弟子，而曾几则是胡安国的入室弟子，从家学渊源上看，吕祖谦有湖湘学脉；第二，吕祖谦又从学于胡安国侄子兼弟子胡宪，吕祖谦可算上是胡安国的再传弟子。第三，吕祖谦还从学于汪应辰，而汪应辰也是胡安国的弟子；第四，吕祖谦与张栻是好友和学术同道，学术交往十分密切。

另一方面，张栻之后的湖湘学者多从学于浙东学派代表人物。朱熹曾经说到这个情况：

> 今永嘉又自说一种学问，更没头没尾，又不及金溪。大抵只说一截话，终不说破是个甚么，然皆以道义先觉自处，以此传授。君举到湘中一收，收尽南轩门人，胡季随亦从之问学。某向见季随，固知其不能自立，其胸中自空空无主人，所以才闻他人之说，便动。季随在湖南颇自尊大，诸人亦多宗之。凡有议论，季随便为之判断孰是孰非。此正犹张天师，不问长少贤否，只是

211

世袭做大。①

陈傅良是浙东永嘉学派大师，张栻去世后，陈傅良到湖南讲学，湖湘学者纷纷从学于他。连胡大时都师从陈傅良问学，可知朱熹所说"收尽南轩门人"并非虚言，因为胡大时是胡宏的儿子，张栻的弟子兼女婿，是张栻之后湖湘学派的领军人物，朱熹也谈到了胡大时在后期湖湘学派中的地位。尽管朱熹用讥讽的口气说胡大时靠特殊身份"世袭做大"，但也承认在学术上当时湖湘学者都心服于胡大时，所以才让他来判断学术疑难的"孰是孰非"。上述情形也说明，湖湘学派与浙东学派在学脉和学术思想上应该是有相当程度联系的，否则不会出现湖湘学者纷纷从学于浙东学者的盛况。

2. 学术交流

湖湘学派与浙东学派除了较为复杂的相互师承关系外，又有密切的学术交流关系。最突出的就是湖湘学派代表人物张栻与金华学派代表人物吕祖谦以及永嘉学派陈傅良的学术交往。张栻与吕祖谦初识于乾道五年（1169），张栻出任严州太守，而吕祖谦则担任严州州学教授，二人相见恨晚，共同讲学，并兴办州学。乾道六年（1170）五月，吕祖谦改任太学博士，吕祖谦于是年闰五月到达临安，这时张栻也赴都城任职，二人又在京师相聚，而且同巷而居②，日夕讲论。此时，张栻又认识一位浙东学派代表人物陈傅良。据《张宣公年谱》引蔡幼学撰《陈公行状》云："陈君举还过都城，始识公与吕伯恭，数请间扣以为学大指，互相发明。二公亦喜得友，恨相见之晚。"③

张栻与吕祖谦、陈傅良是终生的好友，而他们又都跟朱熹有密切

---

① 《朱子语类》卷一百二十三，第2961页。
② 据宋代吕祖俭、吕乔年编《东莱吕太史年谱》载："公之召也，张公亦自严陵召归为郎，兼讲官，与公同巷居。"见《宋人年谱丛刊》，第6395页。
③ 《宋人年谱丛刊》，第6292页。

的学术来往。张栻与吕祖谦、朱熹并称"东南三贤",三贤的私交关系很好,学术交流十分密切。尤其是三人共同研读和讨论胡宏著作《知言》,并共为《知言疑义》,是学术史上卓有成效的学术合作典范。尽管《知言疑义》之作以朱熹为主,但张栻和吕祖谦对于《知言》的态度以及相关学术问题的看法也在其中有客观的记录和反映。总体而言,三人在对待《知言》的态度上,朱熹辩驳批判得最激烈,因为朱熹这时已经经过了中和旧说到中和新说的思想历程,他的思想体系已经基本确立,而他中和新说后的思想体系与胡宏存在较大的差别,所以批判胡宏不遗余力。张栻是胡宏弟子,心理上应该是想要卫护师说的,无奈在朱熹的强势辩驳下,张栻对师说也信心不足,在多数地方成为朱熹的理论同盟。现代新儒家代表人物牟宗三对张栻特别不满,说他"禀性清弱","力弱才短","蠢然随朱子脚跟转"。牟氏言辞过激,但在理论上张栻在这里确实卫护师门不力。倒是吕祖谦虽然不是胡宏的入室弟子,却对胡宏之说颇多辩护。

3. 思想契合

前文已述浙东学派的两大特征,即"尚事功"和"重史学",这两个特征与湖湘学派有相当程度的契合。湖湘学派的开创者胡安国,被后世称赞宋室南渡后传播洛学之功可与杨时比肩[1],胡安国之学重《春秋》,揭经世致用之旨,这就已经是"尚事功"和"重史学"的先声了。浙东学派多人师从胡安国,或为胡安国的再传弟子,胡安国的这些思想内容定会对他们造成影响。胡安国的这种思想传统也被他的子侄们继承和发展,胡宏是其中最大的理论代表。永康学派代表人物陈亮,读了胡宏的著作后,推崇备至,亲为作序,曰:

---

[1] 全祖望:"南渡昌明洛学之功,文定几侔于龟山。"见《宋元学案》卷三十四《武夷学案》,第1170页。

> 闻之诸公长者，以为五峰实传文定之学。比得其传文观之，见其辨析精微，力扶正道，惓惓斯世，如有隐忧。发愤至于忘食，而出处之义终不苟，可为自尽于仁者矣。其教学者以求仁，终篇之中，未尝不致意焉。①

"惓惓斯世，如有隐忧"，实乃一种经世致用的精神，陈亮之学尚事功，与湖湘学派的经世致用精神有默契之处，所以他如此推崇胡宏。

在理学家非常重视的"理欲"问题上，陈亮认同胡宏的观点。胡宏提出"天理人欲，同体而异用，同行而异情"②，肯定人欲的合理性以及天理、人欲的一致性。对于胡宏的这个观点，陈亮也非常认同，并提出相同的说法："天理人欲可以并行。"③ 陈亮认为天理人欲可以并行不悖，显然是受到胡宏的影响才有此论。在这个问题上，金华学派的吕祖谦也赞同胡宏之论。在《知言疑义》中，当朱熹严厉批判胡宏这个天理人欲的观点时，吕祖谦为胡宏辩护说："'天理人欲同体而异用'者，却似未失。盖降衷秉彝，固纯乎天理，及为物所诱，人欲滋炽，天理泯灭，而实未尝相离也。同体异用，同行异情，在人识之耳。"④ 尽管吕祖谦的辩护理论深度不够，显得有些苍白，但他维护胡宏天理人欲同体异用命题的立场却是相当坚定的。

总之，湖湘学派与浙东学派，因为学派和学术交往等多方面的密切联系，所以他们的思想观念有相当程度的交融契合。永嘉学派的陈傅良，之所以到湖南能"收尽南轩门人"，除了张栻之后湖湘学派缺乏顶立门户的学术大师，更应从思想的契合一致处去看。

---

① 陈亮：《胡仁仲遗文序》，《陈亮集》，中华书局1974年版，第165页。
② 《胡宏集》，第329页。
③ 陈亮：《又丙午秋书》，《陈亮集》，第295页。
④ 《胡宏集》，第330页。

(三) 湖湘学派与浙东学派学术思想的冲突

湖湘学派与浙东学派在思想观念上有契合之处，但是二者也有相当程度的思想差别和观念冲突

张栻曾经在一封写给吕祖谦的信中这样评价永嘉学派代表人物薛季宣：

> 薛士龙及陆、徐、薛叔似诸君，比恨未及识士龙，正欲详闻其为人，但所举两说甚偏，恐如此执害事。事功固有所当为，若曰喜事功，则喜字上煞有病。[1]

这是湖湘学派代表人物张栻对浙东永嘉学派薛季宣（士龙）及其事功学说的明确表态。张栻一方面对永嘉学派追求事功的主张表示肯定，因为湖湘学派本来是有经世致用传统的，然而，另一方面，张栻又对永嘉学派"喜事功"的态度表达不满，因为一个"喜"字则意味着对事功的片面执着追求，就容易忽略儒者更看重的道德追求。

张栻的这个态度，典型地体现了湖湘学派的理论特色。湖湘学派在对待事功问题时，采取的是一种相对辩证的态度，既重视内圣成德，也不忽略外在事功，体现了儒家内圣外王的思想特征。相对而言，浙东学派重视事功，朱子学派则强调内圣，湖湘学派者处于二者之间。湖湘学派重事功的一面与浙东学派有契合之处，但湖湘学派同时又重内圣，而且从某种意义上来说认为内圣比外王事功更加根本，就是在这一点上，与极端重视事功的浙东学派呈现出思想观念的差异和冲突。

湖湘学派与浙东学派的思想差异，突出地表现在以下两个方面。

1. 义利王霸

朱熹曾经与永康学派代表人物陈亮进行了一场激烈的义利王霸之

---

[1] 张栻：《寄吕伯恭》，《南轩集》卷二十五，《张栻全集》，第892页。

辩。朱、陈辩论时，可惜张栻已经去世①，否则张栻当不会置身事外。但是，我们从张栻的一些言论，可以看出他在此问题上是跟朱熹站在同一条战壕里的，与陈亮思想观点不同。

朱熹站在道德的立场上，认为陈亮之说是"义利双行，王霸并用"②，陈亮对朱熹抛过来的这顶帽子并不乐意接受③，但朱熹似乎并没有冤枉陈亮，因为陈亮之学的确如此，而且他自己也说过这话："王霸可以杂用，则天理人欲可以并行矣。"④ 朱熹还对历代帝王进行评价，认为尧、舜、禹、汤、文、武等上古圣王，从"义理之心"出发，所行的是"王道"，而汉、唐以来的君主，由于是从利欲之心出发，所行的则是"霸道"。朱熹批评历史上汉、唐诸君假仁借义，实则是行利欲之私：

> 若高帝，则私意分数犹未甚炽，然已不可谓之无。太宗之心，则吾恐其无一念之不出于人欲也。直以其能假仁借义以行其私。⑤

在朱熹看来，汉唐君主，一代更比一代坏。朱熹主要是考察他们的心理动机，认为汉唐君主心理动机是功利，而不是仁义，他们"假仁借义"，口说仁义，标榜仁义，而实际上则在仁义的幌子下大行其私。

陈亮则站在功利学派的立场上，提出反驳的意见，肯定汉、唐诸君的事功修为。他说：

> 谓三代以道治天下，汉唐以智力把持天下，其说固已不能使人

---

① 张栻逝于淳熙七年（1180），而朱、陈义利王霸之辩酝酿于淳熙八、九年，于淳熙十一年（1184）形成高潮。
② 朱熹：《与陈同甫》，《朱熹集》，第 1590 页。
③ 陈亮：《又甲辰秋书》，《陈亮集》，第 280 页。
④ 陈亮：《又丙午秋书》，《陈亮集》，第 295 页。
⑤ 陈亮：《答陈同甫》，《朱熹集》，第 1592 页。

心服;而近世诸儒遂谓三代专以天理行,汉唐专以人欲行……亮以为汉唐之君本领非不洪大开廓,故能以其国与天地并立,而人物赖以生息。①

朱熹站在道德的立场上,根据帝王的心理动机贬斥汉唐之君;而陈亮则站在功利的立场上,评判帝王的事功效果而褒赞汉唐之君。两人对汉唐之君的评价截然相反,完全是因为理学学派与事功学派的思想观点不同所致。

湖湘学派代表人物张栻,虽然未及见到朱熹与陈亮的这场激烈而精彩的论战,但是,张栻在上述根本问题上与朱熹的思想是一致的。张栻说:

笃实辉光,左右逢原,莫非天理之所存也。使后之人知夫人皆可以为圣人,而政必本于王道。②

学者潜心孔孟,必得其门而入,愚以为莫先于义利之辩……凡有所为而然者,皆人欲之私,而非天理之所存,此义利之分也。③

可以看出,张栻也是崇尚"王道",反对"霸道"的。同时,张栻也提倡理欲之分,义利之别。在另外一处,张栻和朱熹一样,也明确批判秦汉以来帝王们的功利之心:

自秦汉以来,言治者汨于五伯功利之习,求道者沦于异端空虚之说,而于先王发政施仁之实,圣人天理人伦之教,莫克推寻而讲

---

① 《又甲辰秋书》,《陈亮集》,第281页。
② 《癸巳孟子说序》,《张栻全集》,第239页。
③ 《孟子讲义序》,《张栻全集》,第753页。

明之。①

张栻这里的说法跟朱熹一致,他们重先王,轻后世,认为自秦汉以来,君主治理国家都是习用功利之效,先王之道未得体现。即使是所谓"求道"的学者,也溺于异端空虚之说,先王之道也没有得到传承。唯有通过北宋周敦颐以及二程兄弟等人的努力,接续道统,才使得先王之道得以"复明"。

可见,在义利王霸这个朱熹与陈亮辩论的焦点问题上,张栻完全与朱熹一致,而与陈亮等事功学派相冲突。因为湖湘学派毕竟是一个理学学派,讲心性修养,内圣成德,这是理学学派的特点。尽管湖湘学派也重视事功,但他们毕竟还是遵循儒家的传统义理路数,认为内圣更为根本,事功只是内圣成德所带出来的外王结果。这一点,胡宏说得很明白:

圣人知天命存于身者,渊源无穷,故施于民者溥博无尽,而事功不同也。②

天命之德存于身,施于民则可发展出各种不同的事功。这是典型的儒学由内圣而外王的致思方向,这是理学学派的理论学说,这一点湖湘学派与朱子学派是完全一致的。

2. 道统说

在道统说上,湖湘学派与朱子学派一样,都认为儒家有一个独特的传道统系,他们的这个观念遭到浙东学派学者的反驳。

"道统"是儒家的重要思想。一般认为,唐代韩愈第一次提出儒家

---

① 张栻:《南康军新立濂溪祠记》,《张栻全集》,第706页。
② 《胡宏集》,第9页。

有一个始终一贯的有别于佛道的传道谱系:"尧以是传之舜,舜以是传之禹,禹以是传之汤,汤以是传之文、武、周、公,文、武、周、公传之孔子,孔子传之孟轲。轲之死,不得其传矣。"① 尽管是韩愈明确提出儒家的传道统系,但是,早在先秦时期,儒家思想的创始人孔子就有道统意识。韩愈所列举的尧、舜、禹、汤、文、武、周公等人,是孔子崇敬和赞扬的。子思在《中庸》中称孔子"祖述尧舜,宪章文武",表达的就是道统观念。

朱熹继承了韩愈的道统学说,在很多地方提到"道统"一词,如:"子贡虽未得承道统,然其所知似亦不在今人之后。"② 又如:"《中庸》何为而作也?子思子忧道学之失其传而作也。盖自上古圣神继天立极,而道统之传有自来矣。"③

宋明理学家大都接受韩愈在《原道》中提出的传承道统的名单。韩愈在提出这个名单时还委婉地表达了他自己以继道统而自任的意思,但是,让他始料不及的是,宋明理学家却并不给他这个面子,而是把他排除在了道统之外。宋明理学家大都认为接续孟子之后道统的是周敦颐和二程兄弟。如胡宏说:

> 周子启程氏兄弟以不传之学,一回万古之光明,如日丽天,将为百世之利泽,如水行地。其功盖在孔、孟之间矣。④

胡宏认为周敦颐启二程以不传之学,在儒学史上的功劳可以同孔子和孟子相媲美,足见他对周敦颐推崇之至。

又如张栻说:

---

① 韩愈:《原道》,《唐宋八大家散文》,北京出版社2006年版,第18页。
② 《答陆子静》,见《朱熹集》,第1584页。
③ 朱熹:《中庸章句序》,《四书章句集注》,上海古籍出版社2001年版,第17页。
④ 胡宏:《周子通书序》,《胡宏集》,第161—162页。

> 惟先生崛起于千载之后,独得微旨于残编断简之中……孔孟之意,于以复明。①

张栻赞扬周敦颐"推本太极"之功,肯定了其在接续孔孟道统中的巨大贡献。

与胡宏、张栻等人一样,朱熹对周敦颐也极其推崇,他说:

> 《太极图》立象尽意,剖析幽微。②
> 直卿云:"《通书》便可上接《语》《孟》。"曰:"比《语》《孟》较分晓精深,结构得密。"③

朱熹认为周敦颐发明太极之旨无毫发可疑,而且《通书》超过《论语》和《孟子》,这样的评价可以说是无以复加了。

朱熹与胡宏等人又特别推崇二程兄弟在传承道统中的作用。朱熹说:

> 夫尧、舜、禹,天下之大圣也……若吾夫子,则虽不得其位,而所以继往圣,开来学,其功反有贤于尧舜者……自是而又再传以得孟氏,为能推明是书,以承先圣之统,及其没而遂失其传焉……程夫子兄弟者出,得有所考,以续夫千载不传之绪。④

朱熹这里的说法中,孟子以前的道统传承,跟韩愈并无二致。但孟子之后,没有韩愈的位置,直接说是二程兄弟承续道统了。

---

① 《张栻全集》,第 706 页。
② 朱熹:《答张敬夫》,《朱熹集》卷三十一,第 1320 页。
③ 《朱子语类》卷九十四,第 2389 页。
④ 朱熹:《中庸章句序》,《四书章句集注》,第 17—18 页。

胡宏也有相似的说法：

> 自尧而下，有大舜，有伯禹，商有汤，周有文王，群圣相继……独吾夫子穷不得居天位，道德之积与天地同大……孟氏实得其传。孟氏既没，百家雄张，著书立言，千章万句，与六经并驾争横……大宋之兴，经学倡明……属之谁乎？曰：程氏兄弟，明道先生、伊川先生也。①

可见，朱熹与胡宏在道统说上的观点是一致的。第一，宣称儒家有一个群圣相继的道统。第二，上古时期的道统至孟子断绝，汉唐是道统无传的时期，恰如朱熹所说："千五百年之间，正坐如此，所以只是架漏牵补，过了时日。其间虽或不无小康，而尧、舜、三王、周公、孔子所传之道，未尝一日得行于天地之间也。"② 第三，宋代周敦颐和二程兄弟继不传之学，重续道统。当然，朱熹和胡宏等人都委婉地表达了他们自己也是绍续儒家道统的人。但是，当时的浙东学派却对他们的这个观念进行了批判。

陈亮认为汉、唐诸君在道统的接续上也起了非常重要的作用，并且嘲讽朱熹等人所谓的"得不传之绝学"的说法是"皆耳目不洪，见闻不惯之辞也"③。对于朱熹等人自孟子至于周敦颐、二程这一千多年道不得其传的说法，陈亮直指其失：

> 一生辛勤于尧舜相传之心法，不能点铁成金而不免以银为铁，使千五百年之间成一大空阙，人道泯息而不害天理之常运，而我独

---

① 胡宏：《程子雅言前序》，《胡宏集》，第156—157页。
② 朱熹：《答陈同甫》，《朱熹集》，第1592页。
③ 陈亮：《又乙巳春书之一》，《陈亮集》，第288页。

卓然而有见，无乃甚高而孤乎！宜亮之不能心服也。①

陈亮非常重视历史，在他看来，汉唐之君本领洪大开廓，以其国与天地并立，而人物赖以生息。如此伟大的事业，绝对不能说道统断绝。这显然还是以事功为标准来判断道统的承续。

永嘉学派的代表人物之一叶适，从史学的角度质疑孔门传道谱系的合理性。叶适在《习学记言序目》中，经过一系列的考证，指出曾子独得其传而后传诸人的说法不可靠，其目的则是要解构理学家宣称的独得孔孟之传的"神话"。

以上所述可以证明，在道统说上，湖湘学派与朱熹的观点一致，而与浙东学派呈现出较大的差异和思想观念的冲突。朱熹与陈亮等人对此问题进行了激烈的辩论，尽管湖湘学派的代表人物没有直接参与这场辩论，但从胡宏、张栻等人的思想观念来看，他们是朱熹的盟友，而与浙东学派为思想之敌。

第四节　湖湘学派与佛教的关系

一　宋代的宗教政策及理论界的批佛思潮

佛教经过魏晋南北朝和隋唐的发展，已经在中国社会中深深地扎根开花。在整个宋代，佛教有强大的影响力。宋朝立国319年，历传18帝，除宋徽宗在很短一段时间因为狂热崇奉道教而排佛外，都采取扶助佛教的政策。宋太祖以兵变武力夺取天下后，实行宽松的文化政策，既崇儒也兴佛，修葺寺院，派沙门157人赴印度求法。其后的宋太宗、真宗、仁宗、英宗、神宗、哲宗等皆采取弘法兴佛的政策，致使佛门香火旺盛，出家者众多。据统计，北宋时全国寺院达4万余所，僧尼43万

---

① 陈亮：《又乙巳春书之二》，《陈亮集》，第290页。

人，私度者尚不在此数。寺院有自己的田产甚至商铺，寺院经济规模庞大。南宋建立之后，虽偏安一隅，国力衰微，但朝野之人仍然崇佛，僧尼仍有 20 万以上，另外，很多知识分子都参禅问道，佛禅影响人心至深。

宋代理学就是在与佛禅的冲突斗争和互摄融合中产生和发展壮大的。尽管儒家与道家、佛教与道家都有冲突，但在儒者心目中，产生于中国本土的道家和道教"祸害"远远没有来自异域的佛教那么大，佛学跟儒学的思想差异更严重，因而儒、佛文化冲突最剧烈。这一点，二程的说法最具代表性："如杨、墨之害，在今世则已无之。如道家之说，其害终小。惟佛学，今则人人谈之，弥漫滔天，其害无涯。"[1] 在二程看来，孟子当年批判的杨、墨，已经消弭了；道家之言虽然还有影响，但"其害终小"；只有佛学"人人谈之"，所以二程认为佛学为害最大，他们批判佛老，最主要的还是批判佛学。这是宋代理学家的共识。

宋代大部分批佛的思想家，最初都有一个出入佛老的经历。正因为如此，他们的批佛才能深入其营垒，洞悉其理论，同时也能取珠还椟，借鉴佛学思想中的真正有益成分，来建构理学的理论体系。

北宋时期，张载和二程对佛学的批判和融摄最为典型。

张载，字子厚，陕西眉县人，因曾在眉县横渠镇讲学，人称张横渠。张载及其弟子大多是关中人，当时张载一派的学说被称为"关学"。张载是宋明理学中"气本论"的代表人物，其学被后来的王廷相、王船山等人继承和发挥。王船山对张载崇敬有加，曾自题墓石云："希张横渠之正学而力不能企。"张载的"横渠四句"，即"为天地立心，为生民立命，为往圣继绝学，为万世开太平"，为历代士人尊崇信奉，影响至深。

张载提出"气"是世界的本体，有形有象可见的万物和看来空虚

---

[1] 《河南程氏遗书》卷一，《二程集》，第 3 页。

无物的太虚都是气所构成的。他说：

> 太虚无形，气之本体，其聚其散，变化之客形尔。①
> 太虚不能无气，气不能不聚而为万物，万物不能不散而为太虚。②

张载所说的"本体"，是指本来的状态。在他看来，太虚、气、万物的关系只是聚散的关系，气聚则有形，散则无形，皆为一气之变化。太虚虽无形无象，却又是真实无妄的。张载认为，无论是老氏的"有生于无"，还是释氏的"一切皆空"，都是不能成立的。他说：

> 若谓虚能生气，则虚无穷，气有限，体用殊绝，入老氏"有生于无"自然之论，不识所谓有无混一之常；若谓万象为太虚中所见之物，则物与虚不相资，形自形，性自性，形性、天人不相待而有，陷于浮屠以山河大地为见病之说。此道不明，正由懵者略知体虚空为性，不知本天道为用，反以人见之小因缘天地。明有不尽，则诬世界乾坤为幻化。③

佛家"诬世界乾坤为幻化"，导致以人生为幻，否弃人伦，这是佛家和儒家的一个重要分际。张载说：

> 释氏语实际，乃知道者所谓诚也，天德也。其语到实际，则以人生为幻妄，〔以〕有为为疣赘，以世界为阴浊，遂厌而不有，遗而弗存……观其发本要归，与吾儒二本殊归矣。道一而已，此是则

---

① 张载：《正蒙·太和篇第一》，《张载集》，中华书局1978年版，第7页。
② 张载：《正蒙·太和篇第一》，《张载集》，第7页。
③ 张载：《正蒙·太和篇第一》，《张载集》，第8页。

彼非，此非则彼是，固不当同日而语。其言流遁失守，穷大则淫，推行则诐，致曲则邪。①

张载指出佛学人生为幻的言论是一种歪理邪说，在理论上站不住脚，若推行则有害。

张载又从儒家的人性论出发，对佛教的佛性论进行批判。他说：

释氏之说所以陷为小人者，以其待天下万物之性为一，犹告子"生之谓性"。今之言性者，〔汗〕漫无所执守，所以临事不精。学者先须立本。②

人性论是儒家哲学的一个非常重要的问题，历代儒学大师对此问题都有论述。佛教也谈佛性论，而且受到儒家的影响，佛性被心性化。只不过，心性化之后的佛性论依然保持其特质，以解除烦恼和痛苦，超脱现世为目标，佛性清净空寂，并且认为一切众生万物皆有佛性，这与儒家颇异其趣。儒家人性论与善恶的道德判断密切相关，强调"人禽之别"，即人与其他动物的区别。以思孟学派为代表的儒学正宗理论认为，人之所以为人而区别于其他动物就在于人先天地具有恻隐、羞恶、辞让、是非"四心"，它们是仁义礼智四德之端芽，有了这四心，只要善加呵护和扩充，人就会达到较高的道德境界。

张载在人性论问题上有一个很大的理论贡献，那就是提出了"天地之性"与"气质之性"的学说，他说：

形而后有气质之性，善反之，则天地之性存焉。③

---

① 张载：《正蒙·乾称篇第十七》，《张载集》，第65页。
② 张载：《张子语录·语录中》，《张载集》，第324页。
③ 张载：《正蒙·诚明篇第六》，《张载集》，第23页。

225

张载认为包括人在内的万事万物都是由气凝聚而成的，每个人都有气的本来状态，即太虚的本性，这就是"天地之性"，是善的来源，这是一方面。另一方面，人生成而获得形体之后，由于禀受的阴阳二气不同，每个人又有其特殊形体和本性，这就叫"气质之性"。天地之性清彻纯一，无不善；气质之性杂而不纯，故可善可恶。要想使气质之性去恶向善，就要"善反之"而"变化气质"。

张载从自己的理论体系出发，认为若要"变化气质"，还得"穷神知化""穷理尽性"，即探索天地万物的奥秘，认识外物和人生的规律，扩充先天而有的至善本性，达到与"天德"合一的境界。佛教则由于主张万法皆空，视现象世界为幻妄，不知穷理，故其尽性亦为空无，没有实际内容。张载批判曰：

> 儒者穷理，故率性可以谓之道。浮屠不知穷理而自谓之性，故其说不可推而行。[1]

可见，张载从自己的理论体系出发，深入佛老义理，对其进行批判，比起韩愈等人简单化的反佛言论要高明。

二程与张载一样，也有出入佛老的经历。程颐说其兄程颢"泛滥于诸家，出入于老、释者几十年，返求诸六经而后得之"[2]。程颐自己则自小就喜欢跟禅客交流："先生少时，多与禅客语，欲观其所学浅深。"[3] 对佛教徒读经的钻研精神，程颐颇为欣赏："伊川尝言：'今僧家读一卷经，便要一卷经中道理受用。儒者读书，却只闲了，都无用处。'"[4] 程颢曾对佛家的礼仪极其赞赏："明道先生尝至禅寺，方饭，

---

[1] 张载：《正蒙·中正篇第八》，《张载集》，第31页。
[2] 程颐：《明道先生行状》，《河南程氏文集》卷十一，《二程集》，第638页。
[3] 《河南程氏遗书》卷三，《二程集》，第63页。
[4] 《河南程氏外书》卷十二，《二程集》，第443页。

见趋进揖逊之盛,叹曰:'三代威仪,尽在是矣。'"① 正因为二程对佛学相当赞赏和了解,他们才认为佛学也有可取之处:

异教之书,"虽小道必有可观者焉"。②

佛、庄之说,大抵略见道体。③

问:"佛当敬否?"曰:"佛亦是胡人之贤智者,安可慢也?至如阴阳卜筮择日之事,今人信者必惑,不信者亦是孟浪不信。如出行忌太白之类,太白在西,不可西行,有人在东方居,不成都不得西行?又却初行日忌,次日便不忌,次日不成不冲太白也?"④

程颐认为佛祖亦是外族的贤智之人,不可轻慢。倒是中国本土的江湖算卦、择日等,是无稽之谈,文化糟粕。尽管二程兄弟认为佛教属于"小道",却也"略见道体",有"可观者"。说佛教为"小道",当然是站在儒家的立场说话的,但二程也在一定程度上肯定了佛学,对佛祖也是敬佩的。而且,在理论上,二程也借鉴佛学思想成果,用以建构自己的思想体系。譬如,华严宗提出的对世界看法的"四法界"说,对二程哲学的理气观产生了巨大的影响。所谓四法界,即事法界、理法界、理事无碍法界、事事无碍法界。所谓"事法界",是指形形色色的现象世界;所谓"理法界",指清净的本体世界;这两种世界互相包容而无妨碍,就叫"理事无碍法界";各种现象事物之间也都相互包容而无妨碍,叫"事事无碍法界"。华严宗把世界区分为"理"和"事",即本体和现象两个世界,其"理事无碍"的命题,就是讨论本体与现象两个世界的关系问题。他们认为本体与现象两个世界不能绝对割裂开

---

① 《河南程氏外书》卷十二,《二程集》,第443页。
② 《河南程氏遗书》卷二上,《二程集》,第37页。
③ 《河南程氏遗书》卷十五,《二程集》,第156页。
④ 《河南程氏遗书》卷十八,《二程集》,第216页。

来，现象世界（事法界）依赖于本体世界（理法界）而存在，而本体世界也存在于现象世界之中。这种对本体和现象两个世界的论述，直接影响了二程以理气观为标志的哲学本体论。程颐说：

  离了阴阳更无道，所以阴阳者是道也。阴阳，气也。气是形而下者，道是形而上者。①

  程颐在这里严分形而上和形而下，形而上者是道，形而下者是气。"道"和"理"是同一个层级的概念，就是指形而上的本体世界，而阴阳之气则是形而下的现象世界。理和气、本体界和现象界的关系是"体用一源，显微无间"②，即至微而隐的"体"与至显而著的"用"，亦即本体和现象融会无间。就社会伦理而言，日常人伦生活和最高的伦理目标融会一致，洒扫应对即是人伦至理："圣人之道，更无精粗，从洒扫应对至精义入神，通贯只一理。"③ 二程坦承这个理论与佛家相通："洒扫应对，与佛家默然处合。"④

  二程以一种开放宽阔的胸怀对待佛学，愿意吸收佛学中的有益成分。但是，他们对佛学与儒学的巨大差异和冲突是相当清楚的，所以他们满怀忧虑地说：

  惟佛学，今则人人谈之，弥漫滔天，其害无涯。⑤
  杨、墨之害，甚于申、韩，佛氏之害，甚于杨、墨。⑥

---

① 《河南程氏遗书》卷十五，《二程集》，第162页。
② 程颐：《易传序》，《二程集》，第689页。
③ 《河南程氏遗书》卷十五，《二程集》，第152页。
④ 《河南程氏遗书》卷七，《二程集》，第98页。
⑤ 《河南程氏遗书》卷一，《二程集》，第3页。
⑥ 《河南程氏粹言》卷一，《二程集》，第1179页。

二程站在正宗儒学的立场上，对佛教之害相当担忧，故而从理论上对佛学进行了批判。

佛教宣称人生为苦海，生、老、病、死等人生之常皆为苦，因此以超脱生死轮回，往生极乐世界为旨归。二程对此进行了批判：

> 佛学只是以生死恐动人。可怪二千年来，无一人觉此。是被他恐动也。圣贤以生死为本分事，无可惧，故不论死生。佛之学为怕死生，故只管说不休。①
>
> 有生者，必有死；有始者，必有终；此所以为常也。为释氏者，以成坏为无常，是独不知无常乃所以为常也。今夫人生百年者常也，一有百年而不死者，非所谓常也。释氏推其私智所及而言之，至以天地为妄，何其陋也！②

在二程等儒者看来，人有生有死，这是人生之常，没什么可怕的，也没必要多谈论。一个人只要尽伦尽责，对生死平静地接受，就可以了，恰如张载所言："存，吾顺事，没，吾宁也。"③ 而佛教则因为怕死，所以把生死问题说得那么恐怖，"以生死恐动人"，力图免除生死，所以喋喋不休地说这个问题，最终得出天地为妄、人生无常的结论，从而认为一切皆空，毁绝人伦，对此，二程深恶痛绝：

> 古亦有释氏，盛时尚只是崇设像教，其害至小。今日之风，便先言性命道德，先驱了知者，才愈高明，则陷溺愈深……其术大概且是绝伦类，世上不容有此理。又其言待要出世，出哪里去？又其迹须要出家，然则家者，不过君臣、父子、夫妇、兄弟，处此等

---

① 《河南程氏遗书》卷一，《二程集》，第3页。
② 《河南程氏外书》卷七，《二程集》，第394页。
③ 张载：《正蒙·乾称篇第十七》，《张载集》，第63页。

事，皆以为寄寓，故其为忠孝仁义者，皆以为不得已尔……人之有耳目口鼻，既有此气，则须有此识，所见者色，所闻者声，所食者味。人之有喜怒哀乐者，亦其性之自然，今强曰必尽绝，为得天真，是所谓丧天真也。①

在儒家看来，君臣、父子、夫妇、兄弟以及忠孝仁义等，都是人生不可推逃的伦常，一个人就是要在社会上承担这些义务和责任，这样社会才能运行。佛教视人生为无常和寄寓，提倡出家出世，在儒家看来就是毁弃人伦，不承担社会义务和责任。二程之时，佛禅流行，不但一般的人信佛迷佛，许多"高明"之士都陷溺其中，这让二程深感忧虑。

进入南宋，社会上信佛迷佛之风不但没有衰减，反而有愈演愈烈之势，理学集大成者朱熹描述当时的状况，说："佛氏乃为遁逃渊薮。今看何等人，不问大人小儿，官员村人商贾，男子妇人，皆得入其门。"②可见朱熹生活的时代佛教在社会上的影响之广。

受当时社会风气的影响，朱熹本人早年也有一段出入佛老的经历。朱熹曾经自述其早年学禅经历曰：

"鸳鸯绣出从君看，莫把金针度与人"，他禅家自爱如此。某年十五六时，亦尝留心于此。一日在病翁所会一僧，与之语。其僧只相应和了说，也不说是不是；却与刘说，某也理会得个昭昭灵灵底禅。刘后说与某，某遂疑此僧更有要妙处在，遂去叩问他，见他说得也煞好。及去赴试时，便用他意思去胡说。是时文字不似而今细密，由人粗说，试官为某说动了，遂得举。（时年十九。）后赴同安任，时年二十四五矣，始见李先生。与他说，李先生只说不

---

① 《河南程氏遗书》卷二上，《二程集》，第23—24页。
② 《朱子语类》卷一百二十六，第3037页。

是。某却倒疑李先生理会此未得，再三质问。李先生为人简重，却是不甚会说，只教看圣贤言语。某遂将那禅来权倚阁起。意中道，禅亦自在，且将圣人书来读。读来读去，一日复一日，觉得圣贤言语渐渐有味。却回头看释氏之说，渐渐破绽、罅漏百出。①

朱熹在这里说到，他在二十四五岁拜师李侗之前，一直对禅学有极强的兴趣。朱熹是个学问悟性极高的人，五六岁时就对宇宙自然有极强的探索欲，常常沉思天体如何，外面是何物，八岁就能对易经有所领悟，坐沙画八卦。因此，当他在早年的老师刘子翚处闻听禅师（据考证此禅师为道谦）之语，就能理会得个"昭昭灵灵底禅"。在他拜师李侗之前，对佛禅进行了深入广泛的阅读和研究，甚至在参加科举考试时还用禅说打动试官，得科中举。这时，朱熹对禅学应该是非常崇敬和信奉的。

对这一段学佛参禅经历，朱熹还有很多追述。如：

以先君子之余诲，颇知有意于为己之学，而未得其处，盖出入于释老者十余年。近岁以来，获亲有道，始知所向之大方。②
熹于释氏之说，盖尝师其人，尊其道，求之亦切至矣，然未能有得。③

朱熹在诗作中也表达了对佛学的痴迷：

端居独无事，聊披释氏书。暂释尘累牵，超然与道俱。门掩竹

---

① 《朱子语类》卷一百四，第 2620 页。
② 朱熹：《答江元适》，《朱熹集》卷三十八，第 1727 页。
③ 朱熹：《答汪尚书》，《朱熹集》卷三十，第 1265—1266 页。

林幽，禽鸣山雨余。了此无为法，身心同晏如。①

朱熹的家世是"婺源著姓，以儒名家"。其父朱松，终生服膺儒学，朱熹从小就受到良好的家庭儒学教育。在跟随"武夷三先生"学习期间，对禅学产生浓厚的兴趣。但是，在他二十四岁赴同安县主簿任时，拜见了他最重要的老师李侗。这次拜师，是朱熹思想由禅归儒的转折点。李侗是罗从彦的门人，罗从彦则是二程高足杨时的弟子，因而李侗的学术思想渊源于理学正宗二程。只不过，李侗不善言辞，但还是能指点朱熹回归于儒学之途。

回归儒学之后，朱熹对佛学进行了不遗余力的批判。

与二程一样，朱熹对佛学和道家都批判，但却认为佛学为害最深："庄、老绝灭义理，未尽至。佛则人伦灭尽，至禅则义理灭尽。"② 朱熹认为佛禅将人伦和义理毁弃灭尽，为害最深。

朱熹批佛的一个最大的特点就是从本体论上对佛学进行批驳。他说：

> 佛氏偏处只是虚其理。理是实理，他却虚了，故于大本不立也。③
>
> 吾儒心虽虚而理则实。若释氏则一向归空寂去了。④
>
> 佛说万理俱空，吾儒说万理俱实。⑤

朱熹从"实理"和"虚理"，"实"和"空"的对立来揭示儒和佛

---

① 朱熹：《久雨斋居诵经》，《朱熹集》卷一，第17页。
② 《朱子语类》卷一百二十六，第3014页。
③ 《朱子语类》卷一百二十六，第3027页。
④ 《朱子语类》卷一百二十六，第3015页。
⑤ 《朱子语类》卷十七，第380页。

的区别，指出佛教的错误就是"但知虚，而不知虚中有理存焉"①。认为佛"理"是"虚"，是"空"，而儒"理"则是"实"，是"有"，这是儒和佛在"大本"处的差别。有此大本之差，才有公私、义利等的不同。

那么，在朱熹看来，儒家的这个"实理"，内容到底如何呢？与历代儒者一样，朱熹最看重的就是仁义礼智等人伦纲常，他所说的这个"实理"，既包括天地阴阳变化的规律，更包含日用道德伦常的内容，他非常强调天理的伦理性。他说：

> 夫天下之事莫不有理，为君臣者有君臣之理，为父子者有父子之理，为夫妇，为兄弟，为朋友，以至于出入起居、应事接物之际，亦莫不各有理焉。有以穷之，则自君臣之大以至事物之微，莫不知其所以然与其所当然，而无纤芥之疑，善则从之，恶则去之，而无毫发之累。②

天下之事皆有理，君臣、父子、夫妇、兄弟、朋友五伦之理无可逃于天地之间，是天理在人世间的体现，儒家伦理就是天理，就是人人都应遵守的"天则"。朱熹把儒家伦理与天理挂钩，就是要论证儒家伦理的合理性、必然性、绝对性和永恒性，从而为儒家伦理确定宇宙本体论的依据。这也是宋明理学家的共识。

总体而言，理学家在对佛学进行不遗余力的批判的同时，也对佛学理论有所借鉴，以此来建构理学家们各自的理论体系，从而发展和完善儒学。在这方面，朱熹作为理学集大成者，表现得尤为典型。

譬如，在对待世界的看法上，朱熹与二程一样，也严格区分形而上

---

① 《朱子语类》卷九，第159页。
② 朱熹：《行宫便殿奏札二》，《朱熹集》卷十四，第547页。

的本体界和形而下的现象界,坚决反对形而上和形而下混淆不分:

> 天地之间,只有动静两端,循环不已,更无余事,此之谓易。而其动其静,则必有所以动静之理焉,是则所谓太极者也……谓太极含动静则可(自注:以本体而言也),谓太极有动静则可(自注:以流行而言也),若谓太极便是动静,则是形而上下者不分,而"易有太极"之言亦赘矣。①

这种严格区分形而上和形而下,即本体界和现象界的观念,贯穿朱熹哲学思想中的宇宙本体论以及人性论等方面,他这种总体性的思维方式就是受到佛学的强烈影响而形成的。

又如,在朱熹哲学思想中,有一个非常重要的观念,就是"理一分殊",这个观念也来源于佛学。

"理一分殊"是宋明理学家重点探讨的一个问题。此说在周敦颐、张载哲学中已有思想萌芽,二程明确提出了这个概念。程颢说:"'中庸'始言一理,中散为万事,末复合为一理。"② 这已经是相当明确的"理一分殊"观念了。正式提出"理一分殊"四个字的是程颐,他在回答杨时对张载《西铭》的怀疑时,说:

> 《西铭》之为书,推理以存义,扩前圣所未发,与孟子性善养气之论同功,(原注:二者亦前圣所未发。)岂墨氏之比哉!《西铭》明理一而分殊,墨氏则二本而无分。(原注:老幼及人,理一也。爱无差等,本二也。)分殊之蔽,私胜而失仁;无分之罪,兼爱而无义。分立而推理一,以止私胜之流,仁之方也。无别而迷兼

---

① 朱熹:《答杨子直》,《朱熹集》卷四十五,第2153—2154页。
② 《河南程氏遗书》卷十四,《二程集》,第140页。

爱，至于无父之极，义之贼也。子比而同之，过矣。且谓言体而不及用。彼欲使人推而行之，本为用也，反谓不及，不亦异乎？①

杨时怀疑《西铭》讲民胞物与，有墨氏兼爱之嫌，所以程颐复书加以释正。《西铭》原文并没有讲到理一分殊，程颐则根据自己的理解提出这一范畴。朱熹继承前人思想，将"理一分殊"学说发扬光大，达到非常精致的程度。

"理一分殊"主要解释作为宇宙万物本体的"总理"（太极）与现象界各类事物所具有的"分理"之间的关系。朱熹说：

> 太极只是天地万物之理。在天地言，则天地中有太极；在万物言，则万物中各有太极。②

在朱熹看来，就天地宇宙而言，有一个总的太极（理）；而就万物言，又是人人有一太极，物物有一太极。如何理解这一点呢？朱熹借用佛家"月印万川"的比喻来说明：

> 不是割成片去，只如月印万川相似。③
> 本只是一太极，而万物各有禀受，又自各全具一太极尔。如月在天，只一而已；及散在江湖，则随处而见。④
> 近而一身之中，远而八荒之外，微而一草一木之众，莫不各具此理……然虽各自有一个理，又却同出于一个理尔……释氏云："一月普现一切水，一切水月一月摄。"这是那释氏也窥见得这些

---

① 《答杨时论西铭书》，《二程集》，第609页。
② 《朱子语类》卷一，第1页。
③ 《朱子语类》卷九十四，第2409页。
④ 《朱子语类》卷九十四，第2409页。

道理。①

朱熹在这里明确提到佛家"月印万川"的比喻，可见他并不讳言自己的思想受佛学影响的事实。

二 湖湘学派对佛学的批判和吸收

（一）湖湘学派对佛教的批判

在湖湘学派思想理论的创立和成熟过程中，胡安国、胡寅、胡宏父子三人起到了至关重要的作用。胡安国是这一学派的创始人，也是湖湘学派思想理论的奠基者。胡寅守父说甚力，是湖湘学派重要的理论代表。胡宏则是湖湘学派学术理论的集大成者，对其父的思想理论有继承和发展，独创"性本论"哲学体系，使湖湘学派理论发展成熟完备，后得张栻等英才的佐助发扬，成为当时影响最大的一个学派。后人对胡氏父子和湖湘学派多有赞美性的评价。如：全祖望在《宋元学案》中说："南渡昌明洛学之功，文定几侔于龟山，盖晦翁、南轩、东莱皆其再传也。"②这是赞扬胡安国（武夷）在湖南一带南方之地传播洛学的功绩。又，全祖望说："武夷诸子，致堂、五峰最著……当洛学陷入异端之日，致堂独皎然不染，亦已贤哉！"③这是赞扬胡寅（致堂）和胡宏（五峰）在胡安国诸子中学术地位之高，尤其称赞胡寅批判佛学等"异端"思想的功劳。正因为胡氏父子的杰出贡献，所以黄宗羲称赞湖湘学派说："湖南一派，在当时为最盛。"④朱熹评论当时学术界的状况，说士子学人"深以不得卒业于湖湘为恨"⑤。可见，从朱熹开始，

---

① 《朱子语类》卷十八，第398—399页。
② 见《宋元学案》卷三十四《武夷学案》，第1170页。
③ 见《宋元学案》卷四十一《衡麓学案》，第1340—1341页。
④ 见《宋元学案》卷五十《南轩学案》，第1611页。
⑤ 朱熹：《答刘公度》，《朱熹集》卷六十四，第3399页。

历代儒者都认为湖湘学派在当时是最有名的一个理学学派。

儒家学者对佛学的批判和借鉴，可以看作是一次中外（中印）文化大冲突和大融合的思想文化运动。这次思想文化运动无论是对儒学，还是对佛学，都产生了极其深刻的影响。就儒学而言，儒者通过吸收借鉴佛学的理论成果而完善和建构儒学理论，使儒家理论更加全面和精致。在宋明理学各学派的产生和发展成熟过程中，佛学起到了相当重要的作用。

湖湘学派的开创者胡安国及其子胡寅、胡宏等人，处在一个非常特殊的历史时期。从政治和社会的角度看，金人入侵，中原沦陷，生灵涂炭；从思想文化的角度看，异族入侵带来巨大的文化浩劫，佛、老"异端"肆行造成剧烈的文化冲突，这种种社会、政治、思想和文化的冲突，让胡安国、胡寅、胡宏这些信守儒学，同时又具有强烈的卫道和经世情怀的真儒者感触特别不一般。他们"感激时事"，一定要重振儒学，恢复儒家道统。在对待佛、道二家思想的问题上，湖湘学者与二程等理学家一样，也认为当时的佛、道二家是"异端"，但在二者之中，佛学之"害"甚于道家。湖湘学者对佛、道二家都有批判，但对佛学的批判尤其严厉激烈。胡寅甚至认为佛教比中国历史上任何"异端"学说都要有"害"。他说：

> 佛之教，一削其发，身披胡服，即视父母如路人，接六亲如粪土，以本心为妄，以伪行为真……乱伦兼爱，与墨氏相似，而其设伪善辩，则又甚焉。[1]

在历史上，墨家也是被儒家力辩攻击的"异端"学说，胡寅在这里说到，佛教之害甚于墨家。因此，胡寅专门撰著《崇正辩》一书，

---

[1] 胡寅：《崇正辩》卷一上，《斐然集·崇正辩》，第647—648页。

对佛学进行集中批判。胡寅在序言中开宗明义，表明他撰著《崇正辩》的目的，曰：

> 《崇正辩》何为而作欤？辟佛之邪说也。佛之道孰不尊而畏之，曷谓之邪也？不亲其亲而名异性为慈父，不君世主而拜其师为法王，弃其妻子而以生续为罪垢。是沦三纲也。视父母如怨仇，则无恻隐；灭类毁形而无耻，是无羞恶；取人之财，以得为善，则无辞让；同我者即贤，异我者即不肖，则无是非：是绝四端也。三纲四端，天命之自然，人道所由立，惟蛮夷戎狄则背违之，而毛鳞蹄角之属咸无焉。①

可以看出，胡寅批判佛教的态度是相当激烈的。他的这个态度，是湖湘学派对佛教态度的典型代表。胡寅认为佛教绝灭三纲四端，而三纲四端是儒家学说的核心内容，因此，在他看来，佛教和儒家是势不两立的。他在这里指斥佛家毁绝三纲四端，就是夷狄，甚至是毛鳞蹄角之类的禽兽。表面看来言辞过甚，而其实胡寅的内心与其父胡安国一样，也是感于当时的思想界的现实，生恐儒家伦常毁于异族夷狄之手：

> 佛氏固不能戴地而履天也，固不能冬葛而夏裘也，固不能鼻饮而口嗅也，固不能水车而路舟也。以一身受天地万物之用，皆无以异于人，而独于人伦至理则毁除之，以为非出世法，而鄙天地万物谓之幻妄。则何异食饭而曰此非饭也，乃土也；饮水而曰此非水也，乃火也，而可信乎？故圣人恶异端之害正术，恶邪说之溺良心，恶似是而非者。谨华夷之辨，以扶持人理，不使沦胥于夷狄、

---

① 胡寅：《崇正辩序》，《斐然集·崇正辩》，第622页。

禽兽而罔觉也。①

谨华夷之辨，不让儒家伦理文化毁灭于"夷狄"之手，这是湖湘学者激烈批判佛教的真正心理动机。胡宏也有同样的言论，他说：

> 释氏之妄大有害于人心。圣王复起，必不弃中华之人，使入于夷类也。②

胡宏与其父兄一样，对华夷之辨也是相当注重的。在异族入侵，"异教"肆行的历史时期，他呼唤有"圣王"起来禁绝异说，以防止中华之人沦于夷狄之类，实际上是强烈地担忧中华伦理文化被"异教"所灭，这是他们卫道和忧患意识的体现。

1. 批判佛教视天地万物为"空幻"的思想

胡宏认为："释氏与圣人，大本不同。"③ 大本不同，即说佛教与儒家在宇宙本体论上的不同。儒家目世界万物为"有"和"实"，而佛教则视世界万有为"空"和"幻"。

胡宏批判佛教曰：

> 释氏不知穷理尽性，乃以天地人生为幻化。④

胡寅批判佛教曰：

> 佛之道以空为至，以有为幻，此学道者所当辩也。今日月运乎

---

① 胡寅：《崇正辩》卷三上，《斐然集·崇正辩》，第741页。
② 胡宏：《知言·大学》，《胡宏集》，第34页。
③ 胡宏：《与原仲兄书二首》，《胡宏集》，第122页。
④ 胡宏：《与原仲兄书二首》，《胡宏集》，第121页。

239

天,山川著乎地,人物散殊于天地之中,虽万佛并生,亦不能消除磨灭而使无也。日昼而月夜,山止而川流,人生而物育,自有天地以来,至今而不可易,未尝不乐也。此物虽坏而彼物成,我身虽死而人身犹在,未尝皆空也。①

胡寅从自然界的日月运行、山止川流以及人物生生不息的客观存在的角度,批判佛教万物皆空、以有为幻的思想。胡寅在这里表达出来的观念,与现代哲学和科学对世界的认识颇为一致。

胡宏还进一步指出,佛教不仅视天地万物为幻化,而且视父母所生的血肉之躯亦为幻化之物:

释氏以尽虚空沙界为吾身,大则大矣,而以父母所生之身为一尘刹幻化之物而不知敬焉,是有间也。有间者,至不仁也,与区区于一物之中沉惑而不知反者何以异?②

佛教否定天地万物存在的真实性,指天地万物为虚幻,甚至连自己的血肉之身也否定了。如此彻底地否定物与我的真实存在,导致的结果就是遗世出家,不担当任何社会伦理义务。胡宏认为这不仅在理论上错误,在实践中也是非常有害的。他说:

释氏狭隘褊小,无所措其身,必以出家出身为事,绝灭天伦,屏弃天理,然后以为道,亦大有适莫矣,非邪说暴行之大者乎?③

胡宏指出,佛教让人出家,这是毁弃人伦天理,是最大的邪说

---

① 胡寅:《崇正辩》卷一下,《斐然集·崇正辩》,第663页。
② 胡宏:《知言·往来》,《胡宏集》,第13页。
③ 胡宏:《与原仲兄书二首》,《胡宏集》,第121页。

暴行。

胡寅在《崇正辩》中也有相同的言论：

> 释氏……弃父母出家而不顾，见蝼蚁蚊蚋则哀矜之，谓之别亲疏，可乎？①

> 佛非父母所生乎？而以妻子为世之余，何也？……孔子曰："君子之道，造端乎夫妇，及其至也，察乎天地。"彼佛者有见于淫欲，无见于天理，故以独往为至道。差之毫厘，失之千里，此之谓也。②

儒者强调世俗的人伦责任以及人类的繁衍和发展，在对待家庭问题上，特别重视要有子嗣后代，所谓"不孝莫过无后"，没有子嗣，让家族断绝，是对父母祖先最大的不孝。胡寅认为佛教讲出家，不娶妻生子，把人的正常欲望看作是"淫欲"，这是"有见于淫欲，无见于天理"（儒者认为符合社会伦理规范的正常的饮食男女是天理），可谓差之毫厘，失之千里。

2. 批判佛教"万法皆心"的思想

胡宏说：

> ……茫然无所底止，而为释氏所引，以心为宗，心生万法，万法皆心，自灭天命，固为己私。小惑难解，大碍方张，不穷理之过也。③

胡寅说：

---

① 胡寅：《崇正辩》卷一上，《斐然集·崇正辩》，第633页。
② 胡寅：《崇正辩》卷三上，《斐然集·崇正辩》，第738页。
③ 胡宏：《知言·阴阳》，《胡宏集》，第9页。

> 佛教以心为法，不问理之当有当无也。心以为有则有，心以为无则无……以心为空，起灭天地，伪立其德，以扰乱天下。①

又：

> 圣学以心为本，佛氏亦然，而不同也。圣人教人正其心，心所同然者，谓理也、义也。穷理而精义，则心之体用全矣。佛氏教人以心为法，起灭天地而梦幻人世，擎拳植拂，瞬目扬眉以为作用，于理不穷，于义不精，几于具体而实则无用，乃心之害也。②

儒、佛两家都重视"心"的作用，但又有根本性的不同。儒家重心，但心是实，心具众理，主体之心含具客观之理，所以一切行动都是按照天地自然的规律而为。胡氏兄弟批判佛教以心为法，以一己之心为标准，心是空，没有客观自然之理来规范，实际上等于没标准。以心为法，否定客观之理，就会导致轻视自然规律，蔑视社会规范的后果，胡宏愤怒地指出："无典章法度者，释氏也！"③胡宏对佛家不遵守奉行"典章法度"难以容忍。当然，胡宏在这里所指的典章法度，只是儒家的典章法度，佛家亦有其特殊的典章法度。

胡宏的得意门生张栻，继承胡宏之意，也对佛教"万法皆心"的思想进行批判。张栻说：

> 夫天命之全体流行无间，贯乎古今，通乎万物者也。众人自昧之，而是理也何尝有间断？圣人尽之，而亦非有所增益也……若释氏之见，则以为万法皆吾心所造，皆自吾心生者，是昧夫太极本然

---

① 胡寅：《崇正辩》卷二上，《斐然集·崇正辩》，第689页。
② 胡寅：《崇正辩》卷一下，《斐然集·崇正辩》，第669页。
③ 胡宏：《知言·天命》，《胡宏集》，第2页。

之全体，而返为自利自私，天命不流通也，故其所谓心者是亦人心而已，而非识道心者也。《知言》所谓自灭天命，固为己私，盖谓是也。①

儒家所说的天命流行，贯通古今万物，是一种客观的存在，不是人心能增益和毁灭的。张栻认为，佛家说心生万法，实际上是对天命流行的公理性和客观性并不真正理解，是一种"自私自利"的观念。

3. 批判佛学心与理分离的思想

胡安国从哲学的角度提出"心与理一"，同时对佛学心与理为二的理论进行了批判。

胡安国说：

> 无所不在者，理也；无所不有者，心也。物物致察，宛转归己，则心与理不昧。故知循理者，士也。物物皆备，反身而诚，则心与理不违。故乐循理者，君子也。天理合德，四时合序，则心与理一。②

> 四端固有非外铄，五典天伦不可违。在人则一心也，在物则一理也。充四端可以成性，惇五典可以尽伦，性成而伦尽，斯不二矣。③

胡安国强调"心与理一"，主观的"人心"与客观的"物理"合一不二，皆为人伦宇宙的本体。人伦秩序与宇宙秩序通而为一，相容无碍，主体的伦理意识必须符合客观的伦理规范，而客观的伦理规范也要通过主体的伦理意识和伦理践履得以呈现。与历代儒者一样，胡安国所

---

① 张栻：《答胡季立》，《张栻全集》，第900页。
② 胡寅：《先公行状》，《斐然集》卷二十五，《斐然集·崇正辩》，第522页。
③ 胡寅：《先公行状》，《斐然集》卷二十五，《斐然集·崇正辩》，第523页。

说的"理",最重要的内容是仁义礼智、忠孝廉节等道德伦理规范,他特别强调要穷理尽性,而且要把这些伦理规范落实到人生实践当中去,让每一个人都在社会和政治生活中尽伦尽责,尽职尽守。因此,胡安国批判佛教曰:

> 释氏虽有了心之说,然知其未了者,为其不先穷理,反以理为障,只求见解于作用处,全不究竟也。以理为障而求见解,故穷高极大而失其居。失其居,则惑人也,故无地以崇其德。至于流遁,莫可致诘,于作用处全不究竟,故接物应事颠倒差谬,不堪点检。①

佛教对"心"也是有独特见解的,但跟儒家相比,最大的问题就是以"理"为障,不先穷理,不把客观之理作为心体的内容,其结果是接物应事"颠倒差谬,不堪点检"。

胡安国"心与理一"的思想被胡寅、胡宏等人继承下来。胡寅在《崇正辩》中说:

> 理与心一。谓理为障,谓心为空,此其所以差也。圣人心即是理,理即是心,以一贯之,莫能障者。②

胡寅在这里也明确提到心与理一,这是对其父胡安国思想的继承。胡安国在批判佛家时说佛家以理为障,不先穷理,这一点也被胡寅完全继承。他说:

---

① 胡寅:《先公行状》,《斐然集》卷二十五,《斐然集·崇正辩》,第523页。
② 胡寅:《崇正辩》卷二上,《斐然集·崇正辩》,第689页。

> 佛氏以理为障，安得称其穷理？父子、君臣，理之不可易也，而佛氏以为幻妄，是于理未尝穷也。理既不穷，而曰尽性者，犹人未尝食稻而曰饱，未尝衣帛而曰暖。①

在胡寅看来，"理"的重要内容是父子、君臣等人伦之理，他认为佛家不穷理，即不可谓尽性。以理为障，心与理不能统一，其结果就是"心"与"迹"分离：

> 佛氏以心迹为两途，凡其犯理悖义，一切过失必自文，曰："此粗迹，非至道也。"譬如有人终日涉泥涂，历险阻，而谓人曰"吾足自行耳，吾心未尝行也"，则可信邪？②

胡寅认为佛家以心迹为两途，故其犯理悖义而文过饰非，行为乖僻而宣称心得至道。这一切都是心与理不能统一的结果。

胡宏继承和发扬其父胡安国的思想，从"道"和"物"的角度来批判佛教心与理为二的观念。胡宏说：

> 释氏离物而谈道。③
> 即物而真者，圣人之道也；谈真离物者，释氏之幻也。④

胡宏坚决反对佛教离物谈道的观念，因为他主张道不离物，物不离道，这一点他是说得很明确的：

---

① 胡寅：《崇正辩》卷二上，《斐然集·崇正辩》，第699页。
② 胡寅：《崇正辩》卷二下，《斐然集·崇正辩》，第705页。
③ 胡宏：《与原仲兄书二首》，《胡宏集》，第121页。
④ 胡宏：《知言·往来》，《胡宏集》，第13页。

> 道不能无物而自道，物不能无道而自物。道之有物，犹风之有动，犹水之有流也。①

在胡宏看来，道和物是一个整体，不能分离。作为本体的"道"就存在于作为现象的"物"之中，求道必由物，要于"物中求道"，不能离物求道。佛家因为认万物为空，所以否弃万物，离物求道。其结果就是体用分离，绝物遁世。

胡宏说：

> 彼（指佛教——引者注）惟欲力索于心，而不知天道，固其说周罗包括高妙玄微，无所不通，而其行则背违天地之道，沦灭三纲，体用分离，本末不贯，不足以开物成务，终为邪说也。②

> 圣人明于大伦，理于万物，畅于四肢，达于天地，一以贯之。性外无物，物外无性。是故成己成物，无可无不可焉。释氏绝物遁世，栖身冲寞，窥见天机有不器于物者，遂以此自大。谓万物皆我心，物不觉悟而我觉悟，谓我独高乎万物。于是颠倒所用，莫知所止。③

胡宏的哲学体系名为性本论，"性"是他思想体系中的最高范畴。他所说的"性"，与"道""理"等为同一层级的范畴。在胡宏看来，道外无物，物外无道。同样，性外无物，物外无性。道与物一，性与物一。道与物，性与物，都是融合无碍的。胡宏承认佛教对"心"有所认识，但由于对道物关系认识错误，因而导致其体用分离、弃物遗世、毁形出家的行为错误。

---

① 《胡宏集》，第 4 页。
② 《胡宏集》，第 224 页。
③ 《胡宏集》，第 6 页。

4. 批判佛教的禁欲主义

人的欲望问题，是思想家们关注和讨论的重要问题之一。佛家看到欲望给人带来痛苦，因此在对待这个问题时特别极端，采取完全的禁欲主义。而对于儒家而言，他们对于"欲"则采取了一种较为辩证的态度，反对"纵欲"，也不赞同"禁欲"，而是主张"寡欲""节欲"。

"天理人欲"是宋明理学家讨论的重点问题。湖湘学派第一理论大师胡宏，对此问题提出了超越往圣的理论，对儒家理欲观做出了超绝的贡献，同时也有力地批判了佛、道等"异端"的"禁欲"和"无欲"思想。

在理欲观上，胡宏提出"天理人欲同体而异用"的命题，在宋明理学中很有特色。他说：

> 天理人欲同体而异用，同行而异情。进修君子宜深别焉。[①]

胡宏在这里提出的"理欲同体"论，肯定了天理和人欲皆源于人的本性，反对离欲言理、视天理人欲势不两立的观点。这里的"同体而异用"之"体"，就是指本体，在胡宏哲学中即是指"性"。

胡宏的理欲观同他的"性"论密切相关。胡宏论性分宇宙万物和人类社会两个范围，就第一个范围而言，性为宇宙万物的本体；就第二个范围来说，性属于未发之"中"。性在宇宙万物本体以及未发之"中"阶段，无所谓善恶。未发为性，无所谓善恶，已发为心，乃可言善恶。未发之时，圣人与众生同一性，即不可以善恶言的性，在此阶段，圣、凡之性皆无善恶，没有区别。区别只在已发之后。已发后能寂然不动感而遂通者，为圣人所独有。从未发之性的阶段看，圣、凡无别，天理、人欲共存，所以说天理人欲"同体"。"异用"是说心之发

[①] 朱熹等：《知言疑义》，载《胡宏集》，第329页。

用。性之已发者为心，在未发阶段天理人欲同体无异，然到了已发之心的阶段，就出现"中节"与"不中节"的分野。圣人发而中节，众人不中节，中节者为是、为正、为善，不中节者为非、为邪、为恶，这就是所谓"异用"。因此，胡宏反对天理人欲势不两立，是从本体和人的本性上来说，即人的本性中天理人欲共存，在这一阶段，天理人欲不相离，无先后、主次之分，无善恶之别。善与不善，是看已发之后的情况。所以胡宏说："凡人之生，粹然天地之心，道义完具，无适无莫，不可以善恶辨，不可以是非分，无过也，无不及也。此中之所以名也。夫心宰万物，顺之则喜，逆之则怒，感于死则哀，动于生则乐。欲之所起，情亦随之，心亦放焉……众人昏昏，不自知觉，方且为善恶乱，方且为是非惑。惟圣人超拔人群之上，处见而知隐，由显而知微，静与天同德，动与天同道，和顺于万物，浑融于天下，而无所不通。此中和之道所以圣人独得。"[1] 此段引文中的"粹然天地之心"即是指未发之"性"，此性不可以善恶辨，不可以是非分，在人，则为未发之"中"。后面"心宰万物"之心则是指已发之"心"，此心有善有恶，圣人独得中和之道，发而皆中节，静与天同德，动与天同道，而"众人"则被是非、善恶惑乱，本心放失，滋生邪欲。

由于在未发之性的阶段，天理人欲共存，且无所谓善恶，所以胡宏肯定人正常的生存和生理需要皆是本性所有，这种"人欲"是合理的，是符合天理的。所以他说："好恶，性也。"[2] 又说："目于五色，耳于五声，口于五味，其性固然，非外来也。"[3] 也就是人正常的对于声、色、臭、味等的生理爱好，是本性所固有，是不好以善恶去评判的，是一种自然本性。是趋善还是趋恶，是看发动之后的动机和效果。"小人

---

[1] 朱熹等：《知言疑义》，载《胡宏集》，第332页。
[2] 朱熹等：《知言疑义》，载《胡宏集》，第330页。
[3] 《胡宏集》，第9页。

好恶以己,君子好恶以道。察乎此,则天理人欲可知。"① 这是从动机上看,小人从一己之私出发,君子从公共道义出发,这就显出了天理人欲的区别;而发而中节与不中节,即符不符合社会道德规范,就是从效用上来看天理人欲之别。但无论如何,胡宏总是从已发之用上来评判天理人欲、善与恶的区别,在未发之性上,是不好评判的。对于"圣人"来说,由于深知天理人欲同处于未发之性,在此阶段不分善恶,所以圣人从来不禁欲,而是积极地肯定人的正常情欲和各种生存需求。他说:"人以情为有累也,圣人不去情;人以才为有害也,圣人不病才;人以欲为不善也,圣人不绝欲;人以术为伤德也,圣人不弃术;人以忧为非达也,圣人不忘忧;人以怨为非宏也,圣人不释怨。"② 这就是说,圣人与凡人一样,也具有各种生存需求和感性情欲,因为这都源于人的未发之性,而圣人与凡人的区别就在于圣人"因其性而导之,由于至善"③,即针对圣、凡共同所有的天命之性而因势利导,使其为善,而不趋于恶。这个因势利导,就是在已发之心上做工夫。未发之性上没有差别,天理人欲也共处一体,没有分野;已发之心上做的工夫,才可使天理人欲显出善与不善的区别。

胡宏又从"公"和"私"的分别上来谈"欲"。他说:"一身之利,无谋也,而利天下者则谋之;一时之利,无谋也,而利万世者则谋之。"④ 这是儒家的一贯主张。儒者提倡这种崇高的道德理想,克去一己之私,谋求天下万世之利。这种救世主心态有时候达到了悲壮的程度。天下万世之公是天理,一己之私是人欲。这种用公私来说明天理人欲的思想,也是绝大部分理学家的共同看法。比如,朱熹说:"天理人欲,同行异情。循理而公于天下者,圣贤之所以尽其性也;纵欲而私于

---

① 朱熹等:《知言疑义》,载《胡宏集》,第 330 页。
② 朱熹等:《知言疑义》,载《胡宏集》,第 333—334 页。
③ 《胡宏集》,第 9 页。
④ 《胡宏集》,第 24 页。

一己者，众人之所以灭其天也。"① 程颐说："人心私欲，故危殆。道心天理，故精微。灭私欲则天理明矣。"② 提出私欲和天理的对立。在理学家看来，人欲和私欲并无原则区别，因此，对"存天理，灭人欲"的正确理解应是"存天理，灭私欲"。从这个角度看，理学家并不都否定正常的"人欲"。

胡宏的理欲观是湖湘学派在这一理论领域的"定论"，为他的弟子和子弟们继承和坚守。胡宏提出这一理论，本身就是对佛、道"禁欲"和"无欲"思想的有力批判，即所谓"字字辟佛"。胡宏也在多处指出佛教禁欲出家的错误，道家否定人的正常欲望的可笑。如：

> 释氏狭隘褊小，无所措其身，必以出家出身为事，绝灭天伦，屏弃天理。③

> 夫人目于五色，耳于五声，口于五味，其性固然，非外来也。圣人因其性而道之，由于至善，故民之化之也易。老子曰："不见可欲，使心不乱。"夫可欲者，天下之公欲也，而可蔽之使不见乎？④

胡宏基于他自己的理欲观而对佛、道两家进行评判，指出佛教出家屏绝天理人伦的错误，而道家要不见可欲，也是完全不可能的。胡宏肯定人的正常欲望的合理性，是人的本性要求，只不过要根据人的本性对人的欲望进行因势利导的控制和引导，使其往善的方向发展。

胡宏的得意门生张栻，继承胡宏的理欲观，对佛教禁欲主义进行了批判。张栻说：

---

① 朱熹：《四书章句集注》，第 255 页。
② 《遗书》卷二十四，《二程集》，第 312 页。
③ 胡宏：《与原仲兄书二首》，《胡宏集》，第 121 页。
④ 胡宏：《知言·阴阳》，《胡宏集》，第 9 页。

> 所谓无欲者，无私欲也。无私欲则可欲之善著，故静则虚，动则直。虚则天理之所存，直则其发见也。若异端之谈无欲，则是批根拔本，泯弃彝伦，沦实理于虚空之地，此何翅霄壤之异哉？不可不察也。①

张栻在这里把儒家和佛家对待"欲"的态度的区别讲得很明白。儒家讲"欲"，一般是指"私欲"，讲"无欲"，不是完全摒弃正常合理的欲望，而是讲要去除"私欲"。这跟佛教的观念是完全不同的。佛教讲无欲，则是"批根拔本，泯弃彝伦"，即连根拔起，弃绝一切欲望，这是儒家坚决反对的。

张栻又用饮酒等具体事例来说明：

> 酒之为物，本以奉祭祀，供宾客。此即天之降命也。而人以酒之故，至于失德丧身，即天之降威也。释氏本恶天降威者，乃并与天之降命者去之。吾儒则不然，去其降威者而已……释氏本恶人欲，并与天理之公者而去之；吾儒去人欲，所谓天理者昭然矣。譬如水焉，释氏恶其泥沙之浊，而窒之以土，不知土既窒，则无水可饮矣。吾儒不然，澄其泥沙，而水之澄清者可酌。此儒释之分也。②

儒家认为正常的"饮食男女"这类欲望需求，是"天理"，而过度邪侈的欲望则是"人欲"。张栻指出佛教不能正确对待符合"天理"的人的正常欲望与基于私欲的邪恶的欲望，认为一切欲望都不好，把任何欲望都抛弃了。好比看到水中有泥沙，就用土把井全填埋，从而无水可

---

① 张栻：《答罗孟弼》，《南轩集》卷二十六，《张栻全集》，第913页。
② 张栻：《酒诰说》，《南轩集》补遗，《张栻全集》，第1187—1188页。

饮。儒家则去其泥沙，让水澄清，自然酌饮。这就体现了儒、佛两家在对待"欲"的问题时的本质差别。应该说，在此问题上，儒家的态度更为辩证，符合人性。

（二）佛学对湖湘学派的影响

与所有理学家一样，尽管湖湘学派的学者们对佛学进行了坚决的批判，但他们也都又在不同程度上受到了佛学的影响。

黄宗羲在《宋元学案》中评价湖湘学派说："湖南一派，如致堂之辟佛，可谓至矣。而同学多入于禅。"① 黄宗羲在这里是说湖湘学派很多人都入于禅，这是事实。胡宏在《与原仲兄书二首》中说："顷观来书，颇推信释氏，此误之大者。"② 胡原仲即胡宪（籍溪），是朱熹早年的老师。胡宪是胡安国兄子③，胡宏的堂兄。胡宪与胡安国有师承关系。朱熹曾经谈到胡宪师事胡安国并爱好佛老的事实："籍溪学于文定，又好佛老。"④ 胡宪是胡安国的侄子，同时也是他的弟子。朱熹说胡宪"好佛老"，胡宏则在书信中指出胡宪"推信释氏"的错误。这说明胡宪对佛学确实是相当沉迷的。

张栻在一封写给彪居正（德美）的信中说：

> 来书虽援引之多，愈觉泛滥。大抵是舍实理而驾虚说，忽下学而骤言上达，扫去形而下者而自以为在形器之表。此病恐不细，正某所谓虽辟释氏，而不知正堕在其中者也。⑤

彪居正（德美）是胡宏的弟子，在胡宏门人之中，张栻之下，即

---

① 《宋元学案》卷三十四《武夷学案》，第1200页。
② 《胡宏集》，第120页。
③ 朱熹：《跋刘平甫家藏胡文定公帖》："胡公之子侍郎守桐江，兄子籍溪先生以布衣特起，典教乡郡。"《朱熹集》卷八十一，第4167页。
④ 《朱子语类》卷一百四，第2619页。
⑤ 张栻：《答彪德美》，《南轩集》卷二十五，《张栻全集》，第897页。

数彪居正，当时有"彪夫子"之称。据《南岳志》记载，朱熹亦"敬其年德，以前辈推之"。乾道元年（1165），刘珙（字共父）为"荆湖南路安抚使"，知潭州，全面修复了岳麓书院，礼聘彪居正主管书院，而请张栻主其教事。可见，彪居正也是湖湘学派的重要成员。张栻指出，彪居正主观上是辟佛，但是却不自觉地陷入佛学之中。

胡宪和彪居正两人，只是湖湘学派学者溺佛的两个例证。黄宗羲说湖南一派多入于禅，一语概括，并非虚言。他们的溺佛，有的是主动推信佛学，而有的却是不自觉的，自以为在辟佛，却又滑到佛学中去了。这也说明当时佛学在社会上影响力之大，佛学理论在思想界影响之深。

湖湘学派中除了胡宪、彪居正等次要一些的人物受到佛学强烈影响之外，其主要的代表性人物如胡安国、胡宏等人，即使深入批判了佛教，但他们的人生经历和思想理论还是受到了佛学的影响。

胡安国虽然批佛，但却又与寺僧来往密切。《五灯会元》将胡安国列为"上封秀禅师法嗣"，并称胡安国为"居士"，表明胡安国与南岳僧人关系相当密切。由于胡安国是学术水平很高的文化人，因此在佛学理论上也有很高的造诣。《五灯会元》载：

> 文定公胡安国草庵居士，字康侯，久依上封，得言外之旨。崇宁中过药山，有禅人举南泉斩猫话问公，公以偈答曰："手握乾坤杀活机，纵横施设在临时。满堂兔马非龙象，大用堂堂总不知。"又寄上封，有曰："祝融峰似杜城天，万古江山在目前。须信死心元不死，夜来秋月又同圆。"①

胡安国与佛僧过从甚密，所以僧人以"南泉斩猫"的公案来问他。

---

① 《南岳下十五世·上封秀禅师法嗣》，见《五灯会元》卷十八，中华书局1984年版，第1210页。

胡安国写下的诗偈颇有禅味。此处只录了两首，实际上胡安国还写有更多的诗偈。朱熹在《跋胡文定公诗》一文中共录胡安国诗五首，朱熹在附记中指出这五首诗都是胡安国酬答僧人的。其中两首与《五灯会元》所记一样，不再赘录。现转录另外三首如下：

　　踏遍江南春寺苔，野云踪迹去还来。如今宴坐孤峰顶，无法可传心自灰。

　　明公从小便超群，佳句流传继碧云。闻道别来诸念息，定将何法退魔军？

　　十年音信断鸿鳞，梦想云居顶上人。香饭可能长自饱？也应分济百千身。①

从以上所引胡安国与僧人酬答的诗偈，可以想见胡安国的生活的确是充满了禅味。他不但过着佛教"居士"的生活，而且在思想上也颇受佛学的影响。朱熹在一封书信里说："胡文定所以取《楞严》《圆觉》，亦恐是谓于其术中犹有可取者。"② 朱熹在这里明确提到胡安国取《楞严》《圆觉》二经，认为这些佛经中的思想理论有可取之处。朱熹是胡安国的再传弟子，而且对湖湘学派特别关注和重视，他在与当时社会名流的通信中谈到胡安国喜好《楞严》《圆觉》二经，应该是可信的。由此可见，胡安国的确受佛学影响很深。

胡安国等人不但喜欢与佛僧过从酬答，而且在思想理论上也深受佛学影响。"性本论"是湖湘学派最大的理论代表胡宏在《知言》一书中重点阐述的思想，也是胡氏父子以及湖湘学派哲学思想的基石，然而，这么重要的思想基础也源自佛僧。朱熹曾经详细地谈到这个问题，他说：

---

① 《朱熹集》卷八十一，第4162页。
② 朱熹：《答汪尚书》，《朱熹集》卷三十，第1266页。

久不得胡季随诸人书。季随主其家学,说性不可以善言。本然之善,本自无对;才说善时,便与那恶对矣。才说善恶,便非本然之性矣。本然之性是上面一个,其尊无比。善是下面底,才说善时,便与恶对,非本然之性矣。"孟子道性善",非是说性之善,只是赞叹之辞,说"好个性"!如佛言"善哉"!某尝辨之云,本然之性,固浑然至善,不与恶对,此天之赋予我者然也。然行之在人,则有善有恶:做得是者为善,做得不是者为恶。岂可谓善者非本然之性?只是行于人者,有二者之异,然行得善者,便是那本然之性也。若如其言,有本然之善,又有善恶相对之善,则是有二性矣……此文定之说,故其子孙皆主其说,而致堂、五峰以来,其说益差,遂成有两性:本然者是一性,善恶相对者又是一性。他只说本然者是性,善恶相对者不是性,岂有此理!然文定又得于龟山,龟山得之东林常总。总,龟山乡人,与之往来,后住庐山东林。龟山赴省,又往见之。总极聪明,深通佛书,有道行。龟山问:"孟子道性善,说得是否?"总曰:"是。"又问:"性岂可以善恶言?"总曰:"本然之性,不与恶对。"此语流传自他。然总之言,本亦未有病。盖本然之性是本无恶。及至文定,遂以"性善"为赞叹之辞;到得致堂、五峰辈,遂分成两截。①

湖湘学派被后世学术界定为"性本论"派,与以朱熹为代表的"理本论",以陆九渊、王阳明为代表的"心本论",以及以张载、王船山为代表的"气本论"并称宋明理学四大学派。湖湘学派关于性之善恶问题,从朱熹开始就受到质疑和辩驳,胡宏说:"性也者,天地鬼神之奥也,善不足以言之,况恶乎?"② 朱熹在写作《知言疑义》之时,

---

① 《朱子语类》卷一百一,第2585—2586页。
② 朱熹等:《知言疑义》,载《胡宏集》,第333页。

认为胡宏之言是"性无善恶之意"。朱熹对胡宏《知言》的批判，首要的一点就是"性无善恶"，所以在《朱子语类》的记载中，朱熹把"性无善恶"定为对《知言》八端质疑之首。① 而上引"久不得胡季随诸人书"条为黄卓等人所录，在戊午朱子69岁以后，为朱子晚年语，上距写作《知言疑义》已近30年。朱熹在这里则重点批判胡宏论性有本然之性和善恶相对之性二性之嫌。《知言》中的"性论"是胡氏父子的"家说"，为胡氏父子及其门人弟子所继承坚守。朱熹在这里指出了湖湘学派的这个"家说"来源于东林寺僧常总，是胡安国通过杨时（龟山）而从常总那里汲取来的思想理论，并为其子胡宏、胡寅等人发扬光大，成为湖湘学派的哲学基石。

　　从以上所述也可以看到，南宋时期的思想界情况确实很复杂，儒家和佛、道等思想流派既冲突斗争，又交融互摄。儒家学者生怕中华伦理文化沦陷于佛学这类所谓的"夷狄"思想，但又不得不借鉴佛教圆通精致的理论成果；佛家学者为了使佛学更好地与中国本土的思想相结合，也积极借鉴利用儒家思想成果。最后，出现了一种很奇妙的思想景观，就是儒、佛两家你中有我，我中有你，各自都得到新的发展。作为宋代理学的一个重要学术流派——湖湘学派，在其产生和发展成熟的过程中，佛学从正、反两方面都起了相当关键的作用。

---

　　① 《朱子语类》卷一百一："《知言》疑义，大端有八：性无善恶，心为已发，仁以用言，心以用尽，不事涵养，先务知识，气象迫狭，语论过高。"第2582页。

第五章 王船山与湖湘学派

第一节 王船山学术思想概要

一 船山思想的学术背景

王船山,即王夫之,字而农,号姜斋,因晚年隐居故乡衡阳石船山著书立说,学者称船山先生。船山生于1619年,逝于1692年,是明末清初重要的思想家。船山的著作有一百多种,四百多卷,广涉经、史、子、集。

船山思想是当时特殊时代要求和学术思潮发展新趋向的体现。他所处的是一个天崩地解的时代,明清鼎革,世运倾颓。明亡清兴的巨大变革,既有同于以往朝代鼎革的历史共性,更有"以夷变夏"的异族入主的历史特性,或者说虽然表面上是政治上的王朝易主,而更深层次的是文化上的异质文化侵入。对于船山这样的晚明遗老而言,"以夷变夏""异族文化"的入侵才是真正令他们更加深感痛心的。在这种情况下,不务实际、流于空疏的心学末流之弊端已经暴露无遗。因此,痛定思痛,对宋明儒学尤其是阳明心学做彻底的反思和批判成为当时像船山这样的明朝遗老的主要致思方向和努力目标。对经术作反思和检讨,进而矫正纠偏,重建儒学正统,强调经世致用,是当时士人的主要心态,也是当时学术思想发展的大趋势。从他们的心路历程或者说理论构建来说,他们是希望由内圣开出外王,通过对宋明理学,特别是其中援引释老、谈虚弄玄成分的扬弃,回归经典,并注入新的思想内容。

这些遗老当中,船山是对固有学术文化的检讨用力最勤的学者。"六经责我开生面",船山抱着如此强烈的历史使命感,期望通过文化上的检讨和疏通,为传统儒学开出新的一面,替中华文化寻求一条出路。他对宋明儒学的全面清算是他同时代的学者无人能及的。船山以批判的态度,对理学和心学都有自己独特的见解,并由此而独树一帜,心契于横渠的"气"学。

对宋明儒学中的两大派别理学和心学,船山的态度有很大的差别。对程朱理学,总体而言,船山的态度是肯定多于否定,研究者多用"修正"这个词来形容。对象山、阳明心学则严厉指斥,极力反对。尤其是对阳明末流,船山的指斥主要是责其近于佛老,具体集中在以下三点:第一,批判末流的废体而立用;第二,批判末流的毁弃人伦物理;第三,批判末流的征证失当,背离史实。阳明之学一味地"致良知",只注重彰显"心"这个创造性本体,而忽视学问的积累,忽视道德事业的实际开展,未能经世济民,这在船山看来是不足取的。船山在对待理学和心学态度上的差别,从某种特定的意义上讲,与他们跟佛老之间关系的亲疏程度有关。对于这一点,嵇文甫有很深刻的洞见,他说:"船山宗旨在激烈底排除佛老,辟陆王为其近佛老,修正程朱亦因其有些地方还沾染佛老,只有横渠'无丝毫沾染',所以认为圣学正宗。"[1]

佛老为船山一生所激烈排斥。其实不止船山,整个宋明时期儒学就是在一面批判佛老之学,一面吸取佛老的思想方法的过程中形成和发展的。隋唐时期虽说佛教盛行,但儒、佛、道三者并存且相互渗透、彼此吸取思想养料是当时思想界的基本状况。反映这一状况最明显的一个例子,是佛教中禅宗和唯识宗在中国发展的鲜明对比。禅宗在唐代形成之初,就主动吸取儒学关怀现世的思想,融入世俗生活,因此在中国得到

---

[1] 嵇文甫:《船山哲学》,中华书局1962年版,第116页。

了长久的发展；而执着于保持印度精神，没能自觉参与到与儒、道互动之中的唯识宗在中国却没能立稳脚跟。经过隋唐晦暗时期的儒学在宋初的重新崛起，在一定程度上，依赖于对佛道思想尤其是佛教思想方法的借鉴从而建构起了自己形而上的宇宙本体论。船山对待理学和心学的态度，一方面是他独立思考和批判的结果，另一方面也与他的家学不无关系。船山的父亲王朝聘对朱子非常敬重，甚至以"武夷"作为自己的书堂名称，而与当时流行的王学特别是怪诞不羁的泰州学派则保持距离。

二　船山的气论

在修正程朱，反对陆王之时，船山最为心仪的是张横渠。正如他自题墓志铭所说："希张横渠之正学而力不能企。"① 他在朱子和阳明之外，另辟蹊径，把横渠独立出来，这是船山的独到之处。在船山看来，横渠之学才是正学。它不仅继往，继承了孔孟儒学的真精神；而且开来，能"下救来兹之失"。前面我们谈到，船山时代的"失"主要是沾染佛老气息的阳明末学摈弃圣学由内圣而外王的精神，空谈道德性命，学问亦流于空疏。不同于程朱重"理"，象山、阳明重"心"，横渠尤重"气"，"气"在横渠思想中占有至关重要的地位。

张横渠对"气"的肯定是在汉唐以来元气理论的基础上，在批判佛老的过程中形成的。他提出"虚空即气"，宇宙万物生成的本源既不是佛教的"心识"，也不是道家所主张的虚无，而是"气"。"凡可状，皆有也；凡有，皆象也；凡象，皆气也。"② 有状有象的万物本源于气，无形无象的"太虚"同样是气，"太虚无形，气之本体；其聚其散，变化之客形尔"③。因此，无形的太虚是气的本来存在状态，气的聚与散

---

① 王夫之：《自题墓石》，《船山全书》第十五册，岳麓书社1996年版，第229页。
② 王夫之：《张子正蒙注·乾称》，《船山全书》第十二册，岳麓书社1992年版，第358页。
③ 王夫之：《张子正蒙注·太和》，《船山全书》第十二册，第17—18页。

都是其变化过程中存在的暂时状态,所谓"气之聚散于太虚,犹冰凝释于水","知虚空即气,则有无、隐显、神化、性命通一无二,顾聚散、出入、形不形,能推本所从来,则深于易者也"。①

船山对横渠的推崇不下孟子,尤其是神契作为横渠代表作的《正蒙》一书。船山"太虚即气""太虚一实"的气本论,即是对横渠"虚空即气"命题的诠释和发展。在张载那里,气本论中的"太虚"与"气"之间的关系还不甚明晰,而船山引进《中庸》"诚"的概念,以"诚"和"实有"来规定"气"的性质,从而在哲学层面修正了张载气论的不足。船山认为:"凡虚空皆气也,聚则显,显则人谓之有;散则隐,隐则人谓之无。"② 虚空都是气,宇宙间充满的皆为实有之气。一般人所说的虚空,仅仅是希微无形,隐而不可见的气罢了,所以"凡虚空皆气也",无论聚散隐显,都只是气的不同形态。横渠虽然把"气"的独特位置提出来,但是这个"气"与经验感觉中的各种现象之气还未能区分,船山对此做了新的突破,他借用"诚""实有"等概念来表述其不依赖于他物的客观实在性,把"气"作为宇宙万物生成和存在的本体。"太虚,一实者也。故曰'诚者天之道也'。"③ "夫诚者实有者也,前有所始、后有所终也。实有者,天下之公有也,有目所共见,有耳所共闻也。"④

这样一个充满无穷之"气"的无限宇宙是怎样成为万物并生、流行不息的世界的呢?船山在批判邵雍之学的基础上,通过对《周易》的诠释,提出独具一格的"乾坤并建"说。他不赞同邵雍的"天开于子,地辟于丑,人生于寅"⑤ 的说法,也就是乾为宇宙本始,坤为万物

---

① 王夫之:《张子正蒙注·太和》,《船山全书》第十二册,第30、23页。
② 王夫之:《张子正蒙注·太和》,《船山全书》第十二册,第23页。
③ 王夫之:《思问录·内篇》,《船山全书》第十二册,第402页。
④ 王夫之:《尚书引义》卷三,《船山全书》第二册,岳麓书社1988年版,第306页。
⑤ 王夫之:《周易外传》卷五,《船山全书》第一册,岳麓书社1988年版,第989页。

生化，乾先坤后。船山认为，此说与佛家的"无生有"，道家的"道生天地"相近，不可取。他进而提出"太极者乾坤之合撰"①，"乾坤并建，以为大始"，"独乾尚不足以始"②。有乾即有坤，乾与坤"时无先后，权无主辅"③。他又从阴阳混合来说太极，用既对立又互相渗透的阴阳二气之激荡、交感，解释宇宙本体的太极（即"气"体）为孕育无穷生机的神化不息之本体，且从此解释宇宙间仅有动为绝对的，并没有寂然之静，宇宙万物都是这种绝对之动的表现。船山批评周敦颐《太极图说》中的"太极动而生阳""静而生阴"，提出动静不能生阴阳，是阴阳二气自身之动静、激荡交感而生万物。

船山承张载之"气"说，并批判吸收程朱理学、陆王心学的合理因素，完成了生生不息、创造流行的传统宇宙观的最高总结。在此基础上，他对宋明儒学的核心范畴如"理""器""心""性"及其与"气"的相互关系等做了全面梳理和阐释。

三　船山思想的两面性

船山主张"乾坤并建"，因此他强调即体即用、体用合一、本末一致，这对于理解他的整个哲学思想都有重要的意义。正因为他重气，重存在，所以才会尤其注重历史存在性，对于历史文化的诠释才会有超越朱子和阳明的见解。本来，对于社会历史存在性的观照应该是儒学传统的应有之义，因为儒学是内圣外王之学。但是，由于大部分儒家学者过于追求内圣之学，久而久之自然导致对外王之学的疏忽。就宋明儒学而言，象山、阳明的心学，对于心性之学的追求当然就不必说了，即使是提倡格物致知的朱子，格万物最终也是要回到心性修养上来，它始终是为内圣服务的。因此，有学者认为，朱子和阳明都没有独立的宇宙本体

---

① 王夫之：《周易外传》卷五，《船山全书》第一册，第990页。
② 王夫之：《周易外传》卷五，《船山全书》第一册，第989页。
③ 王夫之：《周易外传》卷五，《船山全书》第一册，第989页。

论思想。也就是说，宇宙本体论在他们那里没有独立的地位，他们也谈宇宙本体，谈"天""天理"，但他们所说的天、天理最后都要内收、合到人的心性修养上来。毋庸置疑，内圣心性之学历来是儒学的核心价值，当然也不排除有那么一些少数儒者对外王经世之学尤为关注，悉心探究，却往往被正统儒家视为不纯粹。如浙东陈亮、叶适的功利学派。陈亮当初与朱熹论辩，被朱熹要求先"绌去义利双行、王霸并用之说，而从事于惩忿窒欲、迁善改过之事"，要"粹然以醇儒之道自律"。在朱子看来，更为优先和根本的是"惩忿窒欲、迁善改过"的道德修为功夫，这才是真正的醇儒之道。陈亮当然不服，认为朱子所讲的"醇儒之道"是门户之见。暂且撇开二者论辩的孰是孰非不说，由朱子的态度我们至少可以看出，对那些追求外王事功价值的儒者，如朱子这般的正统儒家多少有些不屑。

以朱子的标准来看，船山虽是道统中人，但与正统儒家又有明显的不同。即"气"言理、即"气"言性、以"气"为首出的船山乾坤并建思想兼顾了内圣心性之学与外王实践之学。这也使得他的整个思想表现出很强的两面性。简单地说，这个两面性表现在以下两点。

其一，继往。对宋明儒学传统的继承。船山与他之前的各种传统学术有着广泛复杂的关联，包括儒学内部如周敦颐、邵雍、二程、张载、朱子、阳明以及有着新兴科学倾向的方以智的质测之学等。船山所讨论的对象、所使用的主要范畴，都没有超出儒学的传统，尽管他赋予了它们许多新的含义。此外佛家和道家的一些思想也为他所用，甚至其思想还与西方近代思想的进步因素有诸多暗合之处。

其二，开新。作为明末清初一位既要继承传统，更力求"开生面"的思想家，船山与突出内圣心性之学的宋明主流儒家相比，有很大的不同。

（一）道器方面，突出"器"的地位

道器问题是中国传统哲学的重要问题之一。《易传》提出"形而上者谓之道,形而下者谓之器",是道器问题的最早的明确表述,但并没有对这一表述加以深入阐释。朱熹对道器关系的看法基于其理气观,从理先气后而讲道先器后。他说:"天地之间,有理有气。理也者,形而上之道也,生物之本也;气也者,形而下之器也,生物之具也。是以人物之生,必禀此理然后有性,必禀此气然后有形。其性其形虽不外乎一身,然其道器之间分际甚明,不可乱也。"① 不同于朱熹的道先器后,船山依其气本论原则,主张"理依于气、气外更无虚托孤立之理"的理气观,与此相应,在道器关系上,他坚持"天下惟器、尽器则道在其中"的道器观。他说:"盈天地之间皆器矣。""天下惟器而已矣。道者器之道,器者不可谓之道之器也。无其道则无其器,人类能言之,……无其器则无其道,人鲜能言之,而固其诚然者也。"② 在船山这里,道器不存在先后,道不先而器不后,他说:"统此一物,形而上则谓之道,形而下则谓之器,无非一阴一阳之和而成。尽器则道在其中矣。"③ 在此基础上,船山进而提出"尽器则道无不贯"的"尽器"论,如他所说:"圣人之所不知不能者,器也。夫妇之所与知与能者,道也。故尽器难矣。尽器则道无不贯。尽道所以审器,知至于尽器,能至于践形,德盛矣哉!"④ 这一尽器观体现了船山哲学对实有世界的重视,对人的社会践行的重视。

因此,船山的道器观表明,对宋儒忽略"器"和"形而下"世界的探讨,"离器而言道",一味朝形而上做无限的追求,他并不赞成。不仅不赞成,他还加强"器"的哲学基础,一面批评老释虚无寂灭的道,一面把儒学重立本、轻功用的倾向,通过对器的重视,扭转到

---

① 朱熹:《答黄道夫》,《朱子全书》第23册,上海古籍出版社、安徽教育出版社2002年版,第2755页。
② 王夫之:《周易外传》卷五,《船山全书》第一册,第1027—1028页。
③ 王夫之:《思问录·内篇》,《船山全书》第十二册,第427页。
④ 王夫之:《思问录·内篇》,《船山全书》第十二册,第427页。

"尽器则道无不贯","践其下,非践其上"的重视实行、重视客观世界的倾向上来。同时,从船山着重"器"之地位的强调,我们能够得出他肯定社会实践、真实世界等价值的趋向。

(二) 人性论方面,强调性之日生日成

船山一方面以为人之性源于太虚本体的气化,"天之所用为化者,气也;其化成乎道者,理也。天以其理授气于人,谓之命。人以其气受理于天谓之性"①。这主要是发挥了《中庸》《易传》的思想,有点类似于其由"存有"解释德性意义的理论;另一方面又对心性的创造力量给予积极的肯定,类似于《孟子》"尽心知性知天"的思想,与思孟力求心性修养的一路相通。因"性"是人以其气受理于天,而气是日化日新,于是性也日生日成,"方生而受之,一日生而一日受之。……故天日命于人,而人日受命于天。故曰性者生也,日生而日成也。"②这是对以往一旦授受成形便不再改变的人性论的一个巨大的突破。船山认为,人性的养成是一个动态的生成过程,人一面不断接受天之所赋的"自生而生",同时又"择善而固执之",强调后天的习得、后天自觉修身养性的过程。因此,船山的人性论肯定"习与性成"。

中国传统哲学史中言性者,大多止于心性,且无论性善、性恶、有善有恶、无善无恶、性三品说以及"天地之性"和"气质之性"等,都把性看成是固定的,只在初生时便受了一成之型。《尚书》《易传》中讲到日新变化,但没有与人性论相联系。船山即"气"言性,其性是流动的,是变化日新、生生不已的。此"性"既具有一般道德价值的意义和超越之意义,同时又不同于正统儒家,融入了后者经验的实然之性的一些合理内容,别开生面,"性日受,命日生","继善以成性"。这也是船山在德性之知之外,对闻见之知能有相当的重视的原因。

---

① 王夫之:《读四书大全说》卷十,《船山全书》第六册,岳麓书社1991年版,第1139页。
② 王夫之:《尚书引义》卷三,《船山全书》第二册,第300页。

（三）社会历史方面，重视生活世界和社会践行

这一点跟上述两个方面紧密相连。由于宋明儒者论性，一般都止于人道论，很少有人能由此更进以论人道实践的成绩。而船山的"性"一方面是就人内心而言，更重要的是他能将其与客观外在的世界紧密相连。船山反对守旧复古，不赞同退化的历史观，认为历史是不断超过前代而发展的，他在道器论之中有一段话表明其对人类社会"他年之道"的信心，船山说："洪荒无揖让之道，唐、虞无吊伐之道，汉、唐无今日之道，则今日无他年之道者多矣。未有弓矢而无射道，未有车马而无御道，未有牢醴璧币、钟磬管弦而无礼乐之道。则未有子而无父道，未有弟而无兄道，道之可有而且无者多矣。故无其器则无其道，诚然之言也，而人特未之察耳。"① 船山之"器"的含义，既包括自然万物，更包括人类社会生活的具体日用和各种器物制度。器承载道，人类从蛮荒走进文明，器变，道亦有变。船山的道器论，下贯于文化观上，道与器之关系可比于文化与国家政体之关系，因此，在船山看来，国家政权之"器"有了更易（如清入主中原），则道亦失去了其赖以存在的载体。"皮之不存，毛将焉附？"船山强烈的文化危机感和文化意识即因此而来。在船山所处的特殊时代，这集中体现在他对华夏夷狄之辨的论述上。

（四）方法论方面

体用一致，本末贯通，内外贯通是始终贯穿于船山思想的根本方法。讨论船山的哲学方法，通过他对宋明儒的检讨和批判，我们能够把握住他核心思想的基本方向。从天道、性命到人道、社会实践，对天、人、物的一贯之道的论述无不体现了船山体用圆融的大旨。船山之所以能在宋明儒之心神性理以外，独主即气言体，即在于他本贯于末而与末为一体的根本思想。

因此，船山在中国学术史上的地位是很特殊的。一些看似非常矛盾

---

① 王夫之：《周易外传》卷五《系辞上传第十二章》，《船山全书》第一册，第1028页。

的两端在他的思想中同时存在，如有学者称他思想中的保守因素与激进因素一样多。先不说是否一样多，但保守的因素和激进的因素在其思想体系中并存是毫无疑问的。可以说，船山思想是对以往传统的大综合、大总结，并试图有大的超越。其思想深邃丰富，几乎涉及了中国传统哲学的方方面面。这就是后来的学者都能从他那里各取所需的原因，各家各派都能从船山那里找到自己所要发挥的根据。

美国学者布莱克在谈到他为什么要研究王夫之时说，答案就在于王夫之哲学自身的"绚丽多彩"。他能从王夫之的思想中激发起对中国文化传统许多不同方面的学术兴趣，比如中国古代的术数学。17世纪的新批判学、新儒学的整体观念、中国的文学理论、道家相对主义思想、佛教虚无主义、中国人的民族主义和中国的马克思主义，等等。布莱克说："从哲学立场看，使他的观点成为有重大意义的，是他全部思想的相对完整。我们可以从他的哲学、文学理论、道德哲学、宇宙论的不同领域中，探索他的思想的相对完整。"由于他全部思想的相对完整，人们乐于到17世纪的船山那里去寻找思想来源，"对于那些寻找哲学根源和现代观点，现代思想的来源的人来说，王夫之可说是空前未有地受到注意的。举例说，中国的马克思主义者，引用他不甚成熟的'唯物主义'和他进步的历史理论。他的形而上学的和历史的观念，反映了一种现实主义，相对而言，接近于现代西方的特征，比接近于多数儒家前辈还多"[1]。马克思主义者对船山学的研究是非常重视的，并且善于挖掘船山有着朴素唯物主义倾向的思想，以及理势合一的进步历史观。布莱克不但看到了这一点，而且洞察到了船山此思想背后体现的是一种"现实主义"，这是很睿智的见解。他所说的"形而上的和历史的观念"，其根本在于船山的"气"论思想，形而上的宇宙本体是气以及生

---

① ［美］A.H.布莱克：《我为什么要研究王夫之的哲学》，王培华译、李贻荫校，《船山学刊》1996年第1期。

生不息的气化流行,重气,重器,重形色,自然会注重历史的存在性,注重客观历史,关怀生活世界。从某种意义上说,这确实是一种现实主义,是儒家的内圣而外王的现实关怀的体现。

综上所述,应该说,是船山思想本身的特点,它的丰富多样性,决定了船山学在孤寂两百年后重新备受瞩目、蓬勃发展。当然外在的历史机缘是必不可少的。反过来说,船山学之所以长期隐而不彰,也是由他独特的思想、特殊的历史渊源所导致。

第二节 王船山与湖湘学派的关系

船山思想的形成受多方面因素的影响。其中最主要的有两个:一是家学渊源;二是湖湘学术的影响。首先,家学渊源主要来自他的父亲、长兄和叔父。长兄王介之是船山的发蒙师,船山自幼聪慧过人,四岁时即入私塾跟随长兄识字读书,十岁开始跟父亲王朝聘学习经义,十六岁又随叔父王廷聘学诗和读史。船山的父亲王朝聘和叔父王廷聘都曾受业于伍学父,从而接受濂洛之学,同时又问学于阳明江右学派的邹泗山,崇尚真知实践。长兄王介之年长船山十二岁,和他们的父亲、叔父一样,也是一位饱读诗书的秀才,著有《春秋家说补》等。可以说家人的学行对船山有重要的影响。其次,船山出生、成长、生活、创作于湖湘大地,湖湘学术和学风对船山的浸润和滋养是潜在而又深刻的,同时这种影响也有迹可循。船山十四岁考中秀才,得湖广学政王志坚推荐入衡阳州学学习两年。衡岳之地是湖湘学派开创人胡安国曾经讲学之所,胡安国携家眷定居湘潭碧泉后,曾时常去往衡阳讲学。二十岁时,船山游学长沙岳麓书院,进一步接受湖湘学术学理、学风的熏陶。受业于岳麓书院期间,书院的山长是吴道行,吴山长是湖湘学派的主要代表张栻的高足吴猎的后裔。

吴道行(1560—1644),字见可,号嵝山,湖南善化(今湖南长沙)

人，宋儒吴猎之后。早年师从岳麓书院的张元忭，后主讲于长沙惜阴书院，学者称"嵝山先生"，晚年成为明代岳麓书院最后一任山长，以"朱熹张栻为宗"，治学严谨，与高世泰为至交，王夫之曾师从之。1644年（崇祯十七年），明朝灭亡，吴道行不食而卒，葬于岳麓山飞来石侧。著有《易说》《嵝山集》《嵝山堂集抄略》《读史阙疑》《岳麓志》等。

吴道行深受家学传统影响，继承并弘扬了湖湘学统，对王船山的学行有不可忽视的重要影响。从胡安国、胡宏、张栻到吴猎，再经由吴道行至王船山，湖湘学派的思想传承脉络可谓相当清楚。纵观船山著作，可以看出船山对胡安国、胡宏、张栻等湖湘学派学者的思想非常了解，并对湖湘学派给予高度评价。船山与湖湘学派的内在思想关联，可以透过以下几个方面窥得一二。

一　船山的辟佛思想，是湖湘学派辟佛思想的延续

湖湘学派以理学为宗，在倡导性理之学的同时，同时又崇实、重行。对于佛学，湖湘学派的基本态度是批判的。船山一生辟佛，体现其佛学思想的著作不少，如佛学专论《相宗络索》《南岳赋》《与惟印书》《宝宁寺志叙》等赋、书、叙。船山的辟佛思想，与湖湘学派胡安国、胡宏、胡寅、张栻等有着前后相续的承接关系。

1. 批判佛家的空与无

船山有言曰："释氏缘见闻之不及而遂谓之无，故以真空为圆成实性，乃于物理之必感者，无理以处之而欲灭之；灭之而终不可灭，又为'化身无碍'之遁辞，乃至云'淫坊酒肆皆菩提道场'，其穷见矣。性不可率之以为道，其为幻诞可知；而近世王畿之流，中其邪而不寤，悲夫！"[①] 船山分析了佛家"无"义的由来，即以见闻之不及为"无"，此"无"又成为佛家解"空"的基础，因有不见不闻，故将空作为本，

---

① 王夫之：《张子正蒙注》卷三，《船山全书》第十二册，第182—183页。

以空为圆成实性。在船山看来，据见闻之所穷解无，实为释氏之所以邪妄之所在。而见闻之不及为何？船山从气——实有的高度做出了诠释。他说："人之所见为太虚者，气也，非虚也。虚涵气，气充虚，无有所谓无者。"① 无有所谓无者。知虚空即气，则无无。"凡虚空皆气也。聚则显，显则人谓之有；散则隐，隐则人谓之无。"② 所以，所谓的无，只是气散而不显的状态，并非真无。宇宙一气也，实有是气的最基本的属性。肯定世界的实有，并以此批判佛教的空幻之说，这一点在胡寅、胡宏、胡安国、张栻等湖湘学者那里都有相关论述。胡寅写了一部专门辟佛的书，叫《崇正辩》，黄宗羲称"湖南一派，如致堂之辟佛，可谓至矣"③。胡寅说："佛之道以空为至，以有为幻，此学道者所当辩也。今日月运乎天，山川著乎地，人物散殊于天地之中，虽万佛并生，亦不能消除磨灭而使无也。日昼而月夜，山止而川流，人生而物育，自有天地以来，至今而不可易，未尝不乐也。此物虽坏而彼物自成，我身虽死而人身犹在，未尝皆空也。"④ 日月山川，人物天地，宇宙间的一切都是生生不息的，他们的繁衍绵延，不会因意念而磨灭以至于无。人的繁衍是人文化成的基础，胡寅还从人的寐与死讨论人的形神关系，并肯定形是神的基础。他说："人之寐也，气不离形。识知固在也。而不能于寐之中自知其寐也。其将寐也，虽大圣人亦不能卓然了然，知寐与寤之分际。死之异于寐也，以方寐之时，或呼之，或触之，瞿然而觉也；死则不能矣。……又况于气既离形，如光之脱火，知识泯泯，不可复阳。"⑤ 形乃神之本。胡寅更进一步，从哲学思想上批判佛教的空幻和轮回说，这是湖湘学派理论之特出贡献之一。胡寅认为，佛教"说天

---

① 王夫之：《张子正蒙注》卷一，《船山全书》第十二册，第 30 页。
② 王夫之：《张子正蒙注》卷一，《船山全书》第十二册，第 23 页。
③ 《四朝学案·武夷学案》，世界书局 1936 年版，第 687 页。
④ 胡寅：《崇正辩·斐然集》，第 42 页。
⑤ 胡寅：《读史管见》第 2 册，岳麓书社 2011 年版，第 596 页。

堂可慕，说地狱可怖，说轮回可脱，于是人皆以死为一大事，而舍生取义、杀身成仁之道晦矣"。"圣人以生死为分内事，无可惧者"，故"视死如归者"。① 张栻继承了胡氏兄弟这方面的理论，批判鬼神异说："至于后世，异说炽行，诪张为幻，莫可致诘。流俗眩于怪诞，怵于恐畏，胥靡而从之。"②

2. 批评佛家弃人伦之美

忠、孝、仁、义是儒家精神在日用生活世界的体现，是儒家坚守的重要价值。

船山也从"理"的层面，特别是欲与理二者关系的角度，阐述了佛家废弃人伦的原因。"离欲而别为理，其唯释氏为然。盖厌弃物则，而废人之大伦矣。今云'然后力求所以循天理'，则是离欲而别有所循之理也，非释氏之诐辞哉！五峰曰：'天理人欲，同行异情'，韪哉！能合颜、孟之学而一原者，其斯言也夫！"③

在船山看来，佛家将欲与理截然两分，导致人伦之废。离开人之欲而求理，已是对理的偏离。用胡宏的话说，"与道不相似也"。所以，船山感叹，胡宏不离人欲而言天理，"天理人欲同行异情"之说是何等的精妙，是真正合于颜回孟子的正学。胡宏指出，佛教"必欲出死生者，盖以身为己私也。天道有消息，故人理有始终。不私其身，以公于天下，四大和合，无非至理，六尘缘影，无非妙用。何事非真，何物非我？生生不穷，无断无灭，此道之固然，又岂人之所能为哉！"④ 船山还就唯识宗的八识阐发人禽之辨。"释氏之所谓六识者，虑也；七识者，志也；八识者，量也；前五识者，小体之官也。呜呼！小体，人共者也。……人之所以异于禽者，唯志而已矣。不守其志，不充其量，则

---

① 胡寅：《崇正辩·斐然集》，第 57 页。
② 张栻：《题周奭所编鬼神说后》，《张栻集》（二），第 812 页。
③ 王夫之：《读四书大全说》卷八，《船山全书》第六册，第 913 页。
④ 胡宏：《知言·修身》，《胡宏集》，第 4 页。

人何以异于禽哉!"① 唯识宗将众生的心识分为八种,谓之八识,即眼识、耳识、鼻识、舌识、身识、意识、末那识、阿赖耶识。根据它们的特点,这八识又可以分为三类,前六识、末那识、阿赖耶识。船山认为,人之所以异于禽兽者,在于志,人有志,能持志。君子修德进业,在于其刚健日新的志向。如若像佛家般将其一刀斩断,则失去人之为人的基准和动力。

二 船山的理欲观,是对湖湘学派天理人欲思想的继承

理欲之辨是宋明儒学讨论的核心问题之一。对于割裂理欲,灭欲而存理的观点,船山提出了批评,肯定了天理寓于人欲之中,天理不能离开人欲而独存。"理自性生,欲以形开。其或冀夫欲尽而理乃孤行,亦似矣。然而天理人欲同行异情。异情者异以变化之几,同行者同于形色之实,则非彼所能知也。"② 这很明显是对胡宏"天理人欲同行异情"的发扬。胡宏说:"天理人欲,同体而异用,同行而异情。进修君子,宜深别焉。"③ "好恶,性也。小人好恶以己,君子好恶以道。察乎此,则天理人欲可知。"④ 既然人欲与天理同体同行,故而船山和胡宏一样,都强调修德之君子应当正视人欲与天理之合。饮食男女之中自有天理在。"饮食男女,皆性也;理皆行乎其中也。"⑤ 人情、私欲之中亦有天理。"王道本乎人情。人情者,君子与小人同有之情也。……私欲之中,天理所寓。"⑥ 理寓于欲,公欲即理。"天下之公欲,即理也;人人之独得,即公也。"⑦

---

① 王夫之:《思问录·外篇》,《船山全书》第十二册,第451页。
② 王夫之:《周易外传》卷一,《船山全书》第一册,第837页。
③ 朱熹等:《知言疑义》,载《胡宏集》,第329页。
④ 朱熹等:《知言疑义》,载《胡宏集》,第330页。
⑤ 王夫之:《张子正蒙注》卷九,《船山全书》第十二册,第362页。
⑥ 王夫之:《四书训义》卷二六,《船山全书》第八册,第90—91页。
⑦ 王夫之:《张子正蒙注》卷四,《船山全书》第十二册,第191页。

船山还以孔颜之学、孟子思想为据，说明先圣们在倡天理的同时，从无绝人欲之意。人欲不是洪水猛兽，不需将它与天理一刀两段。"孔颜之学，见于六经、四书者，大要在存天理。何曾只把这人欲做蛇蝎来治，必要与他一刀两断，千死方休？"①"孟子所言之王政，天理也，无非人情也。人情之通天下而一理者，即天理也。非有绝己之意欲以徇天下，推理之清则以制天下者也。"②

　　同时，船山辨析了天理与人欲的细微差异。船山认为，两者之别，只在公私、诚伪之间。"天理、人欲，只争公私诚伪。如兵农礼乐，亦可天理，亦可人欲。春风沂水，亦可天理，亦可人欲。才落机处即伪。夫人何乐乎为伪，则亦为己私计而已矣。"③ 兵农礼乐、春风沂水，皆可天理可人欲。是天理，还是人欲，关键在私伪与否。张栻也说："饥而食，渴而饮，天理也。昼而作，夜而息，天理也。自是而上，秋毫加焉，即为人欲矣。"④ 人的饥渴、作息等基本的自然欲求都是天理的流行和发用。但欲不能过，过欲则私，而为人欲。

　　由此可见，船山在理欲观的阐发上，与湖湘学派理欲思想的继承关系非常明显，特别是胡宏的"天理人欲同行异情"说，对船山影响很大。

三　知行观

　　在知行观上，船山发挥湖湘学派"缘事物而知"和知行互发、兼致的观点，提出"知行相资以为用"，"并进而有功"。船山说："且夫知也者，固以行为功者也。行也者，不以知为功者也。行焉，可以得知之效也；知焉，未可以得行之效也。将为格物穷理之学，抑必勉勉孜

---

① 王夫之：《读四书大全说》卷五，《船山全书》第六册，第673页。
② 王夫之：《四书训义》卷二六，《船山全书》第八册，第120页。
③ 王夫之：《读四书大全说》卷六，《船山全书》第六册，第763页。
④ 《南轩答问》，《宋元学案》卷五十《南轩学案》，第1618页。

孜，而后择之精，语之详，是知必以行为功也……行可兼知，而知不可以兼行。下学而上达，岂达焉而始学乎？君子之学，未尝离行以为知也必矣。"① 行可检验知之效，而反之，知不能检验行，知必须落于行，以行为其功。在知行关系上，知与行并不是平列的，力行是主导的方面，"知者非真知也，力行而后知之真"。"离行以为知，其卑者，则训诂之末流，无异于词章之玩物而加陋焉；其高者，瞑目据梧，消心而绝物，得者或得，而失者遂叛道以流于恍惚之中。异学之贼道也，正在于此。"② 船山批评那些离行以为知者，要么沉浸在训诂、辞章之中，要么消心绝物，流于恍惚，都已背离了正学。

对佛家的知行观，船山也进行了批评。船山认为，佛家对于行，是销与废，是销行以归知。"浮屠之言曰：'知有是事便休。'彼直以惝然之知为息肩之地，而顾诡其辞以疑天下……是以销行以归知，……本汲汲于先知以废行也，而顾诎先知之说，以塞君子之口而疑天下。其诡秘也如是，如之何为其所罔，而曰'知先行后'，以堕其术中乎？"③

同时，知与行又是相互资取，互以为用的。"知行相资以为用。唯其各有致功而亦各有其效，故相资以互用，则于其相互，益知其必分矣。同者不相为用，资于异者乃和同而起功，此定理也。不知其各有功效而相资，于是姚江王氏知行合一之说得藉口以惑世。"④ 所谓相资以互用，是建立在知非行，行也非知，知异于行的基础之上的，而阳明知行合一说，弊病即在于没有区分知与行。

船山对知行关系的阐发，可以看到胡宏和张栻的影响。胡宏提出缘事物而知的观点，否定"生知"，强调人之知乃依靠耳目感官接触外界事物而来，从亲师取友的后天学习而来，无异于肯定知的经验性、实践

---

① 王夫之：《尚书引义》卷三，《船山全书》第二册，第 314 页。
② 王夫之：《尚书引义》卷三，《船山全书》第二册，第 314 页。
③ 王夫之：《尚书引义》卷三，《船山全书》第二册，第 312 页。
④ 王夫之：《礼记章句》卷三十一，《船山全书》第四册，第 1256 页。

性。胡宏说:"夫人生非生而知之,则其知皆缘事物而知。"① 又说:"人皆谓人生则有知者也,夫人皆生而无知,能亲师取友,然后有知者也。"②

"缘事物而知"就是要格物,物不格则知不至。只有通过亲自格之,才能"即物而真"。"缘事物",不仅停留在耳目感性认识上,还要发挥心的功用,通过"睹形色而知其性,闻声者而述其义",进而以"人心应万物,如水照万象。应物有诚妄,当其可谓之诚,失其宜谓之妄。"③ 心对物的认识,如同水映照万物,有真有假,有诚有妄,所以发挥好心官的作用是非常重要的。

船山在谈到格物时,也强调心官与耳目之官并用。船山说:"大抵格物之功,心官与耳目均用,学问为主,而思辨辅之,所思所辨者皆其所学问之事。……'致知在格物',以耳目资心之用而使有所循也,非耳目全操心之权而心可废也。"④

在知行关系上,张栻摆脱了"知先行后"论的束缚,提出知与行互发或兼致,这是对胡宏缘事物而知思想的推进,同时也启发了后来者王船山。张栻说:"行之力则知愈进,知之深则行愈达,是知尝在先而行未尝不随之也。"⑤"历考圣贤之意,盖欲使学者于此二端兼致其力。"⑥

四 求实以经邦济世

船山从体用一致的层面,阐明义与利的正向关系,为经邦济世提供思想支撑。何为体?在船山,从宇宙的本体而论,是气、太虚。气有何特点?实是气的根本属性。船山说:"太虚,一实者也。故曰'诚者天

---

① 胡宏:《复斋记》,《胡宏集》,第152页。
② 胡宏:《知言·汉文》,《胡宏集》,第43页。
③ 胡宏:《知言·大学》,《胡宏集》,第34页。
④ 王夫之:《读四书大全说》卷一,《船山全书》第六册,第406页。
⑤ 张栻:《南轩先生论语解序》,《张栻全集》,第3页。
⑥ 张栻:《南轩先生论语解序》,《张栻全集》,第3页。

之道也'。"① 又说："诚也者实也；实有之，固有之也；无有弗然，而非他有耀也。"②

而船山是如何论述体与用的一致关系呢？

"天下之用，皆其有者也。吾从其用而知其体之有，岂待疑哉！用有以为功效，体有以为性情，体用胥有而相胥以实，故盈天下而皆持循之道。故曰：'诚者物之终始，不诚无物。'"③ 天下之用，都是体之有，循用而可知体，体必显而为用。体用是不可分割的，体用胥有而相胥以实。世人常常不能正视体与用的关系，废用则体不全，分割体与用，或者混同体与用，都是错误的。船山有言曰："乃循其显者，或略其微；察于微者，又遗其显；捐体而徇用，则于用皆忘；立体以废用，则其体不全；析体用而二之，则不知用者即用其体；概体用而一之，则不知体固有待而用始行。"④ 既如此，天下万物各安其性，各得其用以自利，乃体用合一的体现。"乾之始万物者，各以其应得之正，动静生杀，咸恻隐初兴、达情通志之一几所函之条理，随物而益之，使物各安其本然之性情以自利；非待既始之余，求通求利，而唯恐不正，以有所择而后利。此其所以为大也。"⑤

因此，义与利是不相矛盾的，是可以统一的。"立人之道曰义，生人之用曰利。出义入利，人道不立；出利入害，人用不生。智者知此者也，智如禹而亦知此者也。呜呼！义利之际，其为别也大；利害之际，其相因也微。夫孰知义之必利，而利之非可以利者乎？夫孰知利之必害，而害之不足以害者乎？诚知之也，而可不谓大智乎！"⑥ 所谓利，绝非小人以利为利之利，而是合乎义之利，此合于义之利，是可以助益

---

① 王夫之：《思问录》，《船山全书》第十二册，第 402 页。
② 王夫之：《尚书引义》卷四，《船山全书》第二册，第 353 页。
③ 王夫之：《周易外传》卷二，《船山全书》第一册，第 861 页。
④ 王夫之：《庄子解》，《船山全书》第十三册，第 465—466 页。
⑤ 王夫之：《周易内传》卷一，《船山全书》第一册，第 69 页。
⑥ 王夫之：《尚书引义》卷二，《船山全书》第二册，第 277 页。

万物的成长的。"凡言'利'者，皆益物而和义之谓，非小人以利为利之谓。"① 同样，义也是利之合。"故义者，利之合也。知义者，知合而已矣。"② 又说："义者，正以利所行者也。事得其宜，则推之天下而可行，何不利之有哉?"③ "义者天地利物之理，而人得以宜。"④ 船山的这些文字，无不说明，义与利是高度统一的。关于义与利，胡宏也做过精彩的辨析。他通过将利分为公利和私利，而公利即是实现义与利的合一。故而，君子要不要谋利，要不要讲求事功？答案就在他与学生孙正孺的对话中。他对孙正孺说："古之人是有名高天下，躬自锄菜如管幼安者；隐居高尚，灌畦粥疏如陶靖节者；使颜子不治郭内郭外之田，则饘粥丝麻将何以给？又如生知将圣，犹且会计升斗，看视牛羊，亦可以为俗士乎？岂可专守方册，口谈仁义，然后谓之清高人哉！正孺当以古人实事自律，不可作世俗虚华之见也。"⑤ 胡宏告诫学生，要效仿孔子、颜回，能做实事，谋公利，建事功，以古圣贤之实事自律，不要做空口谈仁义的清高之人。学问上，亦不能仅仅停留在空谈的层面，要将学问落到具体的事功公利中去。如何才能做到呢？胡宏强调，体用一致是关键。"学问之道，得其体必得其用，有体而无用，与异端何辨？"⑥

由此可见，从体用一致的进路阐明义利的合一，从胡宏到船山，其论说方式、主要的观点是一致的。当然，船山在胡宏论述的基础上，对体用一致以及义、利的内涵阐述得更为细致和深入，在很大程度上，推进了胡宏的学说。比如，关于义，船山将其落于社会历史，从一人之义、一时之义、古今之通义这三重含义，阐述了由低到高不同的层次内

---

① 王夫之:《周易内传》卷一，《船山全书》第一册，第75页。
② 王夫之:《春秋家说》卷下，《船山全书》第五册，第268页。
③ 王夫之:《四书训义》卷八，《船山全书》第七册，第382页。
④ 王夫之:《读四书大全说》卷三，《船山全书》第六册，第518页。
⑤ 胡宏:《知言》，《胡宏集》，第145—146页。
⑥ 胡宏:《知言》，《胡宏集》，第131页。

涵。义是相对的，权衡的标准是公与私。公者大，私者小，公者重、私者轻。"以一人之义，视一时之大义，而一人之义私矣；以一时之义，视古今之通义，而一时之义私矣。公者重，私者轻矣，权衡之所自定也。"① 以此来评判历史，则彰显出船山不同一般的历史慧识。

湖湘学派非常重视社会的建构和秩序的维系，关注现实社会，善于从史书中汲取历史的经验和智慧，以此来观照现实、反思现实。胡安国毕生研治《春秋》，花费三十余年写就《胡氏春秋传》，阐发春秋的微言大义，借史事品评现实社会。船山继承了这一精神，善于发现历史发展的规律、社会中的个体与历史整体的发展之间的关系等，充满辩证的智慧。"盖尝论之：史之为书，见诸行事之征也。则必推之可行，战而克，守而固，行法而民以为便，进谏而君听以从，无取于似仁似义之浮谈，只以致悔吝而无成者也。则智有所尚，谋有所祥，人情有所必近，时势有所必因，以成与得为期，而败与失为戒，所固然矣。"② 我们从史书中是可以看到具体的行事的。

史书的作用是什么？"资治。"何谓"资治"？"资治"不是简单地知晓历史的治和乱，而是要资取，要善于从历史的治和乱中资取智慧，以兴今之利，除今之害。"曰'资治'者，非知治知乱而已也，所以为力行求治之资也。……然则治之所资者，一心而已矣。以心驭政，则凡政皆可以宜民，莫匪治之资；而善取资者，变通以成乎可久。设身于古之时势，为己之所躬逢；研虑于古之谋为，为己之所身任。取古人宗社之安危，代为之忧患，而己之去危以即安者在矣；取古昔民情之利病，代为之斟酌，而今之兴利以除害者在矣。得可资，失亦可资也；同可资，异亦可资也。"③

在历史的治乱之中，船山发现历史发展的规律，即理与势的合一。

---

① 王夫之：《读通鉴论》卷十四，《船山全书》第十册，第535页。
② 王夫之：《读通鉴论》卷末，《船山全书》第十册，第1180页。
③ 王夫之：《读通鉴论》卷末，《船山全书》第十册，第1183—1184页。

"夫所谓理势者，岂有定量，而行迹相若，其势均哉？度之己，度之彼，智者不能违，勇者不能竞，唯其时而已。"① "难得而易失，时也，……已去而不可追者，亦时也。……知时以审势，因势而求合于理，岂可以概论哉！"② 而个体的私欲与普遍的天理亦可通过吊诡的方式实现某种统一。天可假人之私行其大公。船山举了秦始皇、汉武帝等历史人物为例，比如秦始皇，他说："秦以私天下之心而罢侯置守，而天假其私以行其大公，存乎神者之不测，有如是夫。"③

　　作为宋明理学的思想高峰，乃至整个中国传统哲学的集大成，船山的思想是极其丰富的。船山是极富总结、批判和创新的哲学家。影响其思想形成的因素有很多，由以上几个方面不难看出，湖湘学派是其思想形成的一个重要影响因子。钱穆曾说："晚明儒王夫之，可说是湖湘学派之后劲。"④ 这一说法不无道理。船山是湖湘学派的继承者，是湘学从古代向近代转型的重要折点。当然，他又不仅仅属于湘学，他还在中国哲学史、中国思想上亦占有非常重要的地位。

---

① 王夫之：《宋论》卷四，《船山全书》第十一册，第 140 页。
② 王夫之：《宋论》卷四，《船山全书》第十一册，第 142 页。
③ 王夫之：《读通鉴论》卷一，《船山全书》第十册，第 68 页。
④ 钱穆：《宋明理学概述》，（台北）联经出版事业公司 1998 年版，第 119 页。

第六章 湖湘学派与近代湘学

第一节 湘学传承与清代学术

作为一个学术团体的湖湘学派在张栻去世后逐渐消沉，但其对湖湘文化的影响却没有就此断绝，而是历元、明、清三代始终参与着湖湘学者精神世界的构建，其主张的诸多观念积淀于湖湘文化传统中，成为此后湖湘学者乃至一般人性格结构中的重要因素，并进而影响着他们的行为。而这一切之所以可能，在于宋初开始兴盛的一种学术研究与传播机构——书院。北宋建立之初，由于对具有治理才能的读书人的大量需求，以及宋朝统治者对武人的忌惮及对文人的推崇，一时间文教之风大行。为补官学的不足，书院开始在民间兴起。书院多由地方士绅建立，有些大书院还有著名学者坐镇，因此引得许多求学者前往学习，逐渐形成学术团体，并进而对整个周边地区的文化建设起到辐射作用，成为学术研究中心与教育中心。两宋许多学术流派就是以书院为其空间场域而得以建立的，湖湘学派就是其中的一个典型。胡安国、胡宏父子本是福建人，因躲避战乱来到湖南湘潭碧泉，开创了在南宋时期曾盛极一时的湖湘学派。湖湘学派自形成之初即以书院为其依托，定居湖南后，胡氏父子创办文定书堂、碧泉书院，开始教授学生，渐渐从游者众，形成了一个具有自身体系、特色的学术派别。弟子们学成之后也前往各地或开办书院或主持旧有书院，传播胡氏之学，于是湖湘学派思想开始渗透到湖湘地区人们的精神世界,在湖湘地区扎下根来。比如张栻在碧泉书院学成之后,又曾主讲岳麓书院,在此期间朱熹来此拜访,两人往复辩难,二人的弟子以及其他一些学者也群集于岳麓书院,成为当时学术界的盛会。经由书院,湖湘学派的思想得以在湖湘地区流布、生根,参与湖湘文化的构建。这些书院历元、明、清三代一直起着重要的教育作用。作为书院的前贤,胡宏、张栻等人的思想受到尊崇、保留,对湖湘地区的士子学人持续地保有影响力。

书院组织构成了湖湘学派思想得以保存与发展的一个必要条件,这一条件使其不至于中断,并得以潜移默化地在湖南大地的学者中形成一种文化心理结构,湖南地区的学者在进行思维创造的时候,无不在无意识中受到这样一种心理结构的范导。不过湖湘学派的复兴却需要另有机缘。《中庸》曰"其人存,则其政举;其人亡,则其政息",这是就政治领域讲人可以立政,就思想领域讲也有同样的现象。一种学术流派在经历消沉之后,要想重新兴起,并引起社会的关注,往往需要一位有影响力的思想家对该学术流派的观念加以继承与提升。对湖湘学派有存亡继绝之功的一位思想家就是王船山。

王船山是中国哲学史上一位集大成的人物,其思想体系的完成包含着对宋明理学各流派的继承与批判,也包含着对其时代所面临的问题的反思,主要是对当时民族矛盾的反思。王船山主要生活在明末清初的时代,作为异族的清朝取代明朝这一事实对当时的士大夫产生了很大的刺激,逼迫着他们不断反思这一事件到底是如何发生的。在这一过程中,包括王船山在内的当时的学者都认可,阳明后学渐渐流于空疏是要为明朝灭亡的悲剧担一部分责任的。对于王学的空虚的反思,使得王船山回溯整个宋明思想之发展,他对程朱理学抱有同情,并对其合理因素加以继承,他尤其服膺张载以气为本的唯物论,以继承张载的思想为己任。同时,王船山又是一个在湖湘学派的发展中起到承上启下作用的思想家,他继承并提升了湖湘学派前贤的主张,并对以后的湘学人物产生了很大的影响。王船山一生大部分时间都生活在湖南，在这里完成了他的思想创新和著述活动，深受湖湘学派的影响。他青年时曾肄业于岳麓书院，这里在南宋时曾是湖湘学派的两大学术基地之一，保留了浓厚的湖湘学派的学风，时任山长吴道行的先祖吴猎是张栻的弟子，可以说是湖湘学派嫡传，这使得王船山思想的形成深受湖湘学派的影响，他十分熟悉湖湘学派先贤的著作，在其成熟的思想中可以看到很明显的湖湘学派思想的痕迹。

王船山去世后，其思想曾长期湮没无闻，后来在近代一批理学经世派学者的表彰下，重又大明于世。同治年间，曾国藩兄弟刊印了《船山遗书》，其时湘军刚刚收复金陵，曾国藩声威正盛，在其影响下，刊印王船山的著作一时间蔚为潮流。同治七年（1868），郭嵩焘主持城南书院，该书院最初由张栻创立，郭嵩焘于张栻祠旁立船山祠，由此王船山与张栻并立，正式进入了湖湘学统的圣殿，其思想广泛而深刻地影响了后来的一代代湘籍学者。梁启超在其《儒家哲学》中写道："近世的曾文正、胡文忠，都受他的熏陶。最近的谭嗣同、黄兴，亦都受他的影响。清末民初之际，知识阶级没有不知道王船山的人，并且有许多青年，作很热心的研究，亦可谓潜德幽光。"[1] 由此可见其时船山学声势之盛。

中国学术发展至清朝有一个大的变化，即由重视讲求天道性命的道学，转变为致力于名物训诂的朴学。这两种学问从旨趣到为学方法均大相径庭，前者以先秦儒家经典为依归，以个人身心性命为讲求的对象，重在理论体系的建构；而后者虽然同样以经典为根本，但重在对经典中的音训、字义、名物、制度进行考证，其流风所至，天下响应，成为清朝前中期大部分学者的学问路向。对于这种学术风气，后来曾国藩曾予以激烈的批评：

---

[1] 梁启超：《儒家哲学》，《梁启超全集》第九册，北京出版社1999年版，第4985页。

> 嘉道之际，学者承乾隆季年之流风，袭为一种破碎之学。辨物析名，梳文栉字，刺经典一二字，解说或至数千万言。繁称杂引，游衍而不得所归。张己伐物，专抵古人之隙。或取孔孟书中心性仁义之文，一切变更故训，而别创一义。群流和附，坚不可易。有宋诸儒周、程、张、朱之书，为世大诟。间有涉于其说者，则举世相与笑讥唾辱；以为彼博闻之不能，亦逃之性理空虚之域，以自盖其鄙陋不肖者而已矣。①

曾国藩称此种学术是一种"破碎之学"，这一评价可以说是十分准确的。对经典中的文字追求准确的认识自然十分必要，但其目的却在于可以由此获得对古人思想原貌的准确把握，从而可以以此为基础做思想的阐发与推衍。若只以考据本身为目的，那么充其量只是文字资料的堆积，无法在整全的思想系统中使其获得应有的意义。在此意义上，这种考据之学确实可以说是破碎之学。不仅如此，曾国藩还剖析了这种学术对学者心态的影响，想要在考据上有新的意见，必然"专抵古人之隙"，轻视先贤，标榜自己，起骄纵之心，得意于自身的博闻，认为宋以来学者只是做不到博闻强识，所以才逃入空虚的性理之学。

在考据学之外，清朝学术中还有一股强调动手实践的思潮，其代表人物是颜元及其弟子李塨，他们的学问主张恢复先秦儒家的六艺之学，强调亲手实践，也注重对人民日用生活有益的实用学术的研究。但总的来说，清朝学术的主流还是考据之学，同时这两种学问又有其一致的倾向，那就是认为宋明之精研身心性命的学问空疏无用，从而反对之。之所以会有这种转变，一方面有清朝统治者文化政策的原因，而另一方面则在于，明朝灭亡后士大夫们痛感天下沦亡于异族之手，于是起而反

---

① 曾国藩：《朱慎甫遗书序》，《曾国藩全集》第 14 册，岳麓书社 2011 年版，第 194—195 页。

思，最终把原因归结为学术上空谈心性，不务实际，故而力排宋学，推崇所谓的实学。

在这种整体的学术氛围下，湖南地区的思想界呈现出很独特的色彩。概括起来可有以下四点：一曰关注对性理的探讨；二曰重视经世致用；三是由经世致用又转出一种务实求真的学风；第四则是持有一种开明的理欲观，这点主要体现在维新派的学者中。

湖湘学者多推崇理学，湖南地区代有名儒产生，最终在鸦片战争前后涌现出了一大批名儒、名臣，这其中最引人瞩目的人才群体，就是以曾国藩为中心的湘军集团，他们不仅有显赫的事功，而且在学术上表现出想要以义理之学为主，调和宋学和汉学的倾向。比如曾国藩把学问分为义理、考据、词章、经济四科，认为义理之学最切近于人的身心，因此应当以义理之学为先务，但他同时不废考据之学，以至于当时人称曾国藩"湘乡训诂、经济、词章皆可不朽"。胡林翼认为学问不当拘泥于文字、章句，而应该以"穷义理之精微，考古今之事变"为目的。左宗棠也对考据之学有所不满，认为学问应当注重传道报国之功，主张以朱熹的思想为根本进而上溯孔孟。

在推崇理学的同时，湖湘学者又特别注重发扬经世致用的思想，以至于以曾国藩为代表的湘军学者被称为"理学经世派"。当然，可以说经世致用本来就是儒家学术的一个很内在的诉求，因此，所有真正的儒家学者都是谋求有用于当世的，但相对来说湖湘学者的这种色彩更浓厚一些。湖湘学者注重讲求对救世治民有具体效用的那些特殊学术，曾国藩把学问分为四科，于其中经济科之下列了十四项：官制、财用、盐政、漕务、钱法、冠礼、婚礼、丧礼、祭礼、兵制、兵法、刑律、地舆、河渠，认为所有这些有益于政治、民生的专门学问都应该仔细研究，而不能仅仅局限在个人的身心修养。正是由于强调学问应该有社会效用，在面对近代外国势力的入侵时，湖湘学者更能够突破以往传统的限制，从而有敏锐的反应，不论是曾国藩等湘军学者为维护清朝统治所采取的派遣留学生、建立民族工业等措施，还是后来的谭嗣同等维新派努力促成固有的政治制度的变更的企图，都闪耀着湖湘学者对具体的社会问题的热切关注。

对现实问题的关注，很容易转出一种务实求真的学风。现实的社会政治问题，不同于抽象的思辨，任何措施、制度必定会发生某种效用，而这种效用是很容易被观测到的。欲处理现实问题，达成经世致用的目的，有赖于对客观事实的了解，因此湖湘学者多有重事实的倾向，这一点在曾国藩和毛泽东所推崇的"实事求是"之主张中得到典型体现。

近代维新派湖湘学者又多持一种开明的理欲观，传统的程朱理学推崇"存天理，灭人欲"，就其理论内涵讲，这一主张虽然并不要求人断绝一切生理欲求，但其对于天理的过分强调，却客观上导致了对人的正常生理欲求的压制。近代的维新派学者却主张，所谓天理即寓存在人欲之中，人欲之中有天理，这就实现了对人的欲求的肯定。这种观念虽有其社会政治根源，但其发端却早存在于传统的湖湘学派的思想中。

第二节　湖湘学派与晚清湖湘理学名臣

一切历史都是当代史，处于一定历史时期的人们，为了处理其特定的社会问题，往往要求助于历史，然而面对不同的社会困境的人们，从历史中所获得的养分却不同。湖湘学派作为一个拥有悠久历史传承的思想流派，其思想特质影响了一代又一代的湖湘学子。湖湘学派的思想拥有十分丰富的内涵，包含着不同的层面，在面对它的时候，学者们基于自身时代的视角，往往会继承其中不同的成分，从而使湖湘学派的历史发展在不同的阶段呈现出不同的色彩。在近代中国的历史上，湖南地区先后出现了两大人才群体：以曾国藩为代表的湘军理学名臣，以及以谭嗣同等为代表的维新派的学者群体。这两大人才群体都是在湖湘文化的氛围中成长起来的，但由于所处的历史时期，以及各自立场的不同，他们的思想与立身处世之原则，往往体现着湖湘文化不同的特质，这种不同并不是对立，而是同一整体中不同部分的突出，两者共同丰富着作为整体的湖湘文化的内涵。

前文说到，湖湘文化的精神实质可以归纳为四点：第一，推崇性理之学；第二，注重经世致用；第三，在学术上力避玄虚，务求实际；第四，在人的精神生活和感性欲求的关系上，持一种开明的观点。其中，第四点主要体现在维新派人才群体中，而前三点则为两批人才群体所共有，只是在两者中有不同的表现形式，双方各有所侧重。大略言之，曾国藩等湘军名臣、名将更重视其理学家的身份，并自觉地维护儒家的伦理纲常，其经世致用的主张，目的则正是要救时弊，护圣道；谭嗣同、熊希龄等维新派的学者，对于理学只有一抽象的继承，比如对本体问题的兴趣、一些分析问题的范式等，在具体观念上则视其构建体系的需求而有所斟酌损益。

封建王朝发展到晚期，其前期繁荣局面下掩盖的种种问题逐渐暴露出来，这是由其生产关系与统治方式本身决定的，清王朝也不例外。清朝晚期统治阶层逐渐腐败，社会矛盾激化，再加上外国势力的入侵，整体呈现出一种风雨飘摇的局面。然而在这种情形下，咸丰、同治时期却出现了一次短暂的"中兴"，这是十分引人瞩目的现象。这一"中兴"局面的出现，在很大程度上有赖于这一时期有一大群人才崛起，而其中很多出于湖湘，其代表人物为曾国藩、胡林翼、左宗棠等。这一湖湘人才群体深受湖湘文化的浸润，因此在思想上表现出很大的相似性，这种相似性体现了湖湘文化历史悠久的独特内涵。首先，他们笃信理学。形式上他们并没有继承胡宏的以性为本体的理学体系，而是推崇程朱理学，以朱熹的学说为理学中的正统。然而实质上，在有清一代考据之风的盛行下，湖湘地区仍能保持浓厚的对义理、心性之学的兴趣，不可以说不是受了湖湘学派的深刻影响。而且从历史渊源上讲，朱熹理学的形成与湖湘学派有密切的关联，朱熹早年服膺胡宏的学说，后又与胡宏的弟子张栻互为讲友，交情莫逆，终身对张栻的思想极为推崇。湖湘学者倾慕先贤，由湖湘学派而溯及程朱可以说是很自然的事。正因为推崇理学，所以这一派中兴名将、名臣们认为学问当以穷究义理、涵养性情为根本，因此对于当时风行的训诂学多有微词。但另一方面，他们又有很强的务实精神，认为学问应该研究实事、切于实用，而不耽于空谈义理心性。因此他们关注社会政治问题，强调经世致用，想要为当时摇摇欲坠的清王朝革除弊端，使生民有以遂其生养之事。推崇性理之学和重视经世致用是曾国藩等理学名臣们的共同思想特征，这两点在其思想中是统合在一起的，这是湖湘学统自胡宏以来一贯的特征。胡宏之学向来重视有体有用，甚至以其作为划分儒学和异端的关键，异端的缺陷就在于只讨论心性本体，却没有经世致用的实事，所谓有体无用。胡宏把体用结合起来，把经世致用的事功建立在心性修养的基础上，从此奠定了湖湘学统体用合一的特色。从这个角度上看，后来的湖湘学者虽然在本体论上并没有全盘接受胡宏的观点，比如王船山推崇张载气学，曾国藩等人推崇程朱理学，但在体用合一这一立场上，他们是站在一起的，其中可以看到湖湘学派持久深刻的影响。

这一人才群体所以表现出这种相似性，很大原因在于他们相似的教育背景：这些人大多有接受湖湘地区书院教育的经历。曾国藩与胡林翼先后肄业于长沙岳麓书院，时任山长为欧阳厚均。左宗棠则就读于由张栻创立的城南书院，从学于贺熙龄，此外他还参加过当时湘水校经堂的学习，而主持湘水校经堂工作的正是欧阳厚均。欧阳厚均与贺熙龄同出于罗典门下，罗典亦为岳麓书院山长，从中可以看出岳麓书院于湖南地区学术文化的影响力，又可见湖湘文化之传承不已。岳麓书院自南宋起就是湖湘地区的学术与教育中心，张栻曾在此讲学，并在此后一直受到湖湘学子的推崇。经由湖湘大地的书院机构，湖湘学派的思想观点得以对学者产生持久的影响力。

罗典为学为教，谨守湖湘学派法规，以两大端教授学者，一为讲明义理以涵养德性，一为重视时务以求经世致用，前者表现了湖湘文化的理学取向，后者则是湖湘文化的突出特色。罗典的宗旨被他的学生们继承下来，弟子中在造就人才方面有突出表现的为欧阳厚均。欧阳厚均主持岳麓书院工作近三十年，记录在册的弟子超过三千人。欧阳厚均继承罗典的思想，认为学问当以义理为体，以经世为用，体用应当兼顾而不可偏废，而体用二者之中义理更是根本，因此其教授学生主张求知之前务必先立德，唯有德才兼备方可称为有用之才。在教育方法上，欧阳厚均注重对学生的鼓励启发，认为学生应该学会独立思考与自我教育。而在思想上，欧阳厚均特重对"诚"这个概念的阐发，突出表现了其理学家的一面，并对以后的曾国藩产生了重要影响。

对左宗棠有较大影响的人物为贺熙龄，贺熙龄有见于当时学术的弊病为宋学的空谈心性不究实用，而从事于汉学者，虽自称务实，但却溺心于一名一物之微，甚至以此为工具而求功名，全不以天下黎民为意。因此他主张学问应该有关于个人身心以及天下国家，在宋学与训诂之学之间，他对讨论心性义理的宋学更抱同情。在为学方面，他认为应该从三方面用力：一是正心术，心是一身之本，心不正则学问、行事都不得正；二是端学术，认为学问当以正性情、敦伦理为目的，而不当以求取功名为心；三是正文体，作文不应工于辞藻，而应该注重内容。

欧阳厚均和贺熙龄之外，对湘军人才群体有重要影响的还有陶澍。陶澍是左宗棠的儿女亲家，深受左宗棠敬重；同时又是胡林翼的岳父，在胡林翼七岁时就"惊为伟器"，把自己第五女许配给他，并在此后细心培养。陶澍之父陶必铨曾于岳麓书院从学于罗典，当时陶澍年龄尚小，也随父就读于岳麓，同样是一个深受岳麓书院所传承的湖湘学派思想影响的学者。在哲学思想上，陶澍同样推崇程朱，以理和气解释宇宙万象，同时认为理为根本，因此学问的目的在于"即实象以求实理"，这可以说是程朱格物穷理说的一种表达，在这样一种即实象求实理思想的指导下，陶澍的学问延伸至各个领域，在舆地、经学、方志、谱学等各方面都有独到的见解。此外，在造就人才方面，陶澍强调"人之才力，每不能相兼"，这是因为"业有专营，无余力以相及"，表现出对专门人才的重视，这是其越出前儒的地方。儒家学术自孔子以来即强调"君子不器"，认为君子不应该拘束于专门的职能，陶澍之重视专才，虽然仅就诗文方面立论，但也为后来的曾国藩等开展洋务运动，建立民族工业，培养专门技术人才开一先声。这种对专门人才的承认与造就，与湖湘文化重实用而不务空谈的思想倾向是脱不开的，因为重实用，所以每从具体的社会问题入手而不拘于既往的传统，以故往往能有创举。

相似的教育背景，以及共同生活其中的湖湘地区的文化环境使得曾国藩等湘军集团学者们具有相似的思想与行为特征。这批学者被称为"理学经世派"，这一称号点出了他们的两大主要特征，其一是崇信理学，因此这批学者从学术派别上讲都属于理学家。在《论语》中，孔子曾回忆自己厄于陈、蔡之间时的情形，称："从我于陈、蔡者，皆不及门也。德行：颜渊、闵子骞、冉伯牛、仲弓。言语：宰我、子贡。政事：冉有、季路。文学：子游、子夏。"（《论语·先进》）曾国藩据此将士大夫所当讲求的所有学问划分为四科："曰义理，曰考据，曰辞章，曰经济。义理者，在孔门为德行之科，今世目为宋学者也。考据者，在孔门为文学之科，今世目为汉学者也。辞章者，在孔门为言语之科，从古艺文及今世制义诗赋皆是也。经济者，在孔门为政事之科，前代典礼、政书，及当世掌故皆是也。"[①] 在这四科中，曾国藩特重义理之学，认为其切于身心不可须臾离，因此应当为学者所先务。曾国藩所认可的义理之学主要即指程朱理学，他认为："凡人之生，皆得天地之理以成性，得天地之气以成形，我与民物，其大本乃同出一源。"[②] 这与朱熹在《中庸章句》中的表述如出一辙，以理与气二者解释天地万物，

[①] 曾国藩：《劝学篇示直隶士子》，《曾国藩全集》第14册，第486页。
[②] 曾国藩：《谕纪泽纪鸿》，《曾国藩全集》第21册，岳麓书院2011年版，第547页。

以理为根本，理下贯于人为人之性，这是人的道德践履的根据。天地之理全体，曾国藩又称之为"诚"。"诚"这一概念在《中庸》中首先获得其本体意味，湖湘先贤周敦颐对其做了进一步阐发，认为"诚"来源于创生万物的乾元，是圣人之所以为圣人的根本。清代儒者中，曾国藩的老师欧阳厚均亦特重对"诚"的阐释，曾国藩继承了这一传统，认为"诚"既是天地化生的本体，同时也是君子修德、治国的道德本体。

曾国藩虽然身为理学家，但从其划定的学问四科来看，仍然承认了训诂和辞章之学的地位，尤其是其中的考据学，曾国藩有着不俗的造诣，表现出了不囿于宋、汉之争，欲在一更高层面上调和汉宋的包容性。这种包容性是立足于一种务实精神之上的，这种务实精神一方面来源于有清一代学术的整体风气，对明朝覆灭的反思使得当时的士大夫认识到宋明道学重思辨的玄想与虚浮，从而风气一变而重实学，考据之学的兴起便是这种务实精神的一种表现，他们不再炫目于宋明儒蔚为壮观的思辨体系，而是切实地作考证工夫，以求接近先秦圣贤立言本意，然而这种务实虽脱离了宋明儒的玄想与虚浮，却又陷入了琐碎无用。这种务实精神的另一个源头是传统的湖湘学派的思想。无论是胡宏、张栻的重经世、重践履，还是王船山的重实行的知行观都是这种务实精神的源泉与体现。曾国藩自幼接受湖南书院教育，浸润在湖湘学派的文化氛围中，后又倾慕王船山的思想，刊印王船山的文集，深受这种务实精神的影响。湖湘文化中的务实精神力求学问应当适于用，因此在四科之中，义理之学之外，曾国藩又十分注重经济之学，这一方面是因为当时尖锐的社会矛盾与混乱的政治局面，同时又有其所受湖湘文化教育的影响。罗典即强调学者当以义理之学涵养德性，但同时要通时务，这种精神经由欧阳厚均传给曾国藩。曾国藩把经济之学与义理之学结合起来，认为："苟通义理之学，而经济该乎其中矣。"[1] "义理与经济初无两术之

---

[1] 曾国藩：《劝学篇示直隶士子》，《曾国藩全集》第14册，第487页。

可分，特其施功之序，详于体而略于用耳。"① 义理与经济是体用的关系，若人人能尽义理则自然有经济的功用，但即便如此在措施上仍要将经济单列出来，作为学者研究的对象。这种"不说大话，不骛虚名，不行架空之事，不谈过高之理"的务实精神，深深地影响着后来的毛泽东，并体现在他的实事求是的思想路线中。

胡林翼的父亲胡达源曾肄业于岳麓书院，后来主讲于长沙城南书院，胡林翼自小受家学熏陶，后来又受学于欧阳厚均、贺熙龄，并受到陶澍的悉心培养，具有很深的湖湘文化教育背景。胡林翼同样推崇理学，认为："夫士先器识而后文艺，固不徒以宏博争长。然穷义理之精微，考古今之事变，所为文章，可通政事。"② 士君子之学不当以记闻为胜，而应该考究义理，同时由于深受湖湘文化经世学风的影响，他又强调学者应该考古今事变，最终目的则在于能为从政服务。以此之故，胡林翼特别重视史学，认为："唯史学为历代圣哲精神之所寄，凡历来政治、军事、财用、民生之情状，无不穷源竟委，详为罗列。使人能细细批阅，剖解其优劣。异日经世之谟，即基于此。"③ 胡林翼之重视史学固然有其社会背景，清朝后期阶级矛盾逐渐激化，农民运动的浪潮席卷而来，胡林翼正是在镇压太平天国运动的过程中与曾国藩建立了深厚的情谊。社会既然动荡不安，士大夫们不得不迫于压力，多方寻求救治之法，于是将目光投向历史。但另一方面湖湘学派的影响也不容忽视，湖湘学派历来重视史学，其奠基人之一胡安国即以史学名家，所著《春秋传》是明代科举考试的指定教材。胡宏亦有《皇王大纪》，记述自盘古以至周赧王之间事迹，以此寄托自己的经世之志。湖湘学派这种重史学的学风，构成了湖湘文化整体的一部分，影响着后来的学子。胡林翼又特重人才的造就，因为"夫世事之治乱，系乎人才"，因此每到

---

① 曾国藩：《劝学篇示直隶士子》，《曾国藩全集》第 14 册，第 487 页。
② 《胡林翼集》，岳麓书社 1999 年版，第 1009 页。
③ 《胡林翼集》，第 1028 页。

一地必招揽、表彰当地人才，并大力兴办书院。

另一个在近代中国历史上具有重要影响的湖湘学者是左宗棠。在学术上左宗棠反对当时风行的训诂之学，认为社会所以出现种种弊端，都是由于学术不正，称："自乾隆中叶以来，声音训诂校雠之习盛，士竞时局，逐声气，以搏击儒先为能，放言无忌，酿成今日犯上作乱之祸。"① 因此他主张应该"宗程朱以探原孔孟"，表现出很明显的理学倾向。但是左宗棠并不是空谈性理，而是认为学问应该能有切实的用处，主张："读书明理，讲求作人及经世有用之学。"② "学术端则士习正，士习正则民气厚，而礼义廉耻由之而明，休祥瑞应由之而出，非细故也。"③ 由此可见，左宗棠之推崇理学，正是看到了理学砥砺气节，改善社会风气，从而缓和社会矛盾的作用，而非空头地去讨论性理。可以说这是湖湘"中兴名臣"的共同理念，他们反对当时流行的汉学，正是因其无用；但他们推崇理学，却并不陷入理学空疏的毛病，而是时刻着眼于具体的社会问题以求能适用。蕴藏在这些名臣学者文化心理底层的是一种强烈的寻求经世致用的精神，而这正是湖湘文化自湖湘学派承传来的一个宝贵的精神财富。正是在这种以经世致用为目的而从事学问的精神的指导下，左宗棠细致地研究各种切于时务的学问，"睹时务之艰棘，莫如荒政及盐、河、漕诸务。将求其书与其掌故，讲明而切究之"④。同时他对舆地、海疆、边塞方面也有很深的了解，这为他以后的功业奠定了基础。

从上面的论述可以看出，推崇理学和经世致用的精神实是湖湘理学名臣在思想和行为上的共同倾向。同时对于这两点之间的关系，这些名臣也取同样的立场，即以理学思想及其确定的伦理秩序为本，以经世致

---

① 《左宗棠全集》第十三册，岳麓书社2009年版，第222页。
② 《左宗棠全集》第十三册，第21页。
③ 《左宗棠全集》第十三册，第222页。
④ 《左宗棠全集》第十册，第1页。

用的事功为用。在体和用两者中，体是确定不易的，是一切求事功的措施的目的，而经世致用却是达成本体的手段，因此作为本体的性理之学需要仔细考究和认真据守，而用却可以视本体之明与不明而有所详略。这种在义理和经济之间分体用的思想，也直接影响着他们的洋务思想和行动。

曾、左、胡等中兴名臣之所以在近代中国历史上具有重大的影响力，与其说是在学术上，倒不如说是在事功上。但是他们所以能有如此事功与其所思所想却是分不开的。中国传统学术向来重践履，讲求尊所闻、行所知，因此在评价一个人的学问的时候要连同他的行事一起讨论，要知人论世。如果一个人的行为与其学术不符合，那么他的学问的可信度就打了折扣。可以说，在中国古人那里，一个学者正是他的道在人世的肉身载体，同时是一个验证，有此验证，他的道就立起来了。从这方面来看曾国藩等中兴名臣的事功，这些事功正是其学问的一个表象。中兴名臣的威望首先来自其镇压太平天国的军事行动，咸丰三年（1853）曾国藩在长沙主持团练，同时招募农民加以训练，意图组建一支不受官府制约的军队，这就是"湘军"的起始。第二年胡林翼加入到曾国藩的湘军，参加湘北争夺战。咸丰十年（1860）左宗棠随曾国藩襄办军务，建立楚军，在对太平天国的战争中，这两支军队起到了重要作用。曾国藩等人镇压太平天国的军事行动，既有作为封建官僚维护封建王朝统治的意义，同时也与其作为儒家学术卫道士的身份相符合。太平天国以西方基督教思想为依据，提出一种朴素的平均主义，以此收买人心，壮大声势，所到之处破坏书院、毁坏儒家先贤庙宇塑像、焚毁儒家典籍，对此儒家学者都有痛感。对这批学者来说，镇压太平天国具有一种超出一朝代的卫道的意义。

不同于镇压农民起义在后世引起巨大的争议，中兴名臣的另一功勋对近代中国具有完全正面的意义，同时也显示出这批湖湘学者独特的求实精神，那就是建立民族工业，以及派遣留学生向西方学习。中国传统向来重华夷之辨，这二者既是民族划分，同时也是文明与野蛮的划分，因此在传统上以及当时一般学者、官僚的观念中，只有蛮夷向中华学习以求开化，而中华若反而向蛮夷学习则是一种耻辱，若有人这样提议，是有政治风险的。当时西方人虽然显示了其发达的物质文明，但在一般中国人眼中仍然是不通道德人伦的蛮夷。在这种情况下，湖湘学者中，前有魏源主张开眼看世界，后有曾国藩、左宗棠等极力主张并亲自主持建立民族军事工业，学习西方技术，从中反映的是这一些学者能够突破既有的观念的限制，重实际、求实用的精神，这正是湖湘文化精神浸润的结果。当然，没有人可以不受其具体时代的制约，曾国藩等之学习西方仍局限在技术层面，主张要以中国学术为本、为体，这是不应该苛求前人的地方。并且应该看到，在中西文化的体用关系以及如何学习西方的问题上，曾国藩之后出现的一批学者在看到其前辈的路子毕竟走不通之后，及时地做出反思，并要求从根本上改变传统的政治制度，以求深度地学习西方。在近代中国风起云涌的政治局势中，湖湘学者本着经世致用的精神，不被传统的观念束缚，讲求实际及时变革的倾向是很引人瞩目的。

曾国藩等理学名臣对近代湖湘文化的影响是巨大的，他们通过湘军这一军事集团而聚合在一起，并且在对太平天国的军事胜利中，一步步走向声望的巅峰。湘军对太平天国的战争，不仅仅是一种军事行动，在曾国藩等湘军领袖心中，这同时也是一种文化捍卫行动。曾国藩在讨伐太平天国的檄文中，谴责的不仅仅是他们肆意杀戮的暴虐，更多的是他们崇拜洋教、颠覆儒家道统的行为，因此在这场战争中，他们同时还有一种身为儒家文化传统的守护者的自觉，而他们所理解与维护的儒家传统，则正是传入湖湘大地之后，在一代代湖湘学者的诠释与传承中，已经充分湘化的儒学。因此，在曾国藩等理学名臣这里，湖湘文化实现了它的自觉，湖湘的民众和学子们崇拜着他们乡土上走出去的这些名臣，自觉接受着他们所维护的文化观念。战争胜利后，曾国藩裁撤了湘军主力，大量有功勋的湘军人士回到了湖湘的土地上，成为当地的士绅，他们著书、办学、修地方志、表彰先贤，自觉地凝聚着湖湘的文脉；而牺牲了的有功勋的湘军，则受到表彰，被立祠祭拜。他们共同影响着湖湘地界的文化风气，一方面使湖湘文化的观念进一步深入人心，在后来的社会动荡变革中表现出自己的独异色彩；另一方面则使这些湘军勋将的功绩在湖南人之中激起一种自豪，这种自豪感随即转化为湖南人性情中的骄傲的脾气。这种性情有时候会变现为一种虚骄，但得到了正确的引导，也会转变为积极有为的奋勇，以至于后来陈宝箴出任湖南巡抚的时候，称："阴念湖南据东南上游，号天下胜兵处，其士人率果敢负气，可用。"①

第三节 湖湘学派与维新运动

曾国藩等中兴名臣之后，湖湘大地上涌现出来的另一个人才群体是主张变法的维新派学者，其时湖湘地区的维新运动声势十分显赫，康有为称"中国变法，自行省之湖南起"，从中可见湖南地区的学者们在面临非常的变局之时，反应之速与规模之大。从政治立场上看，维新派学者与曾国藩等中兴名臣是截然对立的：后者是站在封建官僚的立场上，维护封建王朝的统治地位，而前者则要求变革固有的政治制度与阶级关系。然而这两批人同生长于湖湘大地，深受以湖湘学派思想为内核的湖湘文化的熏染，在其思想、行为中表现出某种共同的精神与倾向。具体来说即学术上的理学色彩，与讲求经世致用的精神，特别是后者在维新派学者中表现得更为明显。拥有同样精神内核的人才群体所以表现出截然不同的政治立场与主张，很大程度上与二者面临的不同的社会历史背景有关。曾国藩等生活的时期正是农民运动迅猛发展的时期，阶级矛盾

---

① 陈三立：《散原精舍诗文集》，上海古籍出版社 2003 年版，第 852 页。

尖锐而突出，以至于到了危及统治根本的地步，中兴名臣们正是在镇压农民起义的军事行动中从一众封建官僚中脱颖而出，获得了巨大威望。对于太平天国倾覆儒家伦常秩序，曾国藩认为这是几千年未有之奇变，而对于当时的西方侵略势力，则认为"比之五胡乱华，气象更为难堪"，从性质上仍旧将其认识为如同五胡乱华一般的蛮夷入侵，只是程度上更为暴烈而已，因此在应对方式上依旧是传统上修明政治，以中华之礼义道德使蛮夷屈服的老路。虽然他当时已经看到了向西方学习的必要性，但仍局限在"窃制器之术"的层面，而根本仍是以义理之学为先，以立志为本。所谓义理之学也即以儒家为根本、以伦理道德观念为内容的一种学术，通过对固有的伦常秩序的维护来扶持封建王朝的统治。之后虽然西方势力对中国社会的干预更加广泛、深入，矛盾也越来越尖锐、突出，但一方面由于湖南地区地处内陆，没有遭受外力的直接侵凌，另一方面则由于湘军的赫赫声威提高了湖湘地区人们的心气，在相当长的时间里湖南地区都处在自我封闭的状态中。后来陈宝箴对此发出议论，称："自咸丰以来，削平寇乱，名臣儒将，多出于湘，其民气之勇，士节之盛，实甲于天下。而恃其忠肝义胆，敌王气忾，不愿师于他人之所长，其义愤激烈之气，鄙夷不屑之心，亦以湘人为最。"[①] 这种情形一直持续到1894年甲午中日战争湘军溃败，被寄予守土安民重任的湘军在辽东败给日军，这对湖南人在太平天国战争湘军的节节胜利中养成的自骄气质，是一个极大的打击。湖湘人士从此幡然惊醒，仿佛全体背上了湘军失败的羞辱，以及未能承担起护卫国土的愧疚，其文化传统中固有的求实际、务实用、经世致用的精神在民族危亡的局势催化下再度高涨，推动湖湘地区的学者们殚精竭虑以求变革来救亡图存。从谭嗣同、熊希龄、唐才常等维新派人士中可以很明显地看到这种转变。熊希龄先是极为仰慕曾国藩等名臣的功业，认为"湘军满天下，将相

---

① 《戊戌变法档案史料》，中华书局1985年版，第243页。

相继而起者，卓然昭著，可谓极一时之盛矣"①，主张为政的根本在于"夫世之治也，道在兴教养，陪根本；世之急也，道在严吏治，精武备"②，仍然未脱传统观念的窠臼。而甲午中日战争湘军溃败之后，则一旦清醒，转而鼓吹变法，这种转变既有时局的影响，但在其自来所接受的文化中也是有迹可循的。

在这里需要说明的是，湖南的维新派人士和湘军集团并不天然是对立的，在湖南维新运动发展之初，离不开湘军集团及其后裔的支持。湘军理学名臣这一人才群体对湖南维新运动的影响主要有三方面。首先，为维新运动的兴起，提供了思想上的准备。曾国藩等湘军官僚集团是中国近代最先发动洋务运动的人士，他们提倡学习西方的技术，派遣留学生，开办中国近代工业。不仅如此，他们形成一种系统的洋务思想，其中最典型的是郭嵩焘，他主张："自重以为立身之本，讲求礼法以为接人应务之方，亲师取友以求共学之益，读书务实以立为学之程。"③ 这一章程基本不出传统学术的范围，表现了洋务派中体西用的特色，唯在所谓"务实"方面，他强调士农工商皆实业，而不应偏重士的阶层，这就包含着对西方学术和职业分工思想的接纳。湘军集团的洋务思想在某种程度上具有开风气的意义，为维新派进一步提出更激进的思想做了准备。其次，维新运动在其发展之初得到了湖南省政大员的支持，这些大员主要是湘军或者亲湘军的官僚，这其中最重要的是陈宝箴。陈宝箴虽然不是湖南人，但他和湘军将领关系密切，先后做过多位湘军将领的幕僚，后又任湖南巡抚。在巡抚任上，他继续推进曾国藩等人提倡的洋务事务，对于同处湖南而求变革的维新运动也给予了大力的支持。最后，理学名臣们对湖南维新运动的另一影响是，湘军名臣们的事业淬炼了湖南人，赋予他们一种彪悍的气质，以及以天下为己任的担当精神，

---

① 熊希龄：《上吴大澂书》，手迹件，藏上海图书馆。
② 熊希龄：《上吴大澂书》，手迹件，藏上海图书馆。
③ 郭嵩焘：《郭嵩焘日记》（第四卷），湖南人民出版社1981年版，第157页。

这种气质和精神迅速转化为湖南人的一种救世的热情。因此，维新派与他们之前的湖南理学名臣并不能看作是割裂的两代，而是湖湘文化传统的自我发展更新，他们大体生活在同一个时代，受同一个地区的文化传统的影响，表现出一种文化心理上的相似性。

维新派人士和他们之前的曾国藩等中兴名臣一样，大多具有在湖南地区接受书院教育的经历，深受以湖湘学派思想为核心的湖湘文化的影响。唐才常自祖父那一代起就是读书人，父亲唐贤畴无意于考取功名，一生潜心于儒家典籍，是很纯正的湖湘学者。唐才常自小受家庭熏陶，长大后又入读长沙岳麓书院，岳麓书院是湖湘学派的第二个学术基地，也是湖湘地区的文化与教育中心，岳麓书院的求学经历给唐才常的思想打下了深厚的湖湘烙印。相比于唐才常，熊希龄的传统教育底色更为浓厚，他出生于一个封建官僚家庭，14岁即中秀才，曾先后就读于沅水校经堂与长沙湘水校经堂，湘水校经堂最初于清道光十一年（1831）由时任湖南巡抚吴荣光创办，治学上注重阐发朱熹、张栻的理学思想，可以说具有十分浓厚的湖湘学派色彩，著名学者郭嵩焘、欧阳厚均等都曾在此主持工作。谭嗣同虽幼年随父入京读书，但在其受教育的过程中对其影响极大的几位老师如欧阳中鹄、刘人熙等都是湖南人，这几位先生虽然各自学术观点不尽相同，但他们都具有深厚的湖湘文化基础，推崇湖湘文化的先贤，在他们影响下，谭嗣同学习了曾国藩等近代湖湘学人的思想，并由此上溯湖湘文化的传统，尤其服膺王船山的思想，后来其自身思想体系的建立也常常能看到王船山的痕迹。

在宋代以前，湖湘地区本被视为文化沙漠、蛮荒地区，是失势的官员贬谪、流放的所在。因着这些被流放的文人，文化的因素被引进来，但最终没有形成规模。一直到宋以后，民间书院繁兴，教化普及开来，湖南地区的文化事业也得到发展，后来胡宏父子来此设教，湖南地区终于形成了它们区域文化的代表：湖湘学派，并在以后的岁月里作为文化心理结构的重要组成部分，范导着湖南地区的学者乃至一般民众的思想与行为。湖湘学派渊源可追溯到周敦颐和二程兄弟，是一个典型的理学学派，其观点重视天命、人性的讨论，重义利之辨，鼓励士人砥砺气节，此外相对于当时其他的理学流派，它特重经世致用的务实精神。由于湖湘学派的影响，在清代训诂之学风行，学者们纷纷躲进书斋的时候，湖湘地区的士人依旧笃信理学，强调实用，甚至产生了以曾国藩等为代表的"理学经世派"。一直到甲午中日战争以后，一方面政治局势更加复杂、严峻，理学的思维方式不再能很好地把握当时的具体情况，而以其为根据的救世之法也一次次遭受挫折；另一方面西方学术传入中国，为封闭窒塞的思想环境注入新鲜的空气，因此湖湘的学者们在强烈的拯危济困志愿以及务实精神的鼓动下，不再固守抽象的观念，而是直接把握具体的时代状况以求突破。在谭嗣同、唐才常、熊希龄等维新派人士身上可以很清晰地看到这种转变，上面提到的熊希龄从崇拜曾国藩等中兴名臣的功业，反对西学，到甲午之后幡然醒悟，鼓吹向西方学习即其一例。谭嗣同早年曾先后师从欧阳中鹄、涂启先、刘人熙，学的是二程、朱熹、王船山等人的理学思想，24岁的时候父亲升任湖北巡抚，谭嗣同则独自游历访学，开始接触到西方的自然科学和社会学说，最后在甲午中日战争民族危亡的刺激下，毅然脱出传统学术与纲常伦理的窠臼，主张彻底变更固有的政治制度。

这些湘籍维新人士的共同特征即在于不为抽象的观念所限，本着务实的精神，能从具体的时代状况入手，以求获得解决问题的办法，大大推进了传统经世致用观念的发展，不再局限于以维护传统的伦常秩序为万能的救世法门，他们努力深入到当时社会的各个领域：开通航运，奔走路矿，开办时务学堂，创办宣传新思想的学会、学报，乃至直接向清王朝请命要求彻底变革政治制度。这一系列举措显示出他们不同于曾国藩等旧时代官僚的新的时代特色，他们的务实精神较之这些旧官僚也更加激进。曾国藩等理学名臣同样继承了湖湘文化"经世致用"的精神传统，但他们仍旧处于传统儒家的伦常秩序之中，他们经世致用的目的正是要维护这一秩序，维护儒家的道统。而维新派的学者却进一步突破了这一限制，不再把抽象的文化传统高高地举在头上，而是彻底从实际出发，把湖湘文化中这一"经世致用"的精神融入时代变幻的风云中。

维新派人士在注重湖湘文化重经世致用精神的同时，在其思想中同样保留着理学的色彩，这方面谭嗣同表现得最为明显。不过，不同于他之前的曾国藩等人把自己作为理学的忠实信徒而牢牢地持守理学的家法，谭嗣同则努力以传统的理学资源建立自己的思想体系，在这个过程中他又进一步拓展自己的学术视野，把中国传统的佛道等思想，与当时已经传入的西方学术综合进自己的学术构建中。传统的理学主要以两种方式影响着谭嗣同的思想，首先他从理学中借来了一些基本的范畴，作为自己分析问题的框架。谭嗣同的思想体系主要体现在其《仁学》中，仁这一概念本是儒家思想的核心观念，宋儒曾有详细的讨论。在《仁学》中，谭嗣同引进当时西方自然科学中的一个概念"以太"，以此作为仁的根据，称："遍法界、虚空界、众生界，有至大、至精微，无所不胶粘、不贯洽、不筦络，而充满之一物焉，目不得而色，耳不得而声，口鼻不得而臭味，无以名之，名之曰以太。其显于用也，孔谓之仁，谓之元，谓之性。"① 体用范畴，以及体用关系是理学家们构建体系时最常用的范畴之一，在这里谭嗣同以体用的范畴来讨论以太和仁的关系，是理学式思维的一个表征。同时，他的"仁以通为第一要义。以太也，电也，心力也，皆指出所以通之具"② 的思想，以"通"作为仁的主要内涵，也显示出程颢的以"万物一体"为仁的色彩。另一方面，他也从传统理学中继承了一些现成的本体论的观念，这方面对他影响最大的是湖湘先贤王船山。谭嗣同认为以太是一个极细微而又遍充一

---

① 《谭嗣同全集》，中华书局1981年版，第293页。
② 《谭嗣同全集》，第291页。

切的物质性观念，这一思想是对理学中气本论的继承。谭嗣同早年受学于著名湘籍学者欧阳中鹄，得闻王船山的学说，王船山推崇张载的气学，这一传统被谭嗣同继承下来，并且以近代自然科学为基础予以阐发。

第七章　湖湘学派与现当代中国思潮

第一节　湖湘学派对毛泽东思想的影响

在中国近现代历史上，另一个受湖湘文化影响巨大的人物是毛泽东。当下学术界一般认为，毛泽东的思想在其成熟之前经过了一系列发展变化，这一系列变化与当时的政治局势及时代发展变化有一种统一性。与他同时期的士人一样，毛泽东早年接受的是中国传统教育，他熟读儒家经典，辛亥革命爆发之后，开始接触西方文化以及一些维新派学者的思想，五四新文化运动以后则更进一步系统地学习西方文化。在这一过程中，中国固有的文化传统尤其是湖湘文化始终作为一个活跃的因素对毛泽东产生影响。

毛泽东之接受湖湘文化，除了其自幼生长在湖湘大地所受到的潜移默化的影响外，还在于其成长过程中接触到的师长朋友的引导，其中最重要的是杨昌济。杨昌济，字怀中，湖南长沙人，其家世代耕读传家，祖父和父亲都长期在家乡做塾师。杨昌济自幼受家学熏陶，成年后又曾肄业于长沙岳麓书院，接受的是传统的儒家教育，曾大量研读儒家经典以及宋明理学家们的著作，对湖湘先贤如王船山、曾国藩、谭嗣同等人的思想很熟悉。1902年，杨昌济受湖南省政府公派赴日留学，1908年又转去英国继续深造，学习哲学、伦理学、教育学和心理学，并于1912年赴德国考察。因此，杨昌济是一个既有深厚的中国传统文化修养，又有广阔的世界眼光，汇中西于一体的学者。杨昌济的思想主要倾向于伦理学，留学归国后他对中国传统的伦常关系展开了批评，但他并没有对传统的儒家思想一概反对，他认为儒家思想中要求人以身殉道的观念包含了推崇人格独立的因素，从而将其提取出来与在英国接受的功利主义伦理学结合起来，提倡一种"公共心之个人主义"，主张既能坚持个人人格的独立，又能在必要时为公共利益牺牲个人的利益。杨昌济受传统儒家学术的另一影响在于切实的修身践履，因此他的伦理学并不止于学术上的讨论，而是务求在生活中加以践行。他不仅是一个理论家，而且是一个具有崇高道德品格的道德家，这一点对青年毛泽东产生了很大的影响。后来毛泽东回忆说："给我印象最深的教员是杨昌济，他是从英国回来的留学生，后来我同他的生活有密切的关系，他教授伦理学，是一个唯心主义者，一个道德高尚的人。他对自己的伦理学有强烈的信仰，努力鼓励学生立志做有益于社会的正大光明的人。"[1]

除了自身的言传身范，人格感召以外，杨昌济对毛泽东的另一重要影响是引导毛泽东对湖湘先贤思想的学习。在《讲堂录》中有很多杨昌济讲述湖湘学者思想的记录，其中对毛泽东有重要影响的是王船山和曾国藩。对于王船山，毛泽东称其"德业俱全"。对于曾国藩，毛泽东称"愚于近人，独服曾文正"，从中可见中国传统文化因素在青年时期毛泽东思想中的地位，以及湖湘先贤经世致用的思想及功勋对毛泽东的激励。

经由杨昌济的中介，毛泽东接续了湖湘文化的文脉，自此以后其思想虽多有变化，但湖湘文化却始终作为一种活跃的因子发挥着作用。湖湘文化对毛泽东思想的影响主要可概括为三点：（1）探讨大本大源的本体论兴趣；（2）重视经世致用的务实精神，以及由此发展而来的实事求是的思想路线；（3）"气化日新"的辩证法。

---

[1] 《毛泽东自述》，人民出版社1996年版，第33页。

首先，湖湘文化对毛泽东思想的影响是对大本大源的兴趣与思索。湖湘文化以湖湘学派的哲学为其内核，这是一种理学型的文化，对宇宙本源的兴趣是理学思维的一大特征。早在北宋初，湖湘先贤周敦颐即依托《易传》构建了一个以太极为本根的宇宙、人生图式，这是宋明理学史上第一个系统的宇宙本体论。周敦颐在其思想中，以太极、阴阳、五行的演化来说明宇宙的产生与发展，以无形无相的太极作为宇宙生生变化的本体，同时他又以"诚"这一概念沟通宇宙与人生，以其作为人的道德活动、道德价值的本源，并且说明了人道的"诚"来源于天道变化，这就将天道人道统一在一起，形成了一个系统的本体论结构。湖湘学派的创始人胡宏亦特重对本体的探究，周敦颐虽然思想精深，但学说在其生前并未得到广泛的流布，他是二程的老师，但二程一生并没有特别推重他们这位老师。周敦颐的思想得以显明，极有赖于胡宏、张栻等湖湘学者的发扬，在这种发扬、传播的过程中深刻地影响着湖湘学者。胡宏并没有继承周敦颐的太极本体论，而是以性为万物本根，同时又以"心"这个指示主体精神的概念说明性的创造性能，心性对举，尽心成性，自此以后对本体的兴趣在湖湘学者中历久不衰。王船山对气本体论的接续与完成，欧阳厚均和曾国藩对"诚"的关注与阐发，乃至毛泽东对大本大源的兴趣，无不暗含着这一传统。1917年8月，在致黎锦熙的信中，毛泽东表述了其对大本大源的思考："夫本源者，宇宙之真理。天下之生民，各为宇宙之一体，即宇宙之真理，各具于人人之心中，虽有便全之不同，而总有几分存在。吾人以大本大源为号召，天下之心岂有不动乎？而天下之心皆动，天下之事有不能为者乎？天下之事可为，国家有不富强者乎？"① 这里的表述纯粹是理学型的，以宇宙为一体，认为本源同时具于人心，主张以本源来动人心从而达到使国家富强的效果，这是毛泽东早年的一种观点，本质上仍是一种唯心主义

---

① 《毛泽东早期文稿》，湖南出版社1990年版，第85页。

的社会改良的主张，但其经世的精神与爱国的热情却已经充分表露。此外需要注意的是，湖湘文化对本体的思考，不仅启迪了毛泽东对大本大源问题的兴趣，同时其固有的一些信念在某种程度上影响着毛泽东对新思想的接受。西方哲学同样注重对形而上本体的探讨，但与中国传统思想不同的是，西方哲学自巴门尼德开始，发展出了一种对人之感性认识不信任的态度，这种态度在柏拉图那里获得了完整的表述，柏拉图根据感性与理性的区分划分了两个世界，他认为人的感官直接所及的世界是一个并不完全真实的世界，真正实在的是与感官世界分离的不可见的理念世界。这一思想后来与由希伯来发展起来的基督教文明合流，形成了一种厌弃现世的倾向。与此不同，中国本土发展起来的本体论思想始终内含着一种对世界存在的信念，本体并不是处于现象背后的隐秘者，而就是现象世界之生生不息的原则自身，因此中国传统哲学并不于现象之外去寻找实在，而是更关注现实自身。这种对世界真实性的信念使得中国向来就有唯物主义的传统，这一传统在王船山的思想里获得了完整的形态。毛泽东成熟了的思想里的唯物主义因素其来源固然主要是马克思主义辩证唯物主义传统，但中华文明固有的唯物主义传统，青年毛泽东对王船山的推崇，这些对于毛泽东对马克思主义的接受应该说是不容忽视的因素。

其次，湖湘文化对毛泽东的另一重要影响是经世致用的学风和实事求是的思想方法。如上文所说，相对于西方人，中国人向来有重现世的精神，对于人在现世的生命活动自然多加关注，于是而有经世致用的精神，湖湘学派在这方面表现得特别突出。张栻继承胡氏之学，十分注重行，相对于程朱的知先行后的观点，提出"知行互发"，也即行并不只是被动地跟在认知后面亦步亦趋，行自身即有启发认知的作用。其后王船山进一步提出"行先知后"的主张，把行提升到人的道德践行的中心位置。深受湖湘学派影响的学者们不仅在思想上提倡行，而且深入到社会、政治领域以求有所作为，从曾国藩等中兴名臣建立湘军，兴办洋务，到以谭嗣同为代表的维新派要求政治制度改革，无不体现着强烈的经世精神。毛泽东生于斯长于斯，自然深受这一精神传统的影响，主张学问应该有用。在方法上主张不能空谈与纯粹的思辨，而应该深入到万事万物中去做详尽的考察，因此他积极参加各种政治活动与社会运动，进行切实的社会调查，向世界这本大书学习，表现出鲜明的实事求是的思想特色。

"实事求是"本来是一个考据学的命题，指在经学研究和古籍整理中的一种科学求真的治学原则。汉代班固就曾称赞河间献王刘德"修学好古，实事求是"。南宋时期湖湘学派代表人物胡宏、张栻等人的学术思想具有强烈的"实学"色彩，他们提倡体用合一，讲求经世务实，这些思想内容，与实事求是这一命题的内涵是一致的，影响了近现代湖湘学者对"实事求是"这一命题的创造性转化。在近代湖湘学者中，曾国藩明确将"实事求是"从考据学命题转化为哲学命题，他说："近世乾嘉之间，诸儒务为浩博。惠定宇、戴东原之流钩研诂训，本河间献王实事求是之旨，薄宋贤为空疏。夫所谓事者，非物乎？是者，非理乎？实事求是，非即朱子所称即物穷理者乎？"[①]曾国藩依据朱子理学即物穷理思想，将原来面向书本考据的"实事求是"命题，转化为面向客观现实，探索万事万物之理的哲学命题，并以此来指导他所从事的政治、军事、经济、文化等各个领域的客观实践，取得了惊人的成就。这种实事求是的思想方法和经世致用的学风，在近现代湖湘大地上蔚成风尚，影响深远，左宗棠、郭嵩焘、谭嗣同、杨昌济、毛泽东皆为提倡这种思想的佼佼者。因此，可以说，毛泽东提出"实事求是"作为党的思想路线，是受到了以湖湘学派思想为核心的湖湘文化深刻影响的。

再次，湖湘文化对毛泽东的辩证法思想产生了重要的影响。湖湘学传统上就有重视事物运动变化的观念，这对毛泽东接受并形成自己的辩

---

① 《曾国藩全集·诗文》，岳麓书社1986年版，第166页。

证法思想有重要作用。早在北宋时期，周敦颐在建构自己以太极为本体的宇宙本体论的时候，就特别注意赋予作为本体的"太极"以运动的性质，并且认为太极的运动生成了宇宙的主导性力量"阳"，太极的静止生成了"阴"。周敦颐在这里以动静阴阳两对相互对立的范畴作为解释宇宙现象的原则，并且肯定动静这一对对立范畴的相互转化，具有丰富的辩证法内涵。这种尚动的观念，在王船山的思想中得到最高的表达，王船山以物质性的气为宇宙中的唯一实体，并赋予气以永不停息的运动，而由气构成的具体的事物也自然日新不已，由此他得出"造化日新而不用其故"的结论。王船山的思想影响着近代一代代的湖湘学者，他们往往具有一种尚动、重变革的精神，从最先开眼看世界的魏源，到力图引进西方技术的理学经世派，再到要变革旧有制度的维新派，无不体现着这种精神。毛泽东也深受这种精神的影响，在《讲堂录》中，他写道：天下万事，万变不变。这种重视运动变化，重视客观实事实物的思想品格，为毛泽东形成其自己的辩证法思想打下了基础。

当然，在谈及湖湘文化对毛泽东的影响的时候需要注意的是，毛泽东首先是一个无产阶级革命者，是一个马克思主义者，其思维方式与世界观是马克思主义式的，但在此基础上同时应该看到，作为一个在湖湘文化氛围中成长起来的人，其性情与人格以及对世界的最初思考所受湖湘文化因素的影响是不可忽视的。

第二节 现代新儒家对湖湘学派的评价

南宋淳熙七年（1180）年，张栻去世，此后湖湘学派作为一个学术团体渐渐消沉。之所以如此，一方面在于张栻之后湖湘学派的后学，在思想上的建树不大，他们大多能笃信力守胡宏的学术，但推陈充扩的学力不足，这固然是因为在思想上能有所洞见的学者本不易出，同时不得不说也与湖湘学派自身的旨趣有关。湖湘学派思想重经世致用，其后学多以为胡宏的思想已经非常完善，学者重要的在于实际地去践行，于是将目光转向实务方面。另一方面在于朱熹对胡宏的批判。朱熹曾经和张栻、吕祖谦一起对胡宏的思想提出八点质疑，并以此为基础在整理胡宏遗作的时候进行删减。后来朱熹的思想被确立为宋明理学的正统，于是在治朱学者眼中，胡宏作为被朱熹批驳并以自身思想规模加以规整过的一个学者，其思想是不必深究的。

然而引人瞩目的是，到了现代，胡宏的思想重新被注意，并受到推崇。这种现象之所以发生，主要原因在于现代新儒家的表彰，其中出力最巨者是牟宗三。一般说来，对于历史，有作为实际发生的事件的客观的历史，此外则是被理解、被陈述出来的历史。历史在其被陈述的时候不是作为古老事件的散乱的集合，而是被其陈述者以某种理念统合起来，成为一个有条理、有方向的发展过程。因此，当不同的学者以不同的观念来检查历史，并将其结果陈述出来的时候，历史被重构了，许多之前被忽略了的事件、人物被表彰而拥有新的意义；而有些事件、人物则被剥落其光环。牟宗三之注意到胡宏，与其以自身的观念来重构整个儒学史的过程是分不开的，因此有必要先检讨一下牟宗三所持以重构儒学史的观念。

近代中国学术发展的一大事件即为西学东渐，与中国人思维方式迥异的西方学术的传入，使中国思想界的空气为之一新，于是学者们不得不多方求索以求二者的汇通，援引西方学术体系以帮助对本国传统思想的阐发成为近现代学术发展的一大趋势。牟宗三思想体系的一大特点是把康德的哲学引入到儒学中。康德认为，人对事物的认识是表象性的，知识符合人的表象能力，而不是物自身，因此如其自己所是的物自身是处于人的认知的彼端的，永远无法到达。若依康德的意见，本体是只可以加以思维，却是不可认识的。但中国传统学术却最爱谈论本体，因此如果承认康德的看法，传统上那些讲本体的学问，就都可以说是虚妄的了，是人的理性的一种误用而已。牟宗三接过康德的问题，他认为西方自古希腊传承来的形而上学路向，旨在对本体求一知解，因此只是一空头的形而上学，或者我们也可以称其为思辨的形而上学。这一路向已经被康德证明是不可能了，但这并不说明本体无法把握，而只是说明以西方传统的思维方式试图以思辨来迫近本体是不可能的。但除此之外还有另一路向可以实现这一任务，牟宗三称之为"道德的形而上学"，或者我们也可以对照前面思辨的形而上学称之为实践的形而上学，也即以道德践履的方式使本体当体呈现，从而直观地把握它。牟宗三认为传统的儒家学术走的就是这一路向，而且获得了很大的成就。

儒家思想的核心即"心性之学"，又可称之为"内圣之学""成德之教"，其本质即相应于人的内在的道德本体来自觉地做道德的行为，因此这种学问的关键在两点：一是阐明人的道德行为所以可能的根据，也即人内在的道德本体；第二点是使本体得以呈现的切实可行操作，也即工夫问题。这两点中后者更为切要，通过对工夫的践行可以达到一种道德的境界，在这种境界中通过反省即可以把握到这种境界所依据而能成立的本体，并且明了这不仅是人的道德所以可能的根据，而且可以通向无限而成为天地万物的本体。由此儒家的道德学说通向形而上学，这种形而上学并不是空头的知解，它可以在儒家圣贤的道德境界中得到验证。

牟宗三认为儒家学说在孔子那里就确立了上述"心性之学"的规模。"此'成德之教'本非宋、明儒无中生有之夸大，乃是先秦儒者已有之弘规。孔子即教人作'仁者'，而亦不轻易以'仁'许人，其本人亦说：'若圣与仁，则吾岂敢？'然而其'教不倦，学不厌'即是'仁且智'。是以其践仁以知天即是'成德之教'之弘规。《中庸》说'肫肫其仁，渊渊其渊，浩浩其天'，即是就此弘规而说，亦是对于圣人生命之'上达天德'之最恰当的体会"[①]。通过道德践履来彻悟本体的学

---

① 牟宗三：《心体与性体》（上册），第6页。

问规模由孔子奠定基础，孔子对于天并不取之前的人格神的态度，他很少讲到天，但孔子的思想里确有一种超越的意识，因此他说"知天命""畏天命""知我者其天乎"，这类带有慨叹意味的对于天的表述，并不是指实然层面的气化流行的"命"，也不是指人格神，而是一潜运默化创成万物的本体，只是这一层面在孔子思想中没有展开。孟子虽然也讲"知天"，但仍是侧重于就主观面的本心、本性立论。直到《中庸》《易传》方才展开来论述客观面的"於穆不已"的天道本体。牟宗三认为先秦儒学，无论孔子讲践仁知天，还是孟子讲尽心知性知天，又或者客观面的《中庸》《易传》讲神体、诚体、易体，都没有直接认可主观的心性与客观面的道体的内容上的同一，因此宋明理学的课题即打通这二者，使天人合一，从而使儒学成德之教的意蕴完整呈现出来，而对这一问题的解决方式的不同即决定了一个思想家、思想流派在儒学发展的进程中的地位。

牟宗三认为真能呼应先秦儒学的生命智慧，开宋明理学之先的是周敦颐、张载、程颢。周敦颐依《易传》《中庸》立论，重在阐明客观面之天道实体。张载则已能注意到《论语》《孟子》的生命智慧，从而对天道、性命的贯通有精透的陈述，但主观面的比重仍嫌较轻。程颢则"直从'於穆不已'、'纯亦不已'言道体、性体、诚体、敬体。首挺立'仁体'之无外，首言'只心便是天，尽之便知性，知性便知天，当下便认取，更不可外求'，而成其'一本'之义。是则道体、性体、诚体、敬体、神体、仁体乃至心体，一切皆一。故真相应先秦儒家之呼应而直下通而为一者是明道"[①]，从而心与性、主观与客观、工夫与本体贯通为一，是一"圆教之模型"。而此一贯之道体、心体、性体、仁体等其内涵究竟为何，牟宗三又有分辨，并认为这关涉到儒家的真精神所在。他认为："儒家所说之'性'即是能起

[①] 牟宗三：《心体与性体》（上册），第38页。

道德创造之'性能';如视为体,即是一能起道德创造之'创造实体'。此不是一'类概念',它有绝对的普遍性(性体无外、心体无外),惟在人而特显耳,故即以此体为人之'性'。自其有绝对普遍性而言,则与天命实体通而为一。故就统天地万物而为其体言,曰形而上的实体,此则是能起宇宙生化之'创造实体';就其具于个体之中而为其体言,则曰'性体',此是能起道德创造之'创造实体',而由人能自觉地作道德实践以证实之,此所以孟子言本心即性也。"①总之,这同一本体即是人的道德行为的根据,同时又是天地万物生生不息的根据,而其作为根据又不是一个只是在知解为万象寻到的一个起解释作用的偏枯不动的本体,而是一个现实的起着创造作用的"即存有即活动者"。牟宗三特别注意本体的活动义,并以此作为重要线索来划分宋明理学内部的派系,因为若本体不活动则不能现实成其为本体,在不动的本体与依本体而成就的现象之间需另有动力加以勾连,如此则本体为不充足的。由对本体的理解,牟宗三确定了儒家道德哲学本质的工夫论,既然本体是能起道德创造作用的活动实体,那么相应于此实体而践行道德行为,实则只是使本体自身呈现其自己,进而主宰人的生命,使个体的有限的生命通于无限,在工夫方面则只需向内直觉此实体,使其广畅四达,自定趋向,自己将自己实现出来,这种工夫牟宗三称之为"逆觉"。在逆觉中,本体自身如如呈现即是工夫,并非本体之外另有工夫以迫近本体,因此即本体即工夫;本体是天地万物所依据而有其实在性的实体,就此而言称之为性,又此本体自身实现其自身,从而现实的"妙万物而为言",据此则称之为神与心,因此心性合一,即心即性;又在客观面之诚体、道体、理体流行下贯于人即为人之性体、心体,因此天人不二。

依据其自身对儒家学术思想的基本精神及本质工夫的理解,牟宗

---

① 牟宗三:《心体与性体》(上册),第35页。

三对宋明理学内部各派别做出分判。传统上自南宋以后二程、朱熹的思想被确立为理学思想的主流与正统,牟宗三则认为,程颢与程颐两兄弟的思想绝不相同,程颢是"圆教模型"的创立者,而程颐与朱熹则是对这一学统的系统的转向。由周敦颐、张载、程颢所创立的理学的圆教模型其一大倾向在于由《中庸》《易传》之言"於穆不已"的天道实体入手,回归到《论语》《孟子》之言本性、本心,从而贯通天人,这一学统其立论的根基在《论语》《孟子》《中庸》《易传》,进而辐射其他经典。而程颐至朱熹这一派却是对这一学统的歧出,他们以《大学》为立论的根据,《大学》八条目自格物、致知始,以止于至善为最终之鹄,程颐、朱熹把至善之则落实为客观事物之理,从而格物致知就成了顺取向外穷格,从而背离了"逆觉"这一儒家道德践履的本质的工夫。在这一顺取的路向中,主体的道德认知就只成一空头的知解,而不复道德实体之自身朗现、充扩,因此由这种认知把握到的就只是一偏枯、不动的理,而不是由孔子的生命智慧所验证的那个"於穆不已"、生生不息的起着创造功能的实体。历来讲宋明道学,继程朱理学而起,与其双峰并立的是由陆九渊开起,而由王阳明予以完成确定之的心学。对于这一流派,牟宗三认为其并不违背先秦儒学之生命智慧,但它并不是由周敦颐、张载、程颢所创立的圆教思想继承而来,而是直接向上承接孟子,由孟子而上通孔子,其学重在讲主观面之本心、本性。真正能继承程颢的"圆教模型"而予以消化者在南宋为胡宏,在明末为刘宗周,因此在牟宗三的划分中湖湘学派的思想相对于朱熹,更能代表理学乃至整个儒学的基本精神,从而是理学中的正统思想。

对于胡宏的思想,朱熹曾与吕祖谦、张栻一起讨论,并作《知言疑义》来对胡宏的主要著作《知言》进行批判,其内容可以归纳为八条,《朱子语类》卷一百一载:"《知言》疑义大端有八:性无善恶,心为已发,仁以用言,心以用尽,不事涵养,先务知识,气象迫狭,语论

311

过高。"① 牟宗三认为这八条批评无一中肯，并把胡宏思想的精义归纳为：1. 自道德践履以体现本体；2. "天理人欲同体而异用，同行而异情"；3. 以性表示道体自身，作为万物的客观性原则；4. 以心表示道体的活动义，作为形著原则、主观性原则；5. 摄性于心，性步步彰显，此即所谓"成性"；6. 尽心以成性，而心之实，性之实，皆仁也；7. 性命天道皆由尽心尽仁以成、以立、以彰、以著，此即"尽心知性知天"之弘规。总之，胡宏是宋室南渡以后第一个对程颢的思想进行消化反省的人，相对于程颢对心、性的圆融表述，胡宏先心、性分设，然后突出心的形著之用，最后说明何以心即是性的实质；而在工夫上，胡宏以"逆觉体证"为道德践履之本质的工夫。

经过牟宗三先生的表彰，胡宏的思想在近代重新得到学术界的青睐，并渐渐地有成为显学的趋势。牟先生对于儒家思想所讲求的本体是一"即存有即活动"的实体的说明，对于"逆觉体证"这一儒家道德践履之本质工夫的发扬为胡宏思想的研究开辟了新的视域。牟宗三之后，刘述先先生在其《朱子哲学思想的发展与完成》中仔细考证了湖湘学派思想对于朱熹哲学发展的影响，曾对湖湘学派做出过精当的论述，其论述重点在胡宏的本体论与工夫论方面。胡宏以性为天下之大本，并认为本体之性不可以善恶言。对于胡宏性无善恶的说法，刘述先认为：

> 大概湖湘学者的思想由五峰来。五峰言性无善恶，是要凸显出性是超越无对的绝对体，自不可与告子之说混为一谈。朱子本人也知"道之无对"，而欣赏"无极而太极"一语，无极也即彰显超越无对之义。但湖湘学者大概把无对的观念用得太泛太广，于是惹起朱子的反感。②

---

① 《朱子语类》卷一百一，第2582页。
② 刘述先：《朱子哲学思想的发展与完成》，吉林出版集团有限责任公司2015年版，第169页。

这明显是对朱熹的反驳，朱熹极反对胡宏"性无善恶"的说法，朱熹对胡宏思想的八端致疑中第一条即"性无善恶"，认为这一观点即告子的以人之生而具有的自然禀赋为性的观点，而牟宗三以降的新儒家学者则大体承认胡宏所谓的"性无善恶"，实则只是标识性体这一至善之体是一超越的实体，不与落于现象中的善恶之相相对。刘述先先生认为，即便朱熹本人也认同本体是一超越之体，不与物对，其对于胡宏的批评乃是出于一种过分的敏感。

而工夫论方面，刘述先认为："但朱子并不了解，五峰所谓察识实乃察识本心之发见而当下体证之，是先识仁之体，是肯认一本心，非察于喜怒哀乐之已发也。然朱子之所谓察识却指动察而言，南轩也未必清澈地把握此间的差别。故朱子总感觉到自己常常有急迫浮露之病，无复雍容深厚之风。"① 朱熹早年思想受胡宏影响极大，李侗死后，朱熹自述若穷人之无归，表达了他的一种在思维活动与个人修养方面失去引领的彷徨。就在这时，他经由张栻的引介，了解到了胡宏的思想。胡宏有家学渊源，且是二程嫡传，是他学术上的前辈，再加上胡宏本人德养深厚，思索精深，在一段时间内成了朱熹思想的依归。朱熹最先接受的是胡宏先察识后涵养的工夫论，《知言疑义》中记载了一条胡宏开示其弟子彪居正关于修养工夫的资料："齐王见牛而不忍杀，此良心之苗裔，因利欲之间而见者也。一有见焉，操而存之，存而养之，养而充之，以至于大，大而不已，与天地同矣。此心在人，其发见之端不同，要在识之而已。"②所谓先察识即察良心发见的端芽，刘述先认为朱熹在这里对胡宏关于察识工夫的领会出了偏差，因而没有把握胡宏的真意。他把察识分为"肯认本心"和"动察"两种，所谓动察指的是仅仅抓住良心发见的一端，而肯认本心则是由此反身，由良心发见之端芽逆向体认一个能发此端芽

---

① 刘述先：《朱子哲学思想的发展与完成》，第88页。
② 朱熹等：《知言疑义》，载《胡宏集》，第335页。

的良心本体,也即善的本体,他认为这是胡宏的修养工夫的本质。

除本体与工夫之外,刘述先还对湖湘学派和朱熹各自的"仁说"加以分疏。他认为:"朱子既攻上蔡之论,湖湘学者则由上蔡转手,由致察以识仁体,朱子乃统评之为'使人张皇迫躁,而无沉潜之味'。"① 湖湘后学有以仁为知觉的观点,刘述先认为这种观点继承自谢良佐,而其最终的根据则在程颢:"至于上蔡'心有知觉'之论,乃由明道'痿痹为不仁'的说法引申而来。"② 程颢用医书中讲的手足麻痹做比喻,说明仁体乃是对他人的恻隐之觉,这种观点经由谢良佐,被湖湘学派继承下来,而朱熹对仁的理解,则在程颐性情严格区分的格局下得到确定,从而与湖湘学派表现为不同的形态。

现代新儒家学者中能出牟宗三之藩篱而另有发挥的是唐君毅。不同于牟宗三之以胡宏为消化反省程颢之圆教模型而转进者,唐君毅认为胡宏主要继承了程颐的思想,因此在本体论与工夫方面都受程颐甚深的影响,对此唐君毅先生论述很详明,不烦后人分解,在此引唐先生自己的话为证:

> 象山与五峰略异者,则在象山言满心而发无非此理,即心与性理俱生俱发之谓,如上论伊川处所已及。而五峰之心以成性之说,则循伊川所传之性为未发之说而来。性为未发,不能自发,故唯赖心之主宰运用以成之,以使之见乎情,此皆只为心之发之事。然如吾人不先说性为未发,而直以此性即理,亦即道,谓心之依其道而发,即依性依理而发;则心与性理俱发,而同于象山之言。若然则心之主性之流行,即性之流行之自见于心,不必如五峰之更言心主性。如要说心主性,亦可说性为主于心。盖心之主宰运用,乃一生

---

① 刘述先:《朱子哲学思想的发展与完成》,第151页。
② 刘述先:《朱子哲学思想的发展与完成》,第151页。

生之历程。此一生生之历程，即依一生生之理、生生之性之主乎心而有者，则性亦主心也。若谓此生生之理、生生之性，未尝主心，则心之主宰流行，又如何可能？如心主性，性亦主心，则不如只说一"即性即心"之心之自主而流行，亦"即心即理"之心之自主而流行，则全同象山之心即理而自作主宰之说矣。唯五峰之言，则于此犹一间未达。然此亦非谓象山之言，非不可说为五峰之思想有通处之谓也。①

唐君毅与牟宗三的共同之处在于，他们都认为胡宏思想的核心是性的形著原则。但依牟宗三的看法，宋明理学在程颢的圆教模型中已经实现了客观面的性与主观面的心的贯通，心之形著之用只是此"即存有即活动"之实体之自身呈现其自身之作用，实则心性为一，胡宏只是顺此思路发扬心的形著之用，从而挺立道德主体的作用。而在唐君毅看来，胡宏主要受程颐性为未发观点的影响，以性为万物有而不能无的本体，而心则是作为本体的"不能自发"之性与情以及世间万象之间的桥梁，相对于形而下的事相，心同样是一形而上的超越者，但心与性仍旧没有直接为一。一直到陆九渊的思想里才实现心与理的彻底的贯通，从而胡宏的思想实则是程颐性即理与陆九渊心即理思想之间重要的一阶段。当然，这并不是说胡宏与陆九渊之间有事实上的学术传承关系，而只是标示出宋明理学的思想架构有一合乎逻辑之发展过程，而湖湘学派的思想在这一过程中承担了重要的一环。

唐君毅认为，程颐另一对胡宏具有重要影响的观点是善观者当于已发之际观之的思想，二者共同促成了胡宏重察识的工夫论。既然只有未发才可以称为性，而人的一切思虑、知觉都已经是已发，因此在性上是不可做工夫的，工夫只有在已发的心上做：

---

① 唐君毅：《中国哲学原论·原性篇》，中国社会科学出版社 2005 年版，第 360 页。

人欲求达圣人之心之寂然不动之境，亦不待反求之于未发之性理，故观未发之性理，亦不能为工夫。工夫唯有在心上用。吾人之心之所发，虽不能皆中节，感而遂通，又寂然不动；然要有其发而中节处，容吾人加以省察，以自求自识其感而寂之心体。此其为教，乃纯本伊川所谓善观者就"已发"而观之之旨而来。（中略）五峰所谓察识，要在对现有之心之发处，作正面的自觉反省。此一反省，初步自包括对心之发之正者不正者二端之省察。然观过可以知仁，则即在吾人对发之不正者之省察之中，亦可反照出心之正面之"发"处，而对此心之正面之发处，加以自觉。①

在胡宏那里心与性虽然并不直接同一，但心涵性并以性为其理与道，因此若心顺其内在之理与道而发则是得心之正，具体的表现就是处物之时心既感物而又寂然的状态，修养工夫则在于于此状态呈露时加以把握与扩充，因此胡宏修养工夫所重之"察识"并非泛泛的去察识意念的善恶之端，而是就此而进一步去把握心体，并以此作为修养工夫之本质，这与陆九渊的发明本心的工夫是很近的，与程颐却不相类。已发时察识的工夫在程颐思想中分量很轻，他更重视的是未发时候涵养的工夫，平时则重视格物穷理，程颐的修养工夫后来被朱熹继承下来。

牟宗三在重构儒学史的过程中经常使用到"生命智慧相应"这一概念，正是因为能相应于先秦儒学所体现出来的生命智慧，周敦颐、张载、二程能于千年之后儒学式微之时重新接续儒家学脉。湖湘学派自张栻去世后渐渐消沉，却被现代新儒家学者们表彰而显明，这其中不可不说是有一种生命智慧之相应，于中亦可见湖湘学派思想有其真实见解、真实智慧有待于人们去挖掘。

---

① 唐君毅：《中国哲学原论·原性篇》，第368页。

参考文献

《诸子集成》,中华书局1986年版。
《二十四史》,中华书局1997版。
《十三经注疏》,中华书局1980年版。
(汉)王逸:《楚辞章句》,四库全书本。
(汉)贾谊:《贾谊集·贾太傅新书》,岳麓书社2010年版。
(唐)韩愈:《韩昌黎全书》,中国书店1991年版。
(宋)孙复:《春秋尊王发微》,四库全书本。
(宋)胡安国:《春秋传》,岳麓书社2011年版。
(宋)胡宏:《胡宏集》,中华书局1987年版。
(宋)张栻:《张栻集》,中华书局2015年版。
(宋)张栻:《张栻全集》,长春出版社1999年版。
(宋)张栻:《张栻集》,岳麓书社2017年版。
(宋)胡寅:《斐然集·崇正辩》,岳麓书社2009年版。
(宋)胡寅:《读史管见》,岳麓书社2011年版。
(宋)曾几:《茶山集》,四库全书本。
(宋)周敦颐:《元公周先生濂溪集》,岳麓书社2006年版。
(宋)周敦颐:《周敦颐集》,中华书局2018年版。
(宋)张载:《张载集》,中华书局1978年版。
(宋)程颢、程颐:《二程集》,中华书局2004年版。

（宋）朱熹：《朱子全书》，上海古籍出版社、安徽教育出版社 2010 年版。

（宋）朱熹：《朱熹集》，四川教育出版社 1996 年版。

（宋）朱熹：《朱子语类》，中华书局 1994 年版。

（宋）朱熹：《四书章句集注》，上海古籍出版社 2001 年版。

（宋）朱熹：《楚辞集注》，上海古籍出版社 2001 年版。

（宋）吕祖谦：《东莱文集》，四库全书本。

（宋）陆九渊：《陆九渊集》，中华书局 1980 年版。

（宋）陈亮：《陈亮集》，中华书局 1974 年版。

（宋）叶适：《叶适集》，中华书局 1961 年版。

（宋）陈傅良：《止斋集》，四库全书本。

（宋）薛季宣：《浪语集》，四库全书本。

（宋）真德秀：《真西山集》，商务印书馆 1936 年版。

（宋）真德秀：《西山读书记》，四库全书本。

（宋）黄庭坚：《山谷集》，四库全书本。

（宋）彭龟年：《止堂集》，四库全书本。

（宋）黄干：《勉斋集》，四库全书本。

（宋）陈淳：《北溪字义》，中华书局 1983 年版。

（宋）魏了翁：《鹤山先生大全文集》，四库全书本。

（宋）李心传：《建炎以来系年要录》，中华书局 1988 年版。

（宋）罗大经：《鹤林玉露》，中华书局 1983 年版。

（宋）普济：《五灯会元》，中华书局 1984 年版。

（明）王夫之：《船山全书》，岳麓书社 2011 年版。

（明）王守仁：《王阳明全集》，上海古籍出版社 1992 年版。

（明）吴道行：《岳麓书院志》，岳麓书社 2012 年版。

（清）王懋竑：《朱子年谱》，（台北）世界书局 1973 年版。

（清）黄宗羲：《宋元学案》，中华书局 1986 年版。

（清）黄宗羲：《明儒学案》，中华书局 1985 年版。

（清）皮锡瑞：《经学历史》，中华书局 2004 年版。

（清）朱彝尊：《经义考》，中华书局 1998 年版。

（清）王文清：《王文清集》，岳麓书社 2013 年版。

（清）李文炤：《李文炤集》，岳麓书社 2012 年版。

（清）罗典：《凝园读易管见》，岳麓书社 2013 年版。

（清）欧阳厚均：《欧阳厚均集》，岳麓书社 2013 年版。

（清）陶澍：《陶澍全集》，岳麓书社 2010 年版。

（清）魏源：《魏源全集》，岳麓书社 2011 年版。

（清）贺长龄、贺熙龄：《贺长龄、贺熙龄集》，岳麓书社 2010 年版。

（清）曾国藩：《曾国藩全集》，岳麓书社 2011 年版。

（清）左宗棠：《左宗棠全集》，岳麓书社 2009 年版。

（清）罗泽南：《罗泽南集》，岳麓书社 2010 年版。

（清）胡林翼：《胡林翼集》，岳麓书社 2008 年版。

（清）郭嵩焘：《郭嵩焘全集》，岳麓书社 2012 年版。

（清）余正焕、左辅：《城南书院志·校经书院志略》，岳麓书社 2012 年版。

（清）李瀚章等：《湖南通志》，岳麓书社 2009 年版。

（清）吕肃高等：《长沙府志》，岳麓书社 2008 年版。

（清）陈嘉榆、王闿运等：《湘潭县志》，岳麓书社 2010 年版。

（清）谭嗣同：《谭嗣同全集》，中华书局 1981 年版。

（清）唐才常：《唐才常集》，岳麓书社 2011 年版。

陈三立：《散原精舍诗文集》，上海古籍出版社 2003 年版。

叶德辉：《叶德辉诗文集》，岳麓书社 2010 年版。

李肖聃：《李肖聃集》，岳麓书社 2008 年版。

钱基博：《近百年湖南学风》，中国人民大学出版社 2004 年版。

杨昌济：《杨昌济集》，湖南教育出版社 2008 年版。

《毛泽东自述》，人民出版社 1996 年版。

《毛泽东早期文稿》，湖南出版社 1990 年版。

牟宗三：《心体与性体》，上海古籍出版社 1999 年版。

钱穆：《朱子新学案》，巴蜀书社 1986 年版。

钱穆：《中国近三百年学术史》，商务印书馆 1997 年版。

侯外庐：《宋明理学史》，人民出版社 1984 年版。

赵伯雄：《春秋学史》，山东教育出版社 2004 年版。

漆侠：《宋学的发展和演变》，河北人民出版社 2002 年版。

萧公权：《中国政治思想史》，新星出版社 2005 年版。

余英时：《朱熹的历史世界》，生活·读书·新知三联书店 2004 年版。

陈来：《朱子书信编年考证》，生活·读书·新知三联书店 2007 年版。

蔡方鹿：《一代学者宗师——张栻及其哲学》，巴蜀书社 1991 年版。

何俊：《南宋儒学建构》，上海人民出版社 2004 年版。

方克立、陈代湘：《湘学史》，湖南人民出版社 2008 年版。

陈代湘：《湖湘学案》，湖南人民出版社 2013 年版。

陈谷嘉、朱汉民：《湖湘学派源流》，湖南教育出版社 1992 年版。

朱汉民：《湖湘学派与湖湘文化》，湖南大学出版社 2010 年版。

王立新：《从胡文定到王船山：理学在湖南地区的奠立与开展》，中国社会科学出版社 2014 年版。

王立新：《开创时期的湖湘学派》，岳麓书社 2003 年版。

徐复观：《两汉思想史》，华东师范大学出版社 2001 年版。

伍新福、刘泱泱：《湖南通史》，湖南人民出版社 2008 年版。

邓洪波：《湖南书院史稿》，湖南教育出版社 2013 年版。

朱汉民、邓洪波：《岳麓书院史》，湖南教育出版社 2013 年版。

《湘学》第二辑，湖南人民出版社 2002 年版。

《湘学》第七辑，湘潭大学出版社 2017 年版。

《王国维遗书·静庵文集》，上海书店出版社 1983 年版。

向世陵：《善恶之上——胡宏·性学·理学》，中国广播电视出版社 2000 年版。

《宋人年谱丛刊》，四川大学出版社 2003 年版。

冯友兰《中国哲学史》（上下册），华东师范大学出版社 2000 年版。

嵇文甫：《王船山学术论丛》，中华书局 1962 年版。

曾枣庄、刘琳：《全宋文》，上海辞书出版社 2006 年版。

《戊戌变法档案史料》，中华书局 1985 年版。

刘述先：《朱子哲学思想的发展与完成》，吉林出版集团有限责任公司 2015 年版。

唐君毅：《中国哲学原论·原性篇》，中国社会科学出版社 2005 年版。

蒋宝德、李鑫生：《中国地域文化》，山东美术出版社 1997 年版。

张作奇：《碧泉书院史话》，湘潭大学出版社 2016 年版。

后　　记

　　湖南湘潭"碧泉书院"是南宋最早的理学学派——湖湘学派创始者胡安国、胡宏父子创立的书院，在当时，影响甚大，张栻、彪居正、吴翌等人就学其中，史称"衡岳湖湘之学，皆起于此"。张、彪等人学成之后，传胡氏之学于岳麓书院，促成了岳麓书院在学术和文化上的辉煌。碧泉——岳麓，山水相连，成为当时全国读书人向往的学术圣地，理学集大成者朱熹说当时的士子学人"深以不得卒业于湖湘为恨"。

　　碧泉书院在湖湘学派以及湖湘文化乃至中国学术史上具有非常特殊、重要的历史地位，它是湖湘学派的发源地和第一个学术基地，是湖湘学派的理论创新之所，也是湘学和湖湘文化兴盛之源。胡安国、胡宏父子以碧泉书院为基地而创立的湖湘学派，在历史上即已受到推崇，南宋理学家真德秀在《劝学文》中说："窃惟方今学术源流之盛，未有出湖湘之右者。"学术史家黄宗羲说："湖南一派，在当时为最盛。"湖湘学派在现当代更是受到学术界极大的崇奉，胡宏被学术界视为宋代与"理学""心学"并驾齐驱的"性学"（性本论）的代表人物，海外新儒家牟宗三，将胡宏的历史地位置于朱熹之上，认为胡宏是宋代理学最正宗的理论代表，而把理学集大成者朱熹判为"别子为宗"。

　　历史地位如此重要的碧泉书院，虽然历代皆有修葺，但却在20世纪80年代遭到拆毁，让人痛心！碧泉书院在历史文化上的影响不亚于岳麓书院，但在当代却没有得到应有的重视，没有获得应有的地位。

后　记

本书首先确立了碧泉书院在湖湘学派以及湖湘文化乃至中国学术史上的地位，然后把碧泉书院和湖湘学派作为一个整体，阐述了湖湘学派大师在碧泉书院这个空间场域的理论创新，湖湘学派思想在南宋的影响，以及湖湘学派对后世尤其是对船山学以及近、现代湘学的影响。

本书是集体成果，撰稿分工如下：

第一章，陈代湘。

第二章，方红姣、孙国洋、李国华。

第三章第一节，龙飞；第二节，黄守红；第三节，陈代湘；第四节，蒋菲。

第四章第一、三、四节，陈代湘；第二节，蒋菲。

第五章，方红姣。

第六、七章，杨志峰。

全书由陈代湘统稿。

陈代湘
2019 年 10 月 16 日